中国語の役割語研究

ひつじ研究叢書〈言語編〉

第 176 巻	中国語の役割語研究	河崎みゆき 著
第 181 巻	述語と名詞句の相互関係から見た日本語連体修飾構造	三好伸芳 著
第 182 巻	感動詞研究の展開	友定賢治 編
第 183 巻	コピュラとコピュラ文の日韓対照研究	金智賢 著
第 184 巻	現代日本語の「ハズダ」の研究	朴天弘 著
第 185 巻	英語の補部の関係節の統語論・意味論と先行詞の問題	渡辺良彦 著
第 186 巻	語彙論と文法論をつなぐ	斎藤倫明・修徳健 編
第 187 巻	アラビア語チュニス方言の文法研究	熊切拓 著
第 188 巻	条件文の日中対照計量的研究	李光赫・趙海城 著
第 190 巻	書き言葉と話し言葉の格助詞	丸山直子 著
第 191 巻	語用論的方言学の方法	小林隆 著
第 192 巻	話し言葉における受身表現の日中対照研究	陳冬姝 著
第 193 巻	現代日本語における意図性副詞の意味研究	李澤熊 著
第 194 巻	副詞から見た日本語文法史	川瀬卓 著
第 195 巻	獲得と臨床の音韻論	上田功 著
第 196 巻	日本語と近隣言語における文法化	ナロック ハイコ・青木博史 編
第 197 巻	プラグマティズム言語学序説	山中司・神原一帆 著
第 198 巻	日本語変異論の現在	大木一夫・甲田直美 編
第 199 巻	日本語助詞「を」の研究	佐伯暁子 著
第 200 巻	方言のレトリック	半沢幹一 著
第 201 巻	新漢語成立史の研究	張春陽 著
第 202 巻	「関係」の呼称の言語学	薛鳴 著
第 203 巻	現代日本語の逸脱的な造語法「文の包摂」の研究	泉大輔 著
第 204 巻	英語抽象名詞の可算性の研究	小寺正洋 著
第 205 巻	音声・音韻の概念史	阿久津智 著
第 206 巻	近現代日本語における外来語の二層の受容	石暘暘 著

ひつじ研究叢書
〈言語編〉
第176巻

中国語の役割語研究

河崎みゆき 著

ひつじ書房

©The Commercial Press, Ltd., 2017
《汉语"角色语言"研究》日文版由商务印书馆有限公司授权出版发行

本書は、中国にて出版された《汉语"角色语言"研究》（2017　商務印書館）を
著者自身が日本語訳したものである。日本語訳にあたり、改稿を加えた。

まえがき

　本書は、2017 年北京商務印書館発行・河崎深雪著《汉语“角色语言”研究》（中国の役割語研究）の著者自身による日本語訳版である。そのもとになったのは、2013 年に著者が中国・華中科技大学人文学院に提出した博士学位論文である。今回、2017 年商務印書館の中国語版で一部政治的に削除された部分を復活させ、日本の読者を想定して説明が必要な部分を加筆し、修正を加えた。日中で前提となる常識が異なる場合があるからである。博士論文からすでに 10 年余の年月が流れているが、その後、引用してくださる方もあり、中国語学、日本語学、社会言語学などで議論すべき問題もあると考え、大きな変更はせずに「日本語版」として出すことになった。

　まず、本書の意義と章立てについて簡単に説明しておきたい。

　「役割語」とは 2003 年に当時・大阪大学教授金水敏先生の提唱された日本語研究の概念である（定義は本書 pp.1–2）。その後、キャラクタ（ー）の議論の深まりや各国語の役割語の対照研究などに影響を与えてきた。

　中国語の役割語を考える本研究も日中対照研究の一つと捉えることができる。そうした役割語の研究の進展に対して「役割語は便利なものであり、役割語を支える文化的なステレオタイプのありようは世界共通（少なくとも互いに理解しあえる）という思い込みがある」のではないか、「役割語のステレオタイプ（と、それにともなう偏見・差別）を顕在化し助長することになるのではないだろうか」という指摘（小林 2013）もある。確かに、役割語の行き過ぎた洗い出しは注意が必要であり、拙論においても、第 3 章で行った「方言と人物像に関する言語意識調査」の発表において、日本人研究者から、意識調査で聞くことの是非を問われたことがある。意識化が差別を助長させる危険性を孕んでいることには自覚的でなければな

らない。

　ただ、本研究で考察しようとしたのは、「あるか、ないか、それはどのようなものか」という単なる問いではない。それが、中国語の本質的なものと関わるのではないか、そうしたことを知ることで、言語教育や言語計画、日中の理解にも役立つことが見つかるのではないかという見込みを持っていた。序でも述べているが、本論を書くにあたって設定した研究の意義は以下の通りである。

　第1に、中国語の役割語を記述し、中国語の役割語の実際のありようを明らかにすること。

　第2に、日本語研究から中国語研究の新しい視点を提供すること。

　第3に、中国語の役割語研究が異文化理解の一助となること。

　第4に、中国語教育への応用。

　第5に、外国語の翻訳（たとえば日本語と中国語間の翻訳）への応用。

　第6に、命名行為への応用。

　第7に、ネット現象の中の役割語と言語発展の趨勢の予測。

　第8に、中国国家の言語政策への参考。

　第9に、言語学に新しい理論を提供する可能性。

　これらを検討するために、本書では以下のような構成をとっている。

　第1章では、「役割語」とは何か、中国語の役割語の実際の状況を説明すると同時に、研究意義および研究方法について説明した。

　第2章では、日中の役割語研究を概観した。

　第3章では、日本の役割語概念を応用して中国の方言と人物像の関係を考察した。

　第4章では、中国の伝統的な「役割語」といえる3つの「〜腔」「官腔（官僚口調）」、「娘娘腔（オネエことば）」「学生腔（学生口調）」を考察した。

　第5章では、中国語の非言語行動と人物像との関係を考察した。

　第6章では、中国語の非言語成語と人物像との関係を考察した。

　第7章では、中国語の命名と人物像との関係を考察した。

　第8章では、インターネット上のキャラ現象を考察した。

第 9 章では、役割語のリソースとして中国の 1980 年代と 2010 年代の小学校国語教科書を検討した。

　以上のように、役割語の概念を用いて、中国語を検討することは単に中国語の役割語の存在と実体を問うことを越えて、これまで見えていなかった人物とことばの関係に光を当てることになった。そこで得た知見のいくつかは、中国の伝統的な役割語と言えるものの存在を知ることになり（第 4 章）、国家指導者の非言語行動の変化や（第 5 章）、新しい配慮行動・和諧敬語（第 8 章）や中国語の本質的なことから、つまり中国語の螺鈿式構造・文法の多重性（第 9 章）などを考えるきっかけを与えてくれた。詳しくは本論をご覧いただきたい。

　役割語研究は、意識化により差別を助長するのではないかという懸念は 100 ％否定するものではないが、日本では、役割語を意識することでたとえば、翻訳家たちも無自覚的に登場人物に男女ことばを振り分けるのではなく、自覚的に、戦略的に使用するようになった（金水他 2020、藤谷 2021、河崎 2022）。

　役割語とは、ことばと自他の人物像を表出するための言語資源であり、その研究は人や社会（あるいは国家）が表には出さないものを鋭くあぶり出す場合もある。それに対する批判や反省、またそれを踏まえた言語教育の在り方、社会における扱い、言語計画の組み換えなどは、結局は「知ること」から開かれていくと考えている。

　観察・考察も広く浅いものであるが、本書が中国語や日本語の役割語、ひいては言語の本質的なものを考える議論の基になれば幸いである。

目　次

まえがき　　　　　　　　　　　　　　　　　　　　　　v

第1章　序　　　　　　　　　　　　　　　　　　　　　I

1. 「役割語」とは何か　　　　　　　　　　　　　　　I
2. 研究意義　　　　　　　　　　　　　　　　　　　2
3. 研究範囲　　　　　　　　　　　　　　　　　　　5
4. 言語資料のリソースと研究方法　　　　　　　　　5

第2章　日本語の役割語研究、中国語の役割語研究　　7

1. 日本語研究　　　　　　　　　　　　　　　　　　7
   - 1.1　音声学研究　　　　　　　　　　　　　　　7
   - 1.2　対照研究　　　　　　　　　　　　　　　　8
   - 1.3　翻訳研究　　　　　　　　　　　　　　　　9
   - 1.4　日本マンガ研究　　　　　　　　　　　　　IO
   - 1.5　日本語研究　　　　　　　　　　　　　　　II
     - 1.5.1　文法研究　　　　　　　　　　　　　II
     - 1.5.2　日本語史研究　　　　　　　　　　　II
     - 1.5.3　日本語の役割語に関する総合的著作　I2
2. 中国語の「役割語」研究　　　　　　　　　　　　I3
   - 2.1　日本の研究者による中国語の「役割語」研究　I3
   - 2.2　中国国内の「役割語」に関連する研究　　　I4
     - 2.2.1　社会心理語言学的「角色語言（役割ことば）」の研究　I4
     - 2.2.2　「写人学」研究　　　　　　　　　　I7

第3章　中国語の方言と人物像　　　　　　　　　　2I

1. 日本の役割語と方言　　　　　　　　　　　　　　2I
2. 中国語の役割語と現実のことば　　　　　　　　　22
3. 中国語の役割語モデル　　　　　　　　　　　　　23
4. 中国の映画・TVドラマの中の方言　　　　　　　24
5. 方言と人物像に関する言語意識調査　　　　　　　26
   - 5.1　調査内容　　　　　　　　　　　　　　　27
   - 5.2　調査対象　　　　　　　　　　　　　　　27

5.3 調査期間	28
5.4 調査結果	28
5.5 まとめ	41

第4章　中国伝統の「役割語」　43

1. 官腔（官僚ことば）　43
   - 1.1 「官腔」の由来について　44
   - 1.2 官腔の特徴　45
   - 1.3 言語表現の特徴　49
     - 1.3.1 文型　49
     - 1.3.2 官腔がよく使うフレーズや語彙　49
   - 1.4 官腔のことばと態度（非言語行動）　51
2. 娘娘腔（オネエことば）　56
   - 2.1 娘娘腔の由来と「男扮女装（男性の女装）」の伝統　57
   - 2.2 娘娘腔の特徴　59
   - 2.3 言語と非言語行動　65
   - 2.4 娘娘腔と男性の女装という概念の流れ　67
3. 学生腔（学生ことば）とインテリ役割語　69
   - 3.1 学生腔の由来　70
   - 3.2 学生腔の特徴　71
   - 3.3 言語的特徴　73
   - 3.4 学生腔とインテリことば　75
   - 3.5 日本語の「書生ことば」　84

第5章　非言語行動（体態語）と人物像　87

1. 非言語行動意識調査　91
   - 1.1 非言語に関する意識調査　92
   - 1.2 調査結果　93
2. 体態語（非言語行動）とキャラ（人物像）　95
   - 2.1 後ろ手と官僚・指導者のイメージ　95
   - 2.2 髪いじりと女性キャラ　100
   - 2.3 「しゃがみこみ」と農民キャラ　102

第6章　非言語成語（体態成語）と人物像　109

1. 身体と人物像　109
   - 1.1 身体的特徴と人物像　109
   - 1.2 「写人学」と男女の身体的比喩（躯体喩）　112
2. 動作と人物像　121
   - 2.1 日本の「表現キャラクタ」の概念　122

	2.2	写人学と動作	123
	2.3	体態成語（非言語成語）	125
		2.3.1　体態成語（非言語成語）の定義	125
		2.3.2　体態成語の分類と特徴	126
	2.4	体態成語（非認識成語）と人物像分類と中国語学習への応用	127
	2.5	成語の中の人物像と俗言、ことわざの中の人物像	143
	2.6	なぜ外国人も成語を学ぶ必要があるか	144

第7章　命名と人物像　149

1. 中国語の命名研究と特徴　150
   - 1.1　命名研究　150
   - 1.2　漢民族の名前の特徴　151
2. 命名と役割　152
   - 2.1　性差　152
   - 2.2　時代差　154
   - 2.3　地域差　164
     - 2.3.1　七大地域での漢字の使用　164
     - 2.3.2　香港人・台湾人と大陸の人の命名の差　166
   - 2.4　フィクション作品と役割の名前のメタファー　168
   - 2.5　フィクション作品の中の名前と性格　174
   - 2.6　姓と役割　名前の役割化　176
   - 2.7　日中の命名行為の比較から　178

第8章　ネット上のキャラ現象　183

1. ハンドルネーム　184
   - 1.1　ネットことばの研究とハンドルネームの研究　185
   - 1.2　ハンドルネームの特徴と時代性、性別、地域差　186
2. 「発話キャラクタ」　192
   - 2.1　インターネット上の中国語の「発話キャラクタ」　195
3. 自称　204
   - 3.1　ネット上の「発話キャラ」とキャラ助詞　211
   - 3.2　和諧（調和）敬語　215
   - 3.3　ネット上の方言、外国語と役割語　216

第9章　「役割語」のリソースとしての小学校語文教科書　219

1. 「言語資源」　219
2. 研究背景　221
3. 理論と研究目的　222
4. 調査結果　223

		4.1	都市化と言語資源	223
		4.2	「妈妈（ママ、お母さん）」の偏った使用	227
	5.	子どもことば（子ども役割語）		228
		5.1	文法	229
		5.2	修辞法	231
		5.3	蝶鈿式言語	236
	6.	本章のまとめ		236

第 10 章　総括　　237

〈2024 年の補遺〉　245
あとがき　247
参考文献　251
索引　255

第1章
序

1. 「役割語」とは何か

　2003年、大阪大学大学院（当時）の金水敏教授が初めて日本語の「役割語」という概念を発表し、日本語学の中で大きな反響を呼んだ。この概念は日本語研究に新しい視点と考え方をもたらしただけでなく、日本語史研究、外国語との対照研究、音声学、社会言語学、キャラクター論など他の分野にも参考となる視点を与え、豊かな研究成果を生んだ。

　「役割語」とは何だろうか。中国語の中で、例えば「奴才該死（わたくしめは死んでお詫びを）」ということばを聞けば、人々は「宦官」など皇帝の下僕を思い出すだろう。あるいは、「没有辣椒我就吃不下飯（トウガラシがなきゃご飯が進まない）」ということばを聞けば、四川人を思い浮かべるだろう。人々が毛沢東を話題にするとき、一世代古い人たちならば、すぐに1949年10月1日の新中国成立の演説をはじめとする湖南省韶山のなまりのある話し方を思い出すはずである。

　このようなことばや表現方法はその人物が誰であるか、どのような身分や地位にあるかを連想させることばであり、つまり中国語の中の「役割語」であると言える。他の例としては、中国語の中では、官腔（官僚ことば）、娘娘腔（オネエことば）、学生腔（学生ことば）などが伝統的な役割語だと言える。

　金水敏（2003: 205）では「役割語」を次のように定義している。
　　ある特定の言葉づかい（語彙・語法・言い回し・イントネーション等）を聞くと特定の人物像（年齢、性別、職業、階層、時代、容姿・風貌、性格等）を思い浮かべることができるとき、あるいはある特定の人物像を提示されると、その人物がいかに

も使用しそうな言葉づかいを思い浮かべることができるとき、

その言葉づかいを「役割語」と呼ぶ。　　（金水敏『役割語の謎』）

「役割語」には他にも特徴として「バーチャル性」ということがある。研究を通して日本語の中の「役割語」は必ずしも自然に存在することばではなく、文学の創作の中で作者が特定のタイプの人物を塑像するときに作り出した一種の表現方法である。このような表現方法は教育やメディア、演劇、テレビドラマなどで繰り返し使用され、固定化し、人々はこうしたバーチャルな日本語を受け継いでいく。

人々は役割語を使って新しい文学作品などを創造すると同時に、実際の生活の中でも「役割語」を使って、自分の感情を表したり、情報を伝達しあったりしている。

インターネットの普及に伴い、人々はますます「役割語」を使って自分のキャラ（人物像）を表現し、ネット社会においてはそのような形で自分の印象管理を行い、当意即妙な表現を使い、生活を楽しみ、ストレスを発散させたりしている。

2.　研究意義

日本語の役割語は、非常に豊富である。中国語には役割語と呼べるものは果たしてあるのだろうか。

1990年代、上海外国語大学の王徳春らが中国語の「角色語言（役割ことば）」を提唱しているが、この研究は日本の「役割語」とは同じではない。日本語の役割語の概念と異なるのは、王らの研究は、社会心理学の「役割理論」をもとに、言語コミュニケーションの「規範」と「修辞行為」を観察したものであり、実現されたコミュニケーションが成功したかどうか、しなかったのはなぜかということを問題に終始している点である。このあとには、語用分析の方面で数編の論文、例えば、王均裕（1995）、あるいはディスコースロールの角度から演劇の役割とことばを研究した崔勇・賀愛軍（2006）等がある。

日中ともに人物像造型の言語について着目している点では同じで

あるが、中国の研究者たちは人物像とその規範的なことばとは何か、つまり、指導者・幹部たちはどのように話す「べき」か、母親ならば優しくなければならないといった観点からの研究に終始したため袋小路に入ってしまい、発展してこなかった。人はあるべき規範の実現のためだけに役割語を使うのではない。遊びやさまざまな感情表出、機能の選択によって使用するということに気づかなかったのである。

金水敏の提唱した「役割語」は人々の心の中にあるステレオタイプの言語という視点であり、日本語の役割語研究が活発な成果を上げているのは、規範（あるべき）を問題にするのではなく、その実際のありよう、形態、文法的機能、日本語史的変遷などを研究し、言語学や外国語教育などの多くの面から、多角的にあるがままに観察し分析しているからである。

本書の主な研究の目的は以下の通りである。

第1に、中国語の役割語を記述し、中国語の役割語の実際のありようを明らかにすること。

第2に、中国語研究の新しい視点を提供すること。

中国語文法研究は西洋の文法学体系に倣い、かつ西洋の言語学理論の基礎を吸収することによって発展してきた文法学である（申小龍 2003）。中国語研究の主な指導的理論は欧米の言語学から導入されてきたものであるため、日本語研究の新しい概念を紹介し、具体的にその日本語研究概念を中国語研究に応用することは、中国語研究に今までにない視点を提供できるはずである。

第3に、中国語の役割語研究が異文化理解の一助となること。

「役割語」を明らかにすることで、付随する両国の言語、文化等の継承と実態の一部を明らかにすることができるだろう。

第4に、中国語教育への応用。

外国人がもし中国語をマスターしたいなら、中国語の「役割語」を学んでこそ中国人との言語コミュニケーションがスムーズにいくはずである。なぜなら「役割語」とは一種の自他の性別、年齢、身分に関する言語だからだ。いったい外国人はどのようなことばを目標に中国語を勉強すればよいのだろうか。実際、知り合いの28歳

第1章　序　　3

の日本人留学生が、中国人の若い男の子が「恩、好好玩（うん、おもしろいね！）」と言うのを聞いて、「本場の中国語」であると感じその一言を使ってみた。だがそれは、小中学生のような話し方で、1人の教養のある28歳のビジネスマンとしてはその人物像に合っていないということが起きた。

第5に、外国語の翻訳（たとえば日本語と中国語間の翻訳）への応用。

現在、言語の翻訳はビジネスや文学作品だけでなく、映画やドラマ、アニメ作品の翻訳も盛んである。中国語の役割語を解明することによって、それぞれの役割によりふさわしいことばを選べるようになるだろう。

第6に、命名行為への応用。

経済の発展とグローバル化に伴い、外国企業も中国へ進出し、経済活動を行っている。このような状況下で、外国企業が中国語で商品などの命名活動を行うとき、命名行為の中にある役割語的はたらきを理解していれば、事業活動にも役に立つはずである。

第7に、ネット現象の中の役割語と言語発展の趨勢の予測。

インターネットの普及や新しいメディアが急速に導入されていく中で、中国のインターネット上でも新しい言語現象が発生している。ネットの中で人々がどのように役割語を使用しているかを知ることにより、我々は言語の発展の趨勢の一端をつかむことができるのではないだろうか。

第8に、中国国家の言語政策への参考。

国家が言語規範を策定する上で、人々に共有される言語資源、ステレオタイプな「人物とことば」の関係を明らかにすることは、普通話（中国語の共通語）を考える上でも、一定の参考となるはずである。

第9に、言語学に新しい理論を提供する可能性。

役割語研究によって、中国語の本質的な問題が明らかになり、さらにあらたな理論が見つけ出される可能性がある。

3. 研究範囲

本研究は、中国語の役割語に関するものであれば言語、非言語現象を問わず、研究の範囲とする。ただし、役割語のリソースとしては国語教科書や小説、専門著作、文学作品などがあるが、膨大な量のある文学作品は扱わず、ここではテレビドラマや、映画、小学校の国語教科書の中にある言語知識のみを扱う。「広告のことば」もまた社会言語学が研究する対象の1つであるが（徐大明他1997: 223）、本研究の「言語データ」としては研究の対象外としている。

全体的に言って、中国語の役割語に関して論ずるべき問題はまだまだ数多くある。拙文が「抛磚引玉（レンガを投げて、玉を引きつける）」（つまらないものを提出してもっとよいものを呼び込む）、つまり中国の研究者たちに、日本語の研究概念を使用して中国語を分析することに興味を持ってもらい、それにより新たな発見があることを期待するものである。

4. 言語資料のリソースと研究方法

中国語の役割語は中国人の現実生活や、教育などの様々な面に及んでいるため、研究の必要から、コーパスの中の言語現象に限ることなく、映像作品、ネットなど新しいメディアの中のことばも「言語資料」として本文の観察範囲に含んでいる。

本研究の主な言語データのリソースは以下の通りである。

（1）映画、テレビドラマ、テレビの対談番組などの中の人と人の会話
（2）北京大学語言学研究中心語料庫（北京大学言語学研究センターコーパス）（略称「CCL コーパス」）
（3）各種インターネット検索（百度検索）、サイトの記述、微博（中国版ツイッター（X））、チャットルームなど
（4）人民教育出版社発行の小学校国語教科書
（5）現実生活の中の言語
（6）先行研究の中のいくつかの例

第2章

日本語の役割語研究、中国語の役割語研究

　2003年に、大阪大学大学院（当時）の金水敏教授が最初に日本語の役割語の概念を提唱し、日本語学研究に新しい観点と考え方がもたらされ、さまざまな言語科学を活性化させる契機となり、出版物も多数発行された。金水敏教授の話によれば、現在の日本の大学生の卒業論文の中には、この概念を使って研究したものが数多くあるそうだ。

　役割語は、現実の社会または歴史的なある地点、ある時間に使用され、小説や、アニメ、ドラマなどのメディアや教育で共通認識が形成され、最終的に役割語となる。これは母語話者の言語的財産であり、作家たちはこれらの言語的財産（言語資源）を利用して、創作を行い、一般の人々はこれを利用して自己を表現したり、自分の考えを伝達したりしている。

　もしも、中国語の研究者が役割語の概念を使って中国語を研究したならば、中国語研究もかならずや豊富な成果が生まれるはずである。

　ここではまず日本の「役割語」研究の成果を紹介したい。

　主に金水敏編『役割語研究の地平』（2007）、および定延利之著『日本語社会のぞきキャラくり』（2011）の2冊の本からその成果を紹介する。（日本語の研究に関してはそれぞれの項目を抄訳にした。）

1.　日本語研究

1.1　音声学研究

音声学研究：「声質から見た声のステレオタイプ―役割語の音声的側面に関する一考察―」（敕使河原 2007: 49–69）で勅使河原

は、我々は初めての人に電話をかけるとき、相手の音声に年齢、性別、外見、感情などを想像しているが、実際相手に会ったとき、想像と必ずしも同じとは限らないと述べている。またアメリカのアニメの中の善人は北アメリカなまりで話し、悪玉はロシアやドイツなど外国語なまりまたは非標準的なことばを話すと言う。これは金水敏（2003）で「英雄はつねに標準語」を話すという結論と合致している。勅使河原は、1．悪玉が不快な感情を表すときは、「咽頭の狭め、声道の緊張、咽頭の上昇」がある、2．善玉の声の特徴は典型的で一般化しやすいが悪玉の声は特異でばらつきが大きいという仮説を立て、日本の60年代から90年代のアニメの善玉と悪玉を「受聴」という方法で分析を行った。その結果、善玉の言語行動には2種類、悪玉には4種あることがわかり、仮説が正しいことが証明された。アニメの善玉の声質は標準的で、悪玉の声質は非標準的であり、これは文化の差を越えて普遍性があると考えられると指摘している。

1.2　対照研究

1）英日対照研究：「役割語の個別性と普遍性―日英の対照を通して―」（山口 2007: 9-25）で、山口は「ハリー・ポッター」の英文と日文の対照研究を通して、日本語版の役割語は多彩であるが、英語版では「my dear Prof. X」といった呼称語にしか現れておらず、英語の役割語には4種類あることを指摘した。例えば1．「ハリー・ポッター」の中ではアメリカ西部方言が使われているが、非標準的つづりが使われており、読者に「視覚的方言」を感じさせている。2．アメリカの映画、ドラマの中にステレオタイプ化された中国人ことばがある。その特徴は冠詞やbe動詞の省略でいわば「簡略英語」である。山口はこれを「引き算式」と呼んでいる。3．また中国人ことばはまるでアメリカのチャイニーズレストランで食後に供されるおみくじ入りクッキー（fortune cookis）の中の文面のような擬似格言であると指摘。4．ピジン英語の使用によって中国人キャラを作り出している。

そのほか英語の役割語としては、ワーナー・ブラザーズのトゥイーティーが「幼児性を備えた鳥」という性格付けを発音のスタイル

で表現している。日本語の役割語は「足し算式」にバリエーションをつくることができるが、英語は「引き算式」であるためバリエーションは多くないと指摘する。

2）日韓対照研究：「日韓対照役割語研究―その可能性を探る―」（鄭惠先2007: 71–93）で鄭は、「人物像と役割語」、「方言と役割語」、「翻訳と役割語」、「言語習得と役割語」といった視点から、日本の漫画6作品、韓国の漫画5作品を性別、年齢、方言の使用について観察、対照研究を行った。その結果、韓国語では男女のことばの差はあまりないが、年齢による差はあること、韓国語に翻訳された日本の小説の中で、日本の中部方言が韓国語の忠清方言に、韓国の慶尚方言が日本の関西方言に訳されていること、方言イメージ調査により、日本人の関西方言に対するイメージと韓国人の韓国全羅方言に対するイメージ、日本の東北方言と韓国北部咸鏡方言・平安方言に対するイメージがよく似ていることがわかった。また、人物像イラストとその人物から思い浮かぶことばづかいの調査では、韓国人日本語学習者があまり日本語の役割語に注目していないことがわかった。

1.3　翻訳研究

1）日英：「小説における米語方言の日本語訳について」（ガウバッツ2007: 125–158）でガウバッツはマーク・トウェインの小説で使用されているミシシッピ川周辺の方言が、3種類の日本語翻訳ではどのように翻訳されているかを調査している。1つ目の翻訳は書きことば的で、2つ目は日本の東北方言など方言と「おら」などの話しことばが使われていること、3つ目の翻訳はなまった感じがしないが、「おれ」が使われており、野卑な感じがすると指摘。翻訳家たちは日本語に訳すとき、実際の方言ではなく、登場人物の「役割」と「ことば、性格」などを考慮して工夫していると指摘した。

2）西洋語：「〈西洋人語〉「おお、ロミオ！」の文型―その確立と普及―」（依田2007: 159–178）で、依田は「Oh ＋ 人名」の言

語形式をきけば人々は、ドレスを着てカールした髪の女性や、マントを着た西洋男性を思い浮かべる。つまりこの形式は西洋語の特徴的表現だと考えられるとしている。これらは、明治時代の「ロミオとジュリエット」の翻訳劇の中にすでに見られ、今でも宝塚劇団の欧風ミュージカル等で使われており、「西洋人語」役割語と言うことができると指摘。また中国人キャラの「あいやぁ」の使用についても言及し、外国人らしさを特徴づける手段として感動詞がもちいられる背景には、それぞれが日本語には存在しない音声、ないし表現であることや、一般的に日本人に自分の喜怒哀楽を表に出す習慣がないことなどから、異文化接触時のインパクトが大きく、〈外国人語〉として普及しやすいという点が大きく影響しているものと考えられると指摘している（p.176）。

1.4　日本マンガ研究

近代マンガ：

1)「近代日本マンガの言語」（金水 2007a: 97–107）

金水は 1964 年から 1986 年まで少年雑誌に掲載され人々に深く愛された『サイボーグ009』（石ノ森章太郎）を例にその登場人物がそれぞれ世界各国の出身で、それぞれの国籍と役割および言語に一定の関係があり、「役割語」が貢献していることを指摘。

例えば006 は中国人コックであり、「おそろしい世の中にならはったアルなぁ」といったピジン日本語を話しているという。

2)「近代日本マンガの身体」（吉村 2007: 109–121）

吉村は、日本はマンガの年間発行部数が 200–300 万部に達しており、マンガの読者共同体を形成していると指摘。『サイボーグ009』の登場人物の身体的特徴が 1960 年代の日本人の各国「人種」に対するイメージを反映し、その外見ニックネーム、超能力、彼らの背景や職業と国籍、人種にも一定の関連があると言う。またヒーローとヒロインは「西洋人の外見をした日本人」であり、その伝統は 2001 年に北京で出版された『美少女画報』（林晃、接力出版社）の美少女の書き方にも継承されているとする。マンガは、作家の創

作物でもあると同時に読者との相互の影響で生まれるものであり、いまや日本人だけのものではない「マンガの文法」が存在していると述べている。

1.5　日本語研究

1.5.1　文法研究

1)「キャラ助詞が現れる環境」（定延 2007: 27–48）

定延は、話し手のキャラを暗示する表現方法である「発話キャラクタ」を提案しているが、発話キャラクタは、「です」、「おじゃる」や「ごわす」などの「キャラコピュラ」によっても表され、ネット上でこのようなキャラコピュラを使って自分のスタイルを表現している例があり、これを「キャラ変わり」と呼んでいる。またコピュラだけでなく終助詞の後ろに付けて、そのキャラを表す助詞を「キャラ助詞」と呼び、日本語や韓国語などの述部が後置される膠着語は、キャラ助詞の生まれるのに有利な環境であると指摘する。

2)「現代日本語副詞の記述枠組みに関する研究」（羅米良 2011）

いままで日本語の副詞研究は大別して意味論の角度から正確に記述する方法と、形態論の角度から、副詞とその共起関係を研究するという方法があったが、キャラとの関係で考察したのが本研究である。例えば若者が「大人のキャラ」を演じるときには規範にあった副詞を使用するのに対し、「若者キャラ」を演じるときには「チョウ」や「オニ」などといった副詞を使用していると言う。

1.5.2　日本語史研究

1)「役割語としてのピジン日本語の歴史素描」（金水 2007b: 193–210）

19 世紀後半日本の横浜では日本人と西洋人、華僑が交流のツールとして日本語を使用していたが、これは「ピジン日本語」または「横浜ダイレクト」または Yokohamaese、「横浜ことば」と呼ばれ「アリマス型」であり、中国系話者との会話には「アル型」が用いられた。昭和 10 年代には日本の帝国の膨張とともに、アジアにお

いてピジン日本語の使用が拡大していき、創作作品にもアル型ピジン語が使われるようになった。このアル型ピジン日本語は現代のポピュラーカルチャー作品にも受け継がれていると指摘している。

2)「役割語としての「軍隊語」の成立」（衣畑・楊 2007: 179–
192）

「自分」や「であります」は日本語の中では軍隊式ことばと考えられ、太宰治等の文学作品の中にすでに現れているが、近年人気アニメ「機動戦士ガンダム」の中にも同様の表現がみられる。「自分」の由来は武士の自称と言われるが、現在は力士や柔道家など体育会系の人が好んで使用している。一方「あります」は江戸時代の遊女が使っており、明治維新後、演説や小説、新聞、教科書などに広く使われた。軍隊用語としての「自分」、「であります」は1904年の日露戦争と第二次世界大戦において発展し、その後さまざまなメディアで伝えられたと指摘している。

1.5.3　日本語の役割語に関する総合的著作
1)『日本語社会のぞきキャラくり—顔つき・カラダつき・ことばつき—』（定延 2011）

人々のコミュニケーションと言語を考えるには、風格、スタイル、人格以外に「キャラクタ」という概念を設ける必要がある。風格とスタイルは意識的であり、変更可能だが、人格とは一般的には変更はされない。また「キャラクタ」は言語だけでなく、身ぶり、態度、文字、書いた文章、歌唱方法、美術品などすべての人の行動と関係している。そしてキャラクタには、直接属性を記述するもの、話し方が属性を暗示するもの（発話キャラクタ）、表現がその行為者を暗示するもの（表現キャラクタ）の3つあり、発話キャラクタは、品、格、性別、年齢の4つの面から分析できるとしている。

2）そのほか

『ジェンダーで学ぶ言語学』中村桃子編（2010）、『役割語研究の展開』金水敏編（2011）等がある。

2. 中国語の「役割語」研究

2.1 日本の研究者による中国語の「役割語」研究

1)「日本語・中国語におけるキャラ語尾の観察」（定延・張
　　2007: 99–119）

　定延と張は中国のネット上の語気助詞（日本語の「ね」や「よ」と同様文末におかれ、気持やニュアンスを表す）を観察、ネット上には特殊な方言のことばや、語気助詞を使ってキャラを表している現象があることを見つけた。例えば、「系」と広東人キャラ、「喵」と猫キャラ等である。このようなキャラを表す語気助詞を「キャラ助詞」と呼び、「在下（拙者）」などキャラを表す自称詞が存在すると指摘。このような「キャラ助詞」の産出条件を①Eメールやチャットなど、②遊びの文脈とし、③膠着語の言語ではこうした文末キャラ助詞は一般的に感嘆詞から派生すると指摘している。

2)「試論漢語中的角色語気詞"捏／涅／逆"、"呵呵／哈哈／吼吼"、
　　"的説"」（羅米良 2012）

　日本語の役割語で代表的なものは人称代名詞と文末の表現方法にあり、後者をキャラ語尾と呼ぶ。本研究は日本語のキャラ助詞の研究を参考に、中国語のキャラ助詞「捏／涅／逆」、「呵呵／哈哈／吼吼」および「的説」の使用についてアンケート調査を行い、その結果、これらを使用する大部分は若者であり、特に若い女性であることを明らかにした。ネットコミュニケーションの舞台では、新奇なことばを使用することによって、他と違った新しいキャラを演じていると指摘している。

3)「中国語の「角色」研究と日本語のキャラクタ研究」（張麗
　　娜・羅米良 2010）

　本研究は、一部中国の役割語研究の状況を概括し、かつ中国の小説や映画の中に、「你地大大地日本人？」といった日本人キャラ等の「外国人役割語」というものが存在することを指摘している。

2.2 中国国内の「役割語」に関連する研究

中国にも「角色語言（役割ことば）」の研究は存在するが、それは社会心理学における「角色語言（役割ことば）」の理論をもとにしているため、日本の役割語研究とは、視点もその発見も同じではない。以下90年代に王徳春らが社会心理言語学の面から提唱した「角色語言（役割ことば）」研究および、李桂奎の『中国小説写人学』（2008）を紹介する。

中国語版で「役割語」は角色語言と訳したが、意味するところが同じではないので、中国語の角色語言は「役割ことば」と訳す。

2.2.1 社会心理語言学的「角色語言（役割ことば）」の研究
1)『社会心理語言学』（王徳春・陳汝健・姚遠 1995）

本書は社会学、社会心理学および言語学などの学問領域を応用して書かれた言語学の研究書で、専門書として始めて「角色語言（役割ことば）」について言及したものである。ここで著者たちは、言語の本質には3つあるとしている。①属性的特徴、②機能的特徴、③本質的特徴の3つである。王らでは社会学の社会的役割理論に注目し、「人はそれぞれ異なる社会的環境の中で異なる役割を演じている。1965年に社会学者アラン・トゥレーヌなどが社会的役割理論を提唱、これを用いて言語の社会心理を解釈することができる」（p.18）と述べている。また研究領域は「指導者のことば、夫婦の会話、クラス委員のことば、店員のことば、医療従事者ことば、教師のことば、弁護士のことば、旅行ガイドのことば、軍事指揮者の命令ことば、外交辞令、企業管理者の弁舌、インタビューことば、父母が子どもに対することばなどなどが研究領域になる。これらはすべて角色語言（役割ことば）の重要な内容である」（p.59）としている。また、「たとえば医療従事者のことばは十分に患者の心理的受け入れ能力を考慮しなくてはならない。重病人やがん患者に対しては適当にあいまいなことばを使用してもかまわない」「役割ことばは主に自然言語を指す。」（pp.59–60）と述べる。

ここからわかるように基本的に中国人研究者が注目しているのは主に自然言語であり、現実生活の社会的役割とその言語との関係で

ある。

　彼らの観点は以下のようなものである。「個人は社会という舞台で異なる役割を演じており、社会は個人に対して社会が期待する役割への要求と言語と行動モデルをセットで用意している。社会生活の中で人々はみな複数の役割を持っており、たとえば、1人の男性は男（性別役割）、学校の教師（職業的役割）、家における夫と父親（家庭における役割）、またあるときには公園に遊びに行く人（ツーリストとしての役割）、またあるときは商店の客（客役）、またあるときは映画館の観衆（観衆の役）などのように社会心理学では、これらの人が兼任する複数の役割を役割クラスタまたは役割総合体と呼んでいる。役割効果（角色効応）は個人にそれぞれ期待される役割行動を要求する以外に、役割ことばをマスターするよう要求する」（p.150）としている。

　また彼らは「説写者（話したり書いたりする人）」（聴読者）を分析してこう述べている。「話したり書いたりする人とは言語を使用して思想を表現する人のことであるが、言語表現には若干の影響と制約を受ける。言語コミュニケーションのルールがことばと表現者に諸要素の調整を行わせる。これらの要素とは身分、地位、性別、年齢、職業、出身、思想性格、文化的程度、経歴、環境、そのときの気持ち、話の目的などだ」と（pp.155–166）。

　ここでいう「話したり書いたり聴いたりする人のことば」が日本語研究でいう「役割語」と関係があるが、残念なことに具体的な言語差に関する記述は少く議論は深まっていない。

2)『社会心理修辞学導論』（陳汝東 1999）

　中国の言語学専門書で「角色語言（役割ことば）」について言及しているものは多くない。この本も社会心理言語学の角度から役割ことばを考察したものである。陳は約53ページに渡って、社会的役割とその修辞行為について考察している。彼は蒋子龍の小説『燕趙飛歌』の中に出てくる登場人物と言語の関係を考察することにより「社会角色（社会的役割）」と「話語角色（発話的役割）」との関係を考え、「一般的に社会的役割は安定しているが、発話的役割は

一時的なもので瞬間的で、文脈によって変化する。言語コミュニケーションの中で発話的役割は文脈の必要性によって調整が行われ、発話と役割とには相関関係があり、それによって予期したコミュニケーションの目的に到達することができる。」(p.158)、「発話役割の関係とはコミュニケーション主体同士の社会的関係と、発話的関係を研究することを指し、それは一連の社会的行動規範と言語的規範の総和である。」(p.158)、「発話役割は現実的発話役割と潜在的発話役割の2つに分類される」(p.159) とする。発話役割と役割の関係は修辞行為に大きな制限を与え、発話役割には相関する言語規範があり、コミュニケーションの過程で発話役割の言語規範を守ることで良好なコミュニケーション効果の前提が与えられると指摘している (p.160)。また言語コミュニケーション過程によって主要役割と脇役役割、権勢役割と非権勢役割、生活の中の発話役割には血縁役割、職業役割、性別役割、年齢役割、行政役割、言語使用域（レジスター）役割、民族役割などがあると分析する (p.164)。それぞれの言語特徴を指摘しようと試みているが具体例はほぼなく陳の考えもまた役割としての言語規範に則することでよいコミュニケーションが得られるといい、修辞に着目している点は評価できるが残念ながらこれ以上議論の深まりはない。

3)『現代修辞学』（王徳春・陳晨 2001: 499–514）

　王らは、同じく社会心理学の社会的役割理論をもとに言語の考察を行っている。彼らは、発話の構築には決められた発話役割（発話主体のキャラ認定）をした上で、行動規範を守らなければならないという。（ここでいう発話角色と 1.5.3 で言及した日本語における役割語の「発話角色（発話キャラクタ）」という用語は同じであるが定義は同じではない。）王らは、言語コミュニケーションの修辞行為は発話役割規範に則したものでなければならず、コミュニケーション双方それぞれの発話役割の関係性に適合することこそが、理想的なコミュニケーションのための前提であるとする。発話役割の認知には自己役割認知、他者役割認知、コミュニケーションをする相互の発話役割認知の3つがある。言うなれば、私は誰であるか、

あなたは誰であるか、私たちはどのような間柄であるかという、この3つの認知により人々は言語を調整し交流を図るということである。

　以上のように、中国の「角色語言（役割ことば）」研究は社会心理学の理論をもとに出発し、中国語の役割ことばの特徴を描き出そうと試みているが、表面的な分類に終わり、用例も少ない。しかも、ことばや行動の規範性つまり「役割ことば」が外部からの各役割への期待（理想）に合致しなければならないと強調しすぎたために袋小路に行きついた感がある。人々がコミュニケーションを行うときには、かならずしも外部からの期待に合わせた言語行動をとるとは限らない。たとえば父親がいつも優しい父親であるとは限らない。1人ひとりは自己の内心のコミュニケーション目的を達成するために表現するのであって、むしろ個人的感情という理由から社会の期待や規範に背くことは普通の現象である。人々は積極的に言語資源としての役割語を利用しコミュニケーションを行ったり、作品を創作したりするのだ。人々は実生活では本来の役割の期待に背くことばを使って、感情の表出だけでなく、ことば遊びや気分転換、双方の関係調整のため、相手への脅しや騙し、攻撃防御やイメージアップ、お笑いや物まねのため、またあるいは儀式の一部として、衣服を着るように「役割とことば」を脱ぎ着するのである。中国で日本の役割語と類似の研究として芽生えながら育っていかなかったのは、このあたりを考慮していけなかったからだろう。

　4）そのほか
　社会心理学の役割理論に基づいた研究ではほかに、年志遠（1990）「教師角色語言浅論」、また、語用論の角度から唐亮（2009）「紅楼夢角色語言研究―以賈母語言為中心」等の研究がある。

2.2.2　「写人学」研究
『中国小説写人学』（李桂奎 2008）
李桂奎は社会心理学の社会的役割およびジェンダーロール理論を

応用しながら、中国の小説における「写人（人物を描く、人物描写）」研究に新しい学問体系を構築しようとした。李の視点は中国語の「役割語」を考える上で示唆に富んでいる。

李が『中国小説写人学』躯体喩物（身体を使った比喩）で主に考察しようとしたのは、中国の古典小説の中における「躯体喩（体を物に喩えること）」や「姿態造型（動作と人物像）」などの問題である。

そのため「角色（role 役割）」、「人物（person）」および「人物形象（character）」という概念の違いに注目し、これまでの批評の中ではしばしば「角色（role 役割）」と「人物（person）」とを同じものと考えてきたが、社会心理学の中では人物は社会という活劇の中の「演員（actor）」であり、「角色（role 役割）」は「身份または地位（status）」という動態的性格を現すもので、本質的に「扮演性（演技性）」があり、どのような人物が演技に参加するか、どのような人物を演じるかということが含まれているという。また、1960年代以来ドラマツルギー的批評（Dramaturgical Criticism）では役割理論が絶えず援用されてきた。「ドラマツルギー（戯劇主義）」といわれるゆえんは、もとはそれが戯曲の分析に源を発し、「人生は1つの芝居であって、世界は舞台である」というこの修辞的隠喩に立脚しているからである。人々は今なお、このような考え方を認めており、文学とは社会生活が投影されたものであり、小説は社会生活を映す鏡であるとみなしている。社会的役割は小説という鏡の後ろに投影されれば小説の中の人物となる。このように戯曲の中の人物、社会的役割、小説の中の人物の間には相互の関係があり、ドラマツルギーは中国古典小説の人物描写研究に理論的根拠を提供しているとする（p.8-9）。

ここから見ると、李桂奎の理論的背景は社会心理学の役割理論とドラマツルギー理論であることがわかる。彼は「写人学」は中国語の役割と言語の研究であるとはもちろん言っていないが、「戯曲の中の人物、社会的役割（社会的人物）、小説の中の人物の間には相互の関係が存在している」としており、李のこうした観点と金水の現実生活あるいは歴史のある地点ある時間に使用されたことばが小

説やマンガ、ドラマなどのメディアや教育を通じ共通認識を形作り最終的に役割語として定着していくという考え方と共通点がある。

李が注目しているのは中国古典小説の人物描写手法で、特に「身体修辞」（体の部分を修辞的に使用すること）の面である。たとえば、男性覇権主義下の発話の中では男性の体は「動物化」し、女性の体は植物にたとえられ「植物化」するといった創作上の現象を指摘している（p.32）。つまりある動物が特定の男性像を表し、ある植物が特定の女性像を表しているということである。また李は中国の伝統の色・青、黄、赤、白、黒の「五色文化」や、周代に始まり唐代に定まったといわれる「品色衣」（官位に対応して着衣の色が決まる制度）など「色が人物を象徴」することとその機能（p.76–124）、そして「坐（座る）、立（たつ）」などの「人の動作・行動」と人物像の関係について考察している（p.125–156）。

李が『写人学』の中で考察したこれらの問題と「役割語」との関係は本書第6章で詳しく検討する。

中国語の研究は方言研究などの実際の言語研究は豊富であるが、ステレオタイプ、バーチャルなことばという角度で中国語を研究したものはほとんどない。本章の日本語の役割語先行研究の中で紹介した役割語と関係する現象は中国語の中にもおそらく同様に存在しているはずである。たとえば人物像と役割語、方言と役割語、翻訳と役割語、外国語学習と役割語、通俗文化と役割語、ネットことばと役割語などの現象である。これらの研究は中国語史や言語接触、普通話（共通語）、言語政策、中国語教育や言語学上の本質的問題も含んでいる。

また逆に中国語の役割語が豊富でないとしたら、私たちはその理由を検討することによって、中国語の変種の発展の方向性といった問題を解き明かすことができるだろう。

第3章

中国語の方言と人物像

　言語は社会性を有するため、その使用にはつねに性別や職業、階
層、時代などの社会的特徴が付随している。こうした属性上のこと
ばの差を「役割語」といい、日本の役割語の概念は王徳春ら中国の
学者の提出した「角色語言（役割ことば）」とは異なっている。本
章は日本語の「役割語」の概念を用いて、中国語のテレビドラマの
中の役と方言の関係を考察するためドラマの観察および、方言とキ
ャラに関する言語意識調査を行った。調査を通して、テレビドラマ
の人物と中国各地の方言が結びついた中国語の「役割語」を見てい
く。

1.　日本の役割語と方言

　先にも紹介したように、日本の役割語の概念と中国の王徳春た
ち中国人学者のいう「角色語言（役割ことば）」とは異なっている。
日本の役割語の重要な観点の一つは、役割語は必ずしも現実の社会
に存在する言語変種ではないという点だ。

　日本語の女ことばは現実社会での使用は減少しているにもかか
わらず（高橋2002）、TVドラマの中では多用されている（水本
2005）。それはこうした役割語を聞けば、視聴者たちがその性別、
年齢、身分などを容易に連想でき、説明を省けるためである。

　日本語の役割語は主に自称詞や終助詞に現れやすく、また方言と
人物像が結びつく場合もある。たとえば、大阪弁を聞けば商人が連
想され、日本の東北方言は田舎者が連想される。中国でも放送され
た日本のテレビドラマ『おしん』で、主人公おしんは山形弁を話し
ている。

　第2章で紹介したガウバッツの「小説における米語方言の日本語

訳について」でも小説の翻訳の中でのある種の方言の使用が指摘されている。ロング・朝日（1999）の研究によれば、アメリカ映画『風と共に去りぬ』では黒人英語が日本の東北方言に、映画『バック・トゥ・ザ・フューチャー』ではアメリカの南部方言が日本の東北弁に吹き替えられているが、アメリカ南部方言には文化的水準が低く、田舎者という印象があり、また日本の東北方言にもそうしたイメージがあるため両者には共通性があるからだという。

　中国語にもこうした人物と方言のイメージがあるのかということがこの章の研究の出発点である。

2.　中国語の役割語と現実のことば

　中国語においても当然、現実社会のことばとTVドラマの中などのバーチャルな「役割語」とは影響し合っている。たとえば、実際の上海新移民の言語の調査をした雷紅波（2008: 92）によれば、上海の大学院生が同郷の河南省から出て来た友人と河南省方言で話すことを嫌い、普通話（共通語）で話すようにと言ったことが報告されている。

(1)　"我跟你说，你再说，你找工作，保不准儿就带出啥河南話来"

　　　（言っとくけれど仕事を見つけようと思ったら、河南話なまりで話さないほうがいいよ。）

　この例は、最近中国のTVドラマや映画で、河南方言が泥棒や悪者のことばとして使用されることが増えていることとも無関係ではないだろう。

　また雷紅波の調査で、上海外資系企業のエリート女性の言語を調査した結果によれば、彼女たちが普通話（共通語）と上海語、そして英語を交えて話すと報告されている（2008: 95）。これはたとえば人気TVドラマ『武林外伝』の中で「優秀な先祖を持ち神童とされながら科挙に不合格、店の会計を手伝う」役の呂秀才が普通話と、上海語、英語を交えて話すことと似ている。

　またこのことは、本章5節で知識人や農民工と、コソ泥の使用す

る言語を調査した結果と合致している。つまり、現実社会のことばのイメージがドラマの中の人物造型に反映されており、また反対にドラマの印象が人々にそれぞれの方言イメージを与えている可能性がある。

3. 中国語の役割語モデル

下記図1は日本語の「役割語」概念を用いて、試みに中国語の役割語の有様を図式化してみたものである。上半分はいわゆる社会方言で、中国語では老若男女のことばは日本語ほど違いがないと言わ

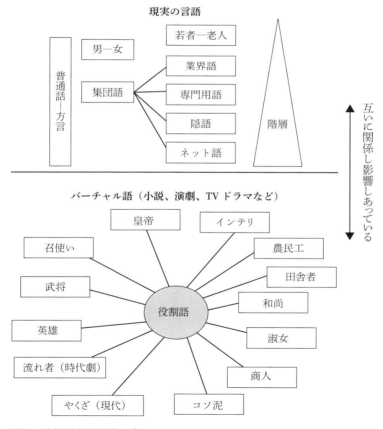

図1　中国語の役割語モデル

れている。下半分は金水（2003）で出てくる役割語とある程度対
応させて設定したものである。つまり中国語の役割語として TV ド
ラマなどで観察される役割語である。例えば皇帝と召使、和尚と田
舎者のことばなどである。

4.　中国の映画・TV ドラマの中の方言

　中国の映像作品の中での方言使用は 1980 年代末に新中国建国の
様子を描いた「開国大典」が嚆矢とされ、死去後間もない毛沢東主
席や周恩来首相などの国家指導者たちの姿を、それぞれの方言なま
りで演じる俳優の演技の中に見、観衆たちは偉大な指導者たちを偲
んだといわれる（景永恒 1992）。その後、東北方言、上海方言、山
西方言、山東方言、河南方言などの方言の映画やドラマが制作され
た。朱定峰（2007）や李恒（2009）任真（2009）は方言が親しみ
や生活感に真実味を与え、映画やドラマの登場人物造型に役立つこ
とを指摘している。

　その状況に対し、2005 年には普通話（共通語）の普及を目的に
「国家広播電影電視総局」（中華人民共和国国務院の直属機構で、中
国全土のテレビ・ラジオ・新聞・出版社を管轄する機関）が方言使
用の制限に関する通達*1 を出している。そこでは「TV ドラマの
言語は（地方戯曲作品を除いて）普通話を主とし、一般の状況下で
は方言や「標準的ではない普通話」を使用してはならない、重要な
革命や歴史をテーマにしたドラマ、子ども向けドラマおよび教育を
目的にしたテレビ作品では一律に普通話を使用すること、TV ドラ
マの中での国家指導者の言語も普通話を使わなければならない」と
規定している。続いて 2009 年にも重ねて「方言制限令」*2 の通達
が出されている。

　このように国家が度々通達を出したにもかかわらずテレビでの方
言の使用は、地方テレビ局によるご当地方言ドラマ、娯楽番組、方
言ニュースなどの形で勢いが衰えることを知らず、中央電視台でも
方言を使用したドラマが次々と制作されている。これは、方言がよ
り現実の生活に密着しており、真実味や親しみが感じられるからで

ある。またそれと同時に、方言の使用にはある種の喜劇的効果など
があり、現在行われている多くのコントには方言が使用されている。
このほか方言が人物を造型するのに大きな働きを持っているからで
ある。

　ここで注目したいのは中央電視台が放送した「多方言ドラマ」と
でもいうべきいくつかの方言ドラマ中での「方言と登場人物の関
係」である。

　たとえば2002年から2007年に3部に渡って放送された軍隊生
活を描いたコメディドラマ『炊事班的故事（炊事班の物語）』があ
る。これは軍隊の厨房に各地から集まった人物たちとそれぞれの方
言や地方のイメージ（ステレオタイプ）が重なっている。

　たとえば、河南語をしゃべる雑用係の小毛（シャオマオ）は炊事
班の中の笑われ者であり、中国東北語を話す大周（のっぽのシュ
ー）は東北人らしく背が高く、熱血漢である。「広東なまりの普通
話（共通語）」をしゃべるコック班長の「胖洪（デブの洪さん）」は
班のよきまとめ役であり、コック＝デブ、「食は広東にあり」とい
うステレオタイプを映し出している。

　また、2006年放送の時代劇コメディ『武林外伝』も放送と同時
に多くの若者に大人気となったが「恥知らずの物乞いの小米」、「淑
淑淑、芬芬芬」を暗号に脱税をする店「怡紅楼」のおかみ「賽貂
嬋」など、イメージの悪い配役に河南語をしゃべらせている。こう
した方言と人物イメージは『武林外伝』の人気とともにも全国に広
まっていっているはずである。前掲の雷紅波（2008）で報告され
た「上海で河南語を使うな」という意識にも裏付けられている。

　また、2009年放送の『我的団長我的団（我らの団長、我ら部
隊）』では東北語を話す連隊長や、上海語を話す少校（実戦経験の
ないややインテリ副上官として描かれている）、また湖南語を話す
下士官、河北保定語を話す無学の上等兵など、抗日戦争の部隊に中
国各地から兵隊が集結した様子および、それぞれの役の教育水準を
各方言の使用により表現していることがわかる。

　無論、『武林外伝』のように河南語という特定の方言を悪者のイ
メージに使用することや方言と人物造型を結びつけることに対して

第3章　中国語の方言と人物像　　25

反対する意見もある（韓黎 2007、王会 2009）。

　ここではドラマや映画の中で方言を使用することの是非について
は論ずることをしない。こうした現象が必ず特定の方言への蔑視を
生むとは限らず、ドラマの中での方言の使用は、中国の現実社会の
地方の人々の特徴をある程度反映し、また中国社会のそれぞれの地
方の人々に対する評価（印象）を反映していると考えることができ
る。本章ではこうしたドラマや映画の中の方言がどのような人物造
型に関係しているかに注目したい。

　役割語は現実社会の影響を受けながらも、実際は存在をしている
とは限らないバーチャルな言語である。中央電視台の TV ドラマの
中の方言も多くの場合、加工を加えられた普通話（共通語）に過ぎ
ない。たとえば、2010 年放送の『走西口』というドラマには、歴
史的に有名な「山西商人」が描かれているが、方言ドラマと宣伝さ
れたものの、実際は一人称主語「我」の発音が山西省方言風で、民
謡や方言による呼び声が使われ、雰囲気を出してはいるが、セリフ
は「山西方言風の普通話」であるだけである。でなければ、全国の
TV ドラマ聴視者には理解できないからだ。中国の各地方の方言は
日本語の方言同士に比べもっと複雑であり、加工することなく放送
すればほぼ聞きとれない。

　一般的に現代標準中国語（普通話）は老若男女のことばの区別、
階層、グループによる社会方言の差は日本語ほど大きくない。この
問題について多くの中国人に尋ねたが、「中国語にはその差はあり
ません」と返答されるばかりであった。しかし、TV ドラマにおけ
る方言の使用効果の観察を通して、中央電視台ドラマの中の方言は
「加工されたバーチャルな方言（方言風普通話）」であり、かつ特定
の人物像と結びついて使われることがあると考えられる。そのため、
中国人の各地方方言と人物像（キャラ）の関係を明らかにするため
に以下のような調査を行った。

5.　方言と人物像に関する言語意識調査

　調査の内容は下記の通りである。

5.1　調査内容

　調査は人物像（キャラ）と方言（古語をも含む）との関係を問うたものである。調査は3部に分かれ第1部は、「あなたが監督やシナリオライターだったら、人物像の造型のためにどのような方言がふさわしいと考えますか。3つ選んでください。」と問い、第2部は各方言に対する意識調査で「各方言に対してどのようなイメージを持つか選択肢の中から2つ選んでください。」と問うた。人物像と関連ある形容語をパイロット調査から選び出し、方言イメージの研究（井上1980、高一虹等1998、宮本2009）で使用された評価項目は用いていない。第3部は回答者の属性（所在地、年齢、学歴）である。なお、本調査は方言のステレオタイプや偏見を助長するために行ったものではないことを断わっておきたい。

5.2　調査対象

　A華中科技大学は（略して華中大）学生および院生37名、B南京大学学生および院生、北京大学院生（北京）、同済大学院生（上海）（略して南京大・他）37名、C成人（新疆在住、主に高学歴）37名。

　まず対象A、Bとして大学生を調査したのは、大学のキャンパス内はいわば方言のるつぼであり、比較的他の地方の方言に敏感であるといえるからである。予備調査の段階で筆者の住んでいた外国人専門家宿舎の職員数名に尋ねたところ、各方言の弁別は近隣の1〜2省を弁別できる程度にすぎなかったため調査対象にはしなかった。

　またAとBとで所在を変えたのは、湖北省（主に武漢の華中科技大学）という中国中部地区と上海、南京の沿海地区、首都北京では接触する言語にも地域差が見られるはずで、大都市と地方都市では意識の違いもあると考えた。

　Cの成人は新疆（ウルムチ）の成人たちであるが、ウルムチは歴史的にその建設のために全国各地から集まった人たちによって建設された土地柄で、共通言語は普通話である。かつ高学歴の成人は全国への出張の機会も多く弁別できる方言も多い。つまりABCともに高学歴男女グループであって比較的他の地方の方言に理解がある

集団であると言える。

5.3　調査期間

　2010年5月、予備調査として紙媒体で、華中科技大学1–2年生に尋ねたのち、アンケートの内容および調査法の見直しを行い、その後2010年6月インターネットのアンケートサイト「問巻星」を利用し、各グループの人たちに匿名でアクセスして記入してもらった。

5.4　調査結果

第1部　人物像と方言

　15種類の人物像（インテリ、商人、農民工、田舎者、武将、英雄、淑女、皇帝、召使、江湖（時代劇の流れ者）、ヤクザ、コソ泥、和尚、孫悟空、猪八戒）に対し、13種（普通話、東北語、北京語、山東語、山西語、河南語、四川語、上海語、湖北語、湖南語、広東語、古語、その他）の方言から3つまで選択してもらった。この人物像選択は、金水（2003）の各章でとりあげられた「（老）博士、田舎者、関西人、武家、書生、ヒーロー、お嬢様、異人」の8つの役割語と対応させた上で、中国語役割語として上記15の役割語が設定できると考えた。中でも「皇帝、召使、時代劇の流れ者、ヤクザ、コソ泥、和尚」は、中国独自の人物像としてTVドラマに頻繁に登場し、「役割語」と呼べる特徴のある表現がわずかながら観察できる。孫悟空、猪八戒は「異人」キャラとして特に設定した。86年版『西遊記』では、孫悟空は普通話（共通語）を話す一方で、かならず「ウィキキキ」と叫ぶことを忘れないことから猿のキャラをそうした形で出していると考えられる。

　調査に当たって、方言名に関しては、実際の中国の方言区分は細かいが、「人々のイメージの中の各地方方言」として、あえて「北京话（北京語）」、「河南话（河南語）」といった名称を使用した。

表1　インテリキャラ

	1	2	3	4
A 華中大	普通話 89.2%	北京語 48.6%	古語 29.7%	上海語 10.8%
B 南京大・他	普通話 86.5%	北京語 40.5%	上海語 29.7%	広東語、湖北語 5.4%
C 成人	普通話 78.9%	上海語 34.2%	北京語 28.9%	古語 10.5%

　インテリキャラのことばとして選ばれたのは、1位は普通話、2位は北京語または上海語、3位は古語と上海語と北京語である。10.5%の成人が古語も選んでいる。1位が普通話であるのは、教育水準の低い人は普通話をうまく話せない*3というイメージの裏返しといえる。

表2　商人キャラ

	1	2	3	4
A 華中大	広東語 54.1%	上海語 37.8%	普通話 35.1%	山西語 27%
B 南京大・他	広東語 59.5%	上海語 48.6%	普通話 37.8%	山西語 27%
C 成人	広東語 55.3%	普通話 34.2%	山西語 23.7%	東北語、河南語 13.3%

　商人のことばとして1位はどのグループも広東語を選んでいる。広州や香港の経済の発達した地域としてのイメージ、映画等で見る広東人のイメージだろう。A、Bの大学生は2位に上海語を選んでいる。またある程度の割合で山西語が選ばれているのは、「山西商人（晋商）」（清朝に全国に勢力を伸ばした金融集団）のイメージによるものと考えられる。2007年に中央電視台で『晋商』というドラマも放送されていることも影響しているかもしれない。

表3　農民工キャラ

	1	2	3	4
A 華中大	河南語 62.2%	四川語 35.1%	山東語 21.6%	東北語 18.9%
B 南京大・他	河南語 70.3%	四川語 54.1%	山西語 25.1%	山東語 24.3%
C 成人	四川語 55.3%	河南語 47.4%	普通話 23.7%	湖南語 15.8%

　農民工のことばとしてどのグループも河南語と四川語を選んでい

る。方言地域と大学の所在地が隣接するかどうか、実際の農民工の流入数とも関係があるだろう。

表4 田舎者キャラ

	1	2	3	4
A 華中大	河南語 45.9%	東北語 37.8 %	山西語 32.4%	四川語 27%
B 南京大・他	河南語 56.8 %	四川語 32.4%	東北語 29.7%	山西語 24.3%
C 成人	四川語、河南語 31.6%		東北語 28.9%	普通話 21.1%

　田舎者のことばとして、3つのグループともに四川語と、河南語とを1、2位に選んでいる。農民工キャラと比べてAで2位、BとCで3位に東北語を選んでいる。農村を描いたドラマで東北語が使われ、趙本山など有名コメディアンによる農村コントのイメージが大きく影響していると考えられる。

表5 武将キャラ

	1	2	3	4
A 華中大	東北語 62.2%	山東語 51.4%	普通話、古語 18.9%	
B 南京大・他	東北語 51.4%	山東語 35.1%	普通話 32.4%	山西語 16.2%
C 成人	山東語 52.6%	東北語 36.8%	普通話 31.6%	湖北語、四川語、山西語 7.9%

　武将のことばとして、東北語と山東語が選ばれている。第2部の調査で、各方言の持つイメージを調査しているが、この2つの方言は「率直」や「強い」が選ばれている。武将と聞いて、『三国志』などの武将をイメージすればAグループのように古語の使用とつながるだろう。

表6 英雄（国家指導者）キャラ

	1	2	3	4
A 華中大	普通話 64.9%	湖南語 29.7%	北京語 35.1%	東北語 18.9%
B 南京大・他	普通話 51.4%	山東語 27%	東北語、北京語 24.3%	
C 成人	普通話 63.2%	山東語 23.7%	東北語、北京語、四川語 18.4%	

英雄（国家指導者）のことばとして、3つのグループともに普通
話を選んでいる。Aの2位が湖南語であるのは毛沢東や劉少奇といっ
た国家指導者たちが湖南省出身であり、演説の時も湖南なまりで
話していたことに関係している。ことに1949年の「新中国成立」
を告げる毛沢東の湖南省なまりの映像は、未だに繰り返し、TV等
で流されている。英雄の1位が普通話（共通語）というのは金水
（2003：51）のいう「ヒーロー」は共通語を話すことによって読み
手・聞き手が、自己同一化するという指摘と合致する。多方言ドラ
マ『我的団我的団長』などでも主役は北京語なまりの普通話を話し
ている。

表7　淑女キャラ

	1	2	3	4
A 華中大	普通話48.6%	四川語、上海語18.9%		山東語、湖北語、山西語16.2%
B 南京大・他	普通話67.6%	上海語24.3%	山西語18.9%	四川語、古語16.2%
C 成人	普通話65.8%	山東語23.7%	東北語、湖南語13.2%	北京語、上海語、四川語10.5%

　淑女キャラのことばとして1位は普通話であり、A、B大学生の
2位に上海語があるのは、第2部の調査で上海語に「女っぽい」とい
う印象があることととも関係しているだろう。また、映画『ラス
ト、コーション』の原作者、本人自身も没落貴族のお嬢様であった
ベストセラー作家・張愛玲の小説にある「上海の令嬢のイメージ」
や、蘇州などの女らしい発音とされる呉語のイメージとも関係があ
るだろう。予備調査では華中大50名の学生のうち49名が古語を
選んでおり、『紅楼夢』の林黛玉のような、古典的な女性のイメー
ジを持つ人もいることを意味していると思われる。ただし、この調
査では大家のお嬢様を表す「大家閨秀」を使わず「良家婦女」とし
たため、四川語が選ばれているのはドラマ『良家婦女』の舞台とな
った四川省のイメージが出たのだろうと考えられる。

第3章　中国語の方言と人物像　　31

表 8 　皇帝キャラ

	1	2	3	4
A 華中大	普通話 86.5%	北京語 56.8%	古語 24.3%	河南語 8.1%
B 南京大・他	普通話 67.6%	北京語 43.2%	古語 35.1%	その他 10.8%
C 成人	普通話 63.2%	北京語 50%	古語 23.7%	

　皇帝キャラのことばとして、3つのグループとも圧倒的に普通話であり、北京語、古語が後に続く。北京の紫禁城を舞台とした清朝王朝の皇帝ドラマが繰り返し制作されていることとも関係があるだろう。

表 9 　召使キャラ

	1	2	3	4
A 華中大	普通話 37.8%	河南語 29.4%	山西語、山東語 24.3%	
B 南京大・他	普通話 43.2%	四川語 37.8%	北京語 21.6%	河南語 16.2%
C 成人	普通話 36.8%	四川語 26.3%	山東語、河南語、山西語 13.2%	古語 10.5%

　召使キャラのことばとして、1位には3つのグループともに普通話を選び、2位は河南語と四川語であり、表3の農民工、表4の田舎者のイメージと重なるものがある。Bの3位に北京語が選ばれ、C成人が古語を選んでいるのは、古代の皇帝の召使というイメージからであろう。

表 10 　江湖（時代劇の流れ者）キャラ

	1	2	3	4
A 華中大	古語 48.6%	普通話 29.7%	東北語 27%	山東語 24.3%
B 南京大・他	普通話 40.5%	古語 37.8%	東北語、湖北語 21.6%	
C 成人	普通話、東北語 31.6 %		山東語 26.3%	河南語 18.4%

　昔のやくざ（流れ者）「江湖」のことばとして、「時代劇では」と指定して問うため、普通話と古語が多く選ばれているが、豪放なイメージのある東北語や山東語も選ばれている。台湾の金庸など武侠小説の主役達で、いわゆる「江湖もの」は大衆文芸として中国で

絶大な人気を誇るジャンルの1つであるため、1つの役割語として
設定した。

表11 ヤクザキャラ

	1	2	3	4
A 華中大	東北語、広東語48.6%	北京語21.6%	湖北語16.2%	
B 南京大・他	東北語、広東語48.6%	北京語、山東語16.2%		
C 成人	東北語47.4%	広東語23.7%	普通話26.3%	河南語、四川話18.4%

　こちらは現代のヤクザキャラのことばとして、3つのグループと
もに東北語と広東語を挙げている。日本ではあまり有名ではないが、
歴史上、中国の東北地区には匪賊が出現し、現在も大きなヤクザ社
会があると言われている。香港では、「ヤクザ映画」やドラマが数
多く撮影されており、こうしたことが広東語とヤクザ社会を印象づ
けていると考えられる。日本人のイメージの中にも存在するのでは
ないだろうか。

表12 コソ泥キャラ

	1	2	3	4
A 華中大	河南語45.6%	普通話、四川語29.7%		広東語18.9%
B 南京大・他	河南語40.5%	普通話、東北語29.7%		四川語24.3%
C 成人	河南語39.5%	普通話36.8%	東北語26.8%	四川語、湖南語10.5%

　コソ泥のことばとしてA、B、Cの3つのグループが選んだ第1
位が河南話で、そのあと普通話、東北語、四川語と続く。ドラマの
中での河南語の多くはマイナスのイメージがあり、河南語＝負のイ
メージが成立していることがわかる。前掲の農民工や田舎者キャラ
でも選ばれている。河南省は2億人近い人口を有し、中国でも最も
人口の多い省であり、長く貧しい経済状況下にあり出稼ぎ農民が各
地に流出してきた。こうしたこともステレオタイプ形成に影響して
いるようだ。また前掲のドラマ『炊飯班故事』や『武林外伝』など
のドラマでの負のイメージキャラでの使用も影響があると考えられ

第3章　中国語の方言と人物像　　33

る。無論、特定の方言がドラマなどによりマイナスイメージが与え
られるのはよいことではない。

表13　和尚キャラ

	1	2	3	4
A 華中大	普通話 51.4%	古語 40.57%	河南語 35.1%	山東語 16.2%
B 南京大・他	普通話 54.1%	古語 45.9%	河南語 27%	四川語 10.8%
C 成人	普通話 44.7%	河南語 31.6%	古語 21.1%	北京語、 山東語 15.8%

　和尚キャラのことばとして普通話、古語、河南語で1〜3位を占
めている。古語の選択は80年代からたびたびドラマ化されている
『西遊記』の三蔵法師などの古めかしい話し方のイメージがあるか
らだろう。一方で河南語が選ばれている理由は、河南省少林寺の少
林寺拳法の達人和尚たちのイメージを連想しているからではないだ
ろうか。

表14　孫悟空

	1	2	3	4
A 華中大	普通話 59.5%	北京語 27 %	四川語 21.6%	古語 18.9%
B 南京大・他	普通話 54.1%	北京語、 古語 18.9%	山東語 16.2 %	東北語 13.5%
C 成人	普通話 55.3%	北京語、四川語、古語 18.4%		

　孫悟空は物語の中の人物であり、13までの人物カテゴリーとは
性格を異にするが、度々映画、ドラマ化もされ、中国人が誰でも知
っているキャラクタである。金水（2003）でいう異人にあたると
も考え設定した。ただ、猿語といった選択肢はないため、3つのグ
ループともに実際ドラマで使われた普通話が選ばれた。半数以上の
被検者が普通話を選びその次は北京語と古語である。豪放、率直の
イメージのある山東語や東北、四川語も選ばれている。

表15　猪八戒

	1	2	3	4
A 華中大	普通話 51.4%	東北語 32.4 %	山東語 27%	河南語、古語 13.5%
B 南京大・他	普通話 54.1%	東北語、山東語 27%		東北語 13.5%
C 成人	普通話 47.4%	北京語 18.4%	河南語、四川語 15.8%	

　過半数の人が『西遊記』の猪八戒のことばのイメージはドラマと同じ普通話で、次に東北語を選んでいる。これは猪八戒の酒好きのイメージが東北語（人）や山東語（人）を連想させるのだろう。冬寒い東北ではお酒がよく飲まれている。成人の選択はやや和尚と似通っている。

第2部　方言のイメージ

　第2部では3つのグループの11の方言に対する言語意識を調べた。それぞれの方言と人物イメージの関係を探るためである。普通話（共通語）以外、北の東北語から南の広東語まで11の地方方言と、方言ではないが、ドラマのことばとしては外すことができない古語に対するイメージを聞いた。

　評価語は事前調査で、数人の中国人に各方言に対してどんなイメージがあるかを聞き「上品、女っぽい、おしゃれ、裕福、ユーモアがある、親しみがある、賢い、率直、強い、標準的、素朴、田舎くさい、ずる賢い、ケチ、意固地、革命経験のある、酒飲みの、辛いもの好き」を得たため、アンケート調査ではこの評価語中から3つ選択してもらった。

　「酒飲みの」や「辛いもの好き」があるのは、中国では地方性（方言）と飲食の結びつきが存在するという指摘があったためである。

表16　普通話（共通語）

	1	2	3	4
A 華中大	標準的 75.7%	上品 51.4%	おしゃれ 35.1%	親しみがある 27%
B 南京大・他	標準的 86.5%	上品、親しみがある 43.2%		おしゃれ 24.3%
C 成人	標準的 65.8%	上品 39.5%	親しみがある 34%	率直 31.6%

　普通話に対しては、3グループともに「標準的、上品、おしゃれ、親しみがある」が1-3位をしめている。上品とかおしゃれというのは、教育程度が高いことと普通話ができることがある程度比例していることと関係しているだろう。ただしここでは「賢い」というイメージは選ばれていない。Cは30％以上が「率直」を選んでいる。

　第1部ではインテリ、皇帝、ヒーロー、淑女、和尚キャラの普通話の選択率が高い。スタンダードであることや上品というイメージによると思われる。

表17　東北語

	1	2	3	4
A 華中大	率直 97.3%	ユーモアがある 48.6%	強い 37.8%	酒飲み 29.7%
B 南京大・他	率直 89.2%	強い 56.8%	酒飲み 35.1%	素朴、ユーモアがある、意固地 21.6%
C 成人	率直 76.3%	強い 50%	酒飲み 26.3%	田舎くさい、ユーモアがある 26.7%

　東北語に対して80％前後（または以上）が率直（こだわらない）というイメージを持っている。また、50％前後が強い（豪放）、30％前後の人が酒飲みというイメージを選んでいる。「ユーモアがある」というのは趙本山を代表とする東北訛りの喜劇俳優たちの活躍によるところがあるだろう。第1部では武将、ヤクザで選択率が高

く、豪放、強い、酒飲みのイメージと重ねているのかもしれない。

表18　北京語

	1	2	3	4
A 華中大	率直56.8%	賢い、標準的32.4%		ユーモアがある29.7%
B 南京大・他	率直43.2%	ユーモアがある35.1%	標準的29.7%	強い24.3%
C 成人	賢い47.4%	率直39.5%	標準的34.2%	ユーモアがある23.7%

　この表から北京語には率直で賢く、ユーモアがあるというイメージを人に与えているようだ。北京にはエリートが集まる首都のイメージがある。しかし、Bグループの南京、上海の大学生は、北京語に対して「賢い」というイメージを選んでいない。

　第1部で北京語が1位に選ばれたものはなく、インテリ、皇帝、猪八戒でどれも2位だ。選ばれた北京語が基礎となった普通話（共通語）と同じでないのは、帝都・首都北京という街のイメージと関係しているようだ。

表19　山東語

	1	2	3	4
A 華中大	率直75.7%	強い51.4%	素朴35.1%	親しみがある24.3%
B 南京大・他	率直75.7%	強い54.1%	素朴35.1%	意固地27%
C 成人	率直73.7%	強い50%	素朴39.5%	田舎くさい21.1%

　山東語には率直で強くかつ素朴なイメージがある。山東語が第1部調査で選択率が高いのは武将である。表にはないがA、B大学生は5番目にお酒が飲めるを選んでいる。英雄（国家指導者）でも2位に選ばれている。

第3章　中国語の方言と人物像　　37

表20　山西語

	1	2	3	4
A 華中大	素朴48.6%	田舎くさい、革命経験のある、親しみがある 32.4%		
B 南京大・他	素朴43.2%	田舎くさい 37.8%	率直、革命経験のある、親しみのある29.7%	
C 成人	田舎くさい 52.6%	率直39.5%	素朴31.6%	強い23.7%

　山西語には素朴、田舎くさい、革命経験のある、というイメージがあることがわかる。中央電視台では、山西を舞台としたドラマが放送されているが、2008年には農民ドラマ『喜耕田的故事』、2009年には『走西口』というドラマが放送されている。後者は中国三大移民の歴史の1つ・清朝末に貧しい山西近辺から新疆など西方へ人々が移民していく有様を描いているが、劇中革命運動に身を投じる「徐木匠」といった登場人物がでてくる。こうしたドラマのイメージが調査結果に表れているといえる。また主人公たちは山西語風の普通話を話している。100％の方言では他の地方の視聴者には聞き取れないため地方方言風を醸し出している。これこそが、中国の方言ドラマの特徴ともいえるだろう。

　第1部では全体として山西語の選択度は高くない。商人でやっと4位で、山西語の印象自体は本来あまり強くないと考えられる。

表21　河南語

	1	2	3	4
A 華中大	素朴56.8%	田舎くさい 54.1%	ケチ32.4%	意固地24.3%
B 南京大・他	田舎くさい 51.4%	素朴53.1%	ずる賢い 24.3%	率直、意固地 21.6%
C 成人	田舎くさい 57.9%	素朴39.5%	ずる賢い 34.2%	率直26.3%

　ここから見て、河南省のことばに対して素朴、田舎くさい、そしてずる賢いと言ったイメージがあることがわかる。第1部における調査では、田舎者で1、2位、コソ泥で1位、猪八戒で3、4位とな

っているが、前掲の『武林外伝』などのドラマ等からのマイナスイメージの影響も0ではないだろう。

表22 四川語

	1	2	3	4
A 華中大	辛いもの好き 67.6%	率直43.2%	ユーモアがある 35.1%	親しみがある 29%
B 南京大・他	辛いもの好き 62.2%	素朴40.5%	率直32.4%	ユーモアがある 29.7%
C 成人	辛いもの好き 52.6%	賢い42.1%	ユーモアがある 36.8%	率直34.2%

　3つのグループともに、四川のことばのイメージに「辛いもの好き」を第1位に選んでいる。第1部で、農民工や田舎者が使用することばとして、河南、四川、東北語が選ばれていたが、第2部の結果を見ると四川語は「賢い」とか「率直」「ユーモアがある」も選らばれていることから河南語よりイメージがよいことがわかる。

表23 上海語

	1	2	3	4
A 華中大	賢い70.3%	ずる賢い 51.4%	女っぽい 48.6%	ケチ45.9%
B 南京大・他	賢い73%	女っぽい 48.6%	ケチ43.2%	おしゃれ27%
C 成人	賢い71.1%	ケチ60.5%	女っぽい 36.8%	上品21.1%

　上海語では、上海の経済力、エリートの集積地のイメージからか、3つのグループともに「賢い」が70％を超えている。また「女っぽい／女々しい（オネエ）」やケチも選ばれている点が特徴的である。「賢い」が1位に選ばれながら、第1部の調査では、インテリで2、3、4位、商人で2位、淑女で2、4位であり、「商人的な賢さ」をイメージしているとも考えられる。

第3章　中国語の方言と人物像　　39

表24　湖北語

	1	2	3	4
A 華中大	ずる賢い45.9%	賢い、田舎くさい35.1%	率直、意固地32.4%	
B 南京大・他	素朴35.1%	賢い、ずる賢い27%	率直、革命経験のある24.3%	
C 成人	賢い44.7%	率直34.2%	ずる賢い31.6%	田舎くさい23.7%

　湖北のことばには「賢い」、「ずる賢い」、「率直」のイメージがあることがわかる。湖北省には「天に九頭鳥、地上に湖北人」という諺がある。「九頭鳥」は戦国時代楚の国の祖先が崇拝していた神の鳥で、湖北人は好戦的で、不正直、陰険、ずるいという意味の諺である。Bの3位、Cの5位に「革命経験のある」が選ばれている。湖北省の武漢は辛亥革命の発祥の地であり、第5回共産党大会も開かれ毛沢東らも拠点としていた。大学生の5位で「辛いもの好き」（16.2%と21.6%）が選択されている。実際、湖北省の料理は辛いものが多い。ただし第1部調査で積極的に選ばれたものはなく、武将、流れ者、淑女で4位である。

表25　湖南語

	1	2	3	4
A 華中大	意固地48.6%	素朴29.7%	革命経験のある、標準的18.9%	
B 南京大・他	辛いもの好き51.4%	素朴37.8%	革命経験のある35.1%	率直な24.3%
C 成人	辛いもの好き44.7%	率直28.9%	革命経験のある26.3%	賢い、強い23.7%

　方言と飲食文化には一定の関係があり、四川語同様、湖南語に対しても「辛いもの好き」のイメージがあるようだ。確かに四川料理、湖南料理、湖北料理は辛いことで有名である。また「革命経験がある」や「賢い」という評価も比較的高いが、これは毛沢東や劉少奇など国家建設期の指導者たちが湖南省出身であることと無関係ではないだろう。湖南語は、第1部で積極的に選ばれたのはAグルー

40

プにおける、英雄の2位ぐらいしかない。

表26　広東語

	1	2	3	4
A 華中大	賢い 54.1%	裕福 51.4%	おしゃれ 40.5%	ずる賢い 37.8%
B 南京大・他	賢い 70.3%	ずる賢い 40.5%	裕福 29.7%	おしゃれ 27%
C 成人	賢い 68.4%	裕福 52.6%	おしゃれ 31.6%	ずる賢い 26.3%

　広東語には「賢い」、または「ずる賢い」、「裕福」、「おしゃれ」というイメージがあり、表にはないが南京・上海の学生や成人は「女っぽい（オネエ）」を5位に選んでいた。香港・台湾のスターのしゃべり方（香台腔）が甘えたしゃべり方であると言われるが、そうした現象とも関係しているのかもしれない。「賢い」「ずる賢い」や「裕福」は第1部で商人のことばとして選ばれていることと関連している。商人とヤクザで1位と2位を占めている。

表27　古語

	1	2	3	4
A 華中大	上品 64.9%	意固地 48.6%	素朴 29.7%	革命経験のある、標準的 18.9%
B 南京大・他	上品 70.3%	素朴 40.5%	標準的 32.4%	意固地 21.6%
C 成人	上品 57.9%	素朴 28.9%	賢い、親しみがある 23.7%	

　古語の最大の印象は「上品」ということで、他に「素朴」や「意固地」の印象がある。また、大学生たちは標準的という印象を持っている。和尚で2位、孫悟空で2位、インテリの3、4位となっている。

5.5　まとめ

　日本語の「役割語」は創作の中で特定の人物を描写するときに使われ、しばしば映画やドラマ演劇などバーチャル世界の中で使用さ

れている。こうした表現は教育やメディア、ドラマなどで繰り返し使用されることによって固定化し、大衆の言語知識の中に共有される言語形式となり、言語資源となる。

　本調査において、離れた別々の地域の中国人にも中国各地の方言の持つイメージと人物像とに一定の傾向があることがわかった。但し、被検者が持つイメージは、各方言というより各地方やその土地の人についてのイメージ（ステレオタイプ）からくるものだと考えられる。

　一般的に現代中国語は日本語ほど、老若男女あるいは階級による差がない言語だといわれるが、中国のTVドラマの中での方言の使用を観察し、また、方言と人物像の意識調査の結果を見るに、中国語の方言にも人物像を表現する作用があり、脚本家たちは、それを利用して人物を造型しており、人々の意識の中にある程度、方言と人物像の結びつきがあることがわかった。

　本調査は2010年に行ったものであり、ラジオやテレビ放送を管理する国家広電総局がいくども方言を使った映画や番組制作の禁止令を出していることから、方言への人気および「方言保護」の動きと相まってかなり矛盾した状況を生んでもいる。そうした状況の中で方言と人物像の人々のイメージがいかなるものになって行くか、今後の行方を見守って行きたい。

---

*1　国家広播電影電視総局
「关于进一步 重申电视剧使用规范语言的通知」2005年10月14日
http://www.gov.cn/gzdt/2005-10/14/content_77613.htm　2010.8.20
*2　「广电总局办公厅关于严格控制电视剧使用方言的通知」2009年07月21日
http://www.gov.cn/zwgk/2009-07/21/content_1370322.htm　2010.8.20
*3　中華人民共和国中央人民政府サイト「我国普通话普及率仅五成 相关工作仍需重视加强（我が国における普通話普及率わずか5割。関連する取り組みをなお強化する必要あり」2009年01月26日
https://www.gov.cn/jrzg/2009-01/26/content_1215696.htm

第4章

中国伝統の「役割語」

前章では、「方言と役割語の関係」を検討したが、この章では、中国の伝統的な役割語について考察する。これらのことばを中国伝統の役割語と呼ぶのは、これらのことばづかいが人物の性別や、身分、地位、外見や性格とことばの関係を体現しており、「〜腔（〜なまり）」として知られているからである。つまり、「官腔（官僚ことば）」、「娘娘腔（オネエことば）」、「学生腔・書生腔（学生ことば）」、「文芸腔（文芸調）」、「洋腔（西洋語調）」、「娃娃腔（子どもっぽいことば）」などの「○○腔（なまり／調）」と言われるものを指す。もちろん中国で役割語という意識はないが、それらの「○○腔（なまり／調）」にそれぞれ特徴があることを人々が気が付いていたということになる。

　これら「官腔（官僚ことば）」など「○○腔（なまり／調）」を、CNKI（中国論文ネット「知網」）で検索すると、新聞や雑文雑誌に掲載されたいささか風刺的で、描写性の記事がほとんどで、正面から学術的に論じた論文がほぼない。

　本章では、こうした「官腔（官僚ことば）」、「娘娘腔（オネエことば）」、「学生腔・書生腔（学生ことば）」に関する文献を収集する一方で、インターネット上の書き込み、および北京大学中国語言学研究中心（北京大学中国言語学研究センター）CCL コーパス（以下 CCL コーパス）の言語資料および映画・ドラマなどの資料から分析を行いその特徴を論ずる。

1.　官腔（官僚ことば）

「官腔（官僚ことば）」と言えば、多くの人たちは、「商量商量（相談しておきましょう）」「研究研究（検討しておきましょう）」と

いったことばを思い浮かべる。

「官腔（官僚ことば）」は、「官話」と呼ばれることもある。

『現代漢語詞典』によれば、「官腔」とは、「昔、役所で話された虚飾にみちたことばの総称であり、現在では、規則があって、手続きに手間がかかることを利用して、責任逃れをすることを意味する」と定義されている。一方「官話」の方は①普通話の旧称、漢民族の共通語を基礎とする北方語を総称して官話という。②「官腔」のこと、とある。この章では②の意味に属するものを扱う。

楊紹碧（2010:63）は、「官話」は「官腔」であるという考えに反対している。彼は「官話」はオフィシャルな言語という意味であって、「官話」と「官腔」にはやはり違いがあり、官話が「芸術的（工夫をこらし）」すぎると「官腔」となり、「つまり善良［な人々］を愚弄し、信用を踏みにじることである」と言う。

この章では、「官腔」という用語を用いて、「官話」を用いないが、用例は「官腔」と「官話」の両方から「官腔（官僚ことば）」と思われるものを採用する。

1.1 「官腔」の由来について

「官腔」の由来については、研究論文ではないが、実之（2003）は「官腔・官調（官僚調）ということは古くからあり、その発明権は、旧官府・役所の中のお偉方がもっている。毒気が強すぎ、その伝播も広範で、今でも指導者たちの中に感染している」、「官腔は通常、人間関係や仕事の上で、無駄話や大風呂敷が上手なのに、いざやるとなると1つも着実に実行されることはない」ことだと述べている。

郎遥遠（2011:75）は「中国の官腔がいつから始まったかについては、今までのところ考証はされていない。古代の人々は挙人または状元になると皇帝に命ぜられ、高官から下っ端役人に至るまで、役人としての彼らは書物を読み過ぎ、上奏する文書も文言文（文語文）であるため、話し方まで、インテリ臭くなり、通俗的な話し方とは異なっている」と述べている。

CCL コーパスで検索すると CCL（古代版）で以下のように 11 例のみ見つかる。明代の例が 3 例、清代の例が 6 例、民国の例が 1 例、「全宋詞」の例が 1 例である。うち 4 例を示す。

(1) 一双眼看了鼻尖，拿官腔说了两句淡话，自先起身，往外一拱。众人看了这个光景。

両眼で鼻の先を見て、**官腔**で二言三言つまらない話をし、自ら先に立ち上がり、拱手（両手を重ねて突き出す礼）をした。人々にはこの光景を見ていた。　（明代『醒世姻縁伝』）

(2) 他原是最坏不过的，看见陶子尧官派熏天，官腔十足，晓得是欢喜拍马屁，戴炭篓子的一流人。

もともと彼ほど悪いやつはなく、陶子堯が役人として勢いがあって官腔たっぷりなのを見るや、ゴマすりとお世辞ばかりが一流の人物だ。　（清代『官場現形記』）

(3) 上海道吴建章，上海县袁梓材两个，胆子较大，还在口里打着官腔，大喊拿人。

上海道の呉建章、上海県の袁梓材の二人は肝が太く、官腔を操り、大声で人を呼びつけるのだ。　（民国『大清三傑』）

ここから明・清・民国の小説の中で、「官腔」という**概念**はすでにあることがわかる。明代 3 例、清代は 6 例、民国が 1 例である。官僚的口調・態度を表すのに使われていることがわかる。マイナス評価のけなしことばである。

CCL コーパスの中にもっと早い時代の宋代の例が 1 つだけある。

(4) 犹记春风庭院，桃花初识刘郎。绿腰传得旧官腔。自向花前学唱。

なお記す春風の庭園、桃花初めて劉郎を識る。緑腰（踊り手たち）伝えるは旧き官腔。自ずから花の前に向きて唱を学ぶ。　（『全宋詞仇遠《西江月》』）

この例はけなしことばではないようだ。

1.2　官腔の特徴

官腔の特徴について、CNKI にある新聞記事や資料からまとめてみると以下にようになる。

朱鉄志（2003：41）は、「官話（官僚調）」に対して3つの特徴があるとしている。（訳のみ）

(1) できるだけ話を大きくする。例）西瓜の作付け問題を党の農村工作政策に結び付け、世紀をまたぐ大きな実践目標とする。

(2) マルクス主義の観点は全面的な観点だとする。例）西瓜を上手に作付することに留まらず（略）田んぼの水利基本建設をしっかり行う必要がある…

(3) 弁証法を俗な手品に変える。例）西瓜を作付けしたからと言って、しかるに冬瓜を軽視するという形而上学的過ちを犯してしまう。

石振国（2001：36）は「官腔」の特徴を韻律の美、力強さの美、段階性の美、朦朧の美の4種類の美に帰納できると言う。

(1) 韻律の美

领导正在接电话，"哈哈—哪里，好的好的—唔嗬—嗯嗯"。声音时高时低，时缓时急，抑扬顿挫。

幹部は電話にでると「ははは、どうしてどうして、わかったわかった…ヨォッ、うんうん。」とその声は、あるときは高く低く、緩慢があり、抑揚とポーズがある。

(2) 力強さの美

有位领导对台下的听众说："在机遇面前，我们一定要以发展的责任感促使我们思想上的大转变，……唤起改革的大动力，从而取得我县各项事业的大发展。"台下掌声雷动，欢欣鼓舞。官腔有时被表现得充满生力。

ある指導者が舞台下の聴衆に言った。「この機に際して、我々は発展の責任感を以て我々の思想上の大転換を促し、…改革の原動力を喚起し、しかる而してわが県の各事業の大発展を勝ち得なければならない。」舞台下では嵐のような拍手が起こり、狂喜乱舞した。官腔は時には勢いに満ちている。

(3) 段階性の美

官腔不是随随便便脱口而出，而是经过反复推敲，精心琢磨。

官腔は好き勝手に口から出まかせで言ってはならず、繰り返し、推敲を加え、丹念に（ことばを）磨かなくてはならない。

（4）朦朧の美

領导不无感慨地说："教训是非常深刻的（如何非常深刻？），我们班子成员都有责任（责任到底在谁？）。这件事我们要一查到底（具体怎么查？），把损失降到最低限度（何为最低限度？）。"

指導者は感慨深げに言った。「教訓は非常に深い（どのように非常に深いのか？）、我々グループのメンバーには皆責任がある（一体誰に責任があるのか？）。この件は我々が徹底的に調査し（具体的にはどうやって調べるのか？）、損失は最低限度に（なぜ最低限度とするのか？）にしなければならない。」

　山海関（2008: 11）は「官話は、実際的な話ではなく、実のない話であり、常套句であり、インチキであいまいで、陰でこそこそやるもので」、「聞こえがよく、不正を嘆き、激昂し、時には扇情的である」と指摘している。

　陳程（2010: 69–72）は、官腔についての数少ない論文であり、「従会話合作原則看"官腔"（会話の協調の原理から見た官腔）」の中で、常套句、無駄話、回避という3つの面からグライスの会話の原理を用いて検討を行っている。官腔は小さいことを大きくいう無駄話であり、「牽強付会で理解がしづらく、関連理論の原則に違反しており」、「自分は人より優れ、権力もあるので、人の問いをはぐらかし」、「多くの役人は海や山に遊んだり、サウナに入ったりに時間を費やすのに、群衆を尋ねていったり、群衆から手紙が来たときは往々にして時間がないと後へ押しやってしまう」、「人々が参与する談話の公認の目標と方向に背離しているため通常うとまれ、排斥をうけるものだ」と述べている。

　王志平（2007: 11）では官腔が話されたり、八股文（官吏登用試験である科挙の答案文、ここでは役人の書く文章の意味）が書かれたりする原因を以下のように論じている。

官腔や八股文は、人々に嫌われているにもかかわらず、指導者たちが飽きずに使い続けるのはなぜだろうか。原因は２つあり、①自ら、官話の規範は厳格で、高貴で、威風堂々としていて、指導者にふさわしいと考え、一方で庶民のことばは粗雑で、発言の場もさほど高級ではないし、俗っぽく優雅さに欠けるために使用することができない。②官腔を話し、八股文を書けば、高みに立って、仰々しく、リスクを回避でき、もったいぶって手抜き仕事をしても、人を脅かすことができると考えているためである。

　またネット上の「打官腔、你也得学会技巧（官腔にも技巧がある）」という書き込みによれば、①部下のよいところを適度にほめること。できるだけ多く部下を褒めると部下には達成感が生まれる。②誰かが過ちを犯したときや部下が失敗したとき、威張った態度で厳しく叱責してはならない、とある。

　この記述からみると、官腔には命令や脅威を与えたりする場合だけでなく、「褒めの行為」も含まれていることがわかる。

　河崎自身の体験でも、ある年の元宵節にある市の幹部と食事をすることがあり、その部下も同席していた。私のために彼の部下が無駄なお金を使ったことは遺憾であると話すと、驚いたことに幹部は逆に河崎が「大変満足している」と部下を褒めたのである。

　またその日は元宵節の日であったために、部下が「元宵節快楽（元宵節おめでとうございます）！」とお祝いをのべると、幹部は、ただ胸を張って一言「謝謝（ありがとう）」と返しただけであった。ここからみると幹部は部下への褒めの言動はとるが、対等な挨拶が交わされていないことがわかる。対等な関係であれば、「元宵節快楽（元宵節おめでとうございます）！」には同じく「元宵節快楽！」や「同楽」とやりとりされ、「謝謝（ありがとう）」にはならない。一方的に受け取るだけの非対称的な関係であることを意味している。

　また、褒めには、部下の行為をまず肯定することで、労をねぎらい、恨みを生じさせない、関係維持の作用があることが感じられた。

1.3　言語表現の特徴

　官腔と官話に具体的にどのような表現があるかについて論文としてまとめられたものはないため、インターネットの「官話大全」（百科文庫）や「官話套話典型官話用語」（豆瓣ネット）から収集、整理したものが以下である。（百）は百科文庫、（豆）は、豆瓣ネットを指す。

1.3.1　文型

文型の例は以下の通り。

（1）同志们，今天，我们在这里召开的 XXX 会议，我认为是十分
　　必要的，这对于 XXX 工作的开展，具有十分重要的指导意义。
　　　　　　　　　　　　　　　　　　　　　　　　　　　　（百）

　　同志の皆さん、本日、我々はここで××会議を開催することは、大変重要であり、この×××事業の展開に対して重要な指導的意義を有しているものと考えます。

（2）第一 ....，第二 ....，再者 ...，然后 ....，最后 .....，再补充几
　　句 ...　　　　　　　　　　　　　　　　　　　　　　　　（豆）

　　第一に…、第二に…、また…、そして…最後に…、少々補足しますと…

　また楊紹碧（2010: 60）で、語気助詞「嗯（うん）」、「啊（ですね、だなぁ、よ）」、「嘛（でしょう、ではないですか）」などが使用されていると指摘する。

　ここからみると会議で重々しく宣言する発言の型があることがわかる。

1.3.2　官腔がよく使うフレーズや語彙

よく使われるフレーズや語彙は以下の通り。

（1）フレーズ：

　　会议隆重的（会議は盛大に）、鼓掌热烈（熱烈な拍手）、领导重视的（指導者が重視した）、进展顺利（順調に進展）、法律公正的（公正な法律の）、贯彻彻底的（徹底的に）、思想坚持（思想を堅持し）、前途光明（前途明るい）、高度重

視（高度に重視する）、方方面面（すべての面で）、忧患意识（苦難意識）、換位思考（相手の立場に立った）、**弱势群体**（弱者集団）、休克疗法（ショック療法）、执政体制（体制の実権を握る）、评价指标（評価指標）、持续发展（持続発展）等

(2) 語彙：

力度（力具合）、出台（出馬、出場）、覆盖（カバーする）、接轨（国際的スタンダードに合わせる）、构建（構築する）、拼搏（しゃかりきに）、双赢（ウィンウィン）、质检（品質検査）、能源化（エネルギー化）等

(3) 香港、台湾からの借用語：

维权（合法的権利を守る）、解读（読み解く）、央行（中国人民銀行）、媒体（メディア）、智囊（ブレーン）、共识（共通認識）、掌控（受け持つ）、热线（ホットライン）、公益（公益）、个案（ケーススタディー）、人脉（人脈）など

(4) 古いことばに新しい意味を持たせたもの：

机遇（きっかけ）、举措（取組）、平台（プラットフォーム）、群体（集団）、张力（求心力）、生态（エコロジー）、焦点（焦点）、宏观（マクロ）、微观（ミクロ）、反馈（フィードバック）等

　以上のフレーズの例はネット百科文庫の「官話大全」からの引用である。そこでは特に「官話」の定義も、収集の基準も示されていないが、これらの語彙やフレーズは、中国の大学の幹部の挨拶や、テレビや新聞記事などで指導者・役人が会議のプレゼンテーションなどでしばしば使用していることが観察された。一般の人たちもこうした語彙やフレーズを誰がよく使うかと聞けば、幹部たちが使用すると答えるはずである。

　以上をまとめると、官腔には書きことば（八股文）的なものと話しことばがあり、話しことばには、特徴的語彙やフレーズ、文法、内容、態度（非言語行動）などに特徴があり、ことばの運用面では、①語気助詞「嗯、啊、嘛」などの使用、②語調（高い低い）、③引

き伸ばし（韻律美）、④激昂（力強さ）がある。文法面では、まとめ的な構造（階層的美）があり、内容では①常套的、②無駄話、③ほら、④ごまかし、⑤曖昧（朦朧の美）、⑥文学青年口調といった特徴がある。態度（非言語行動）の面では、①上から目線、②わざとらしさ、③いい加減、④脅し、⑤規範を厳格にする、⑥命令を下す、⑦なすり合い、⑧ほめの行動などがあることがわかる。

1.4　官腔のことばと態度（非言語行動）

　官腔のことばの特徴と非言語面の特徴をさらに深く理解するために、CCL コーパスで「官腔」で検索すると、127 の例があった。以下代表的な例を分類整理したのが表 28 である（便宜上 2 つに分けているがどちらにも言語要素、非言語要素が含まれている）。

　なお、「官腔」の訳語は内容に合わせて、「官腔、官僚調、官僚口調、官僚的な」と訳し分けた。

表 28-1　官腔のことばと態度例　言語行動

> **A「打官腔」（官僚調の）形式**
>
> 1. 他却打官腔地说道："我不能反映，我只能执行决定。"
> 彼は却って官僚口調でこう言った。「私は（上層部）へ報告はできない、決定を執行できるだけだ。」
>
> 2. 打官腔的借口，亦不应当钻法制不完备的空子，借口无法可依。
> 官僚調の言い訳は、法の不備の穴につけ込んではだめで、言い訳も法に則らないわけにはいかないのだ。
>
> 3. 那位领导听罢没有吭气，只是"嗯嗯"了几声，那种官腔
> あの指導者は聞いて反論もせず、ただ、「うん、うん」と、そんな官僚口調
>
> 4. 他总觉得我是在跟他打官腔，说我一心只向着合资企业，不替老区的乡镇企业着想。"
> 彼は私がいつも官僚口調（役人ぶっている）で「合資企業に注意が向いていて、古くからの地域の郷鎮企業のためを思わない」と思っている。
>
> 5. 他随口回答："这事你找财务科嘛。""吴厂长，你怎么打起官腔来了？这笔款子怎么能找财务科？"
> 彼は口任せに答えた。「このことは財務課に聞いたらいいじゃないか。」「呉工場長、君はなぜ官僚的なことをいうのだ。このくらいのお金のことでどうやって財務課にいけばいいってのか。」

第 4 章　中国伝統の「役割語」　51

6. 拿会议室和茶馆的语言相比，<u>前者大都经过矫形或化妆，多数是官腔</u>；后者比较本色，近于人话。
会議室と茶館での話しを比べるなら、<u>前者はおしゃれをして化粧をしたような（気取った）話しぶりで、多くは官腔だ</u>。後者は比較的本来の姿で、人間的な話し方に近い。

7. <u>为了面向全国读者，叙述部分用普通话自不在话下，对话也尽量不打官腔</u>，偶尔插进一两个上海方言词点缀本地风光。
<u>全国の読者に向け、叙述部分は普通話を使って話せばよく、対話はできるだけ官僚調をやめ</u>、たまに一言二言上海方言をまぜて、この地方ならではの雰囲気をちりばめる。

8. 对这个邮局职员<u>吹毛求疵打官腔</u>感到不满。
この郵便局員の<u>あら捜し的な官僚口調</u>に腹がたった。

9. "<u>别打官腔儿了！开门见山吧！</u>"
「<u>官僚口調でしゃべらないで、そのものズバリ言ってください。</u>」

10. 他那个时候就会打哈哈，<u>打官腔</u>了。
彼はあのとき、<u>アハハといい加減な官僚口調</u>が言えるようになったのだ。

11. 那少主30不到，身材不长，<u>气态不俗</u>，二人均操一口北京官腔。
あの若旦那さまは30才にならず、背丈はあまり高くなく、<u>俗なところがなく</u>、二人とも北京の官腔でしゃべる。

12. 处长很年轻，但是也会<u>打官腔，强调了一下改革开放所面临的困难</u>。
所長は若いにもかかわらず<u>官僚口調</u>で、改革開放が<u>直面する困難について強調した</u>。

13. 那个老气横秋的官僚校长将我找到他的办公室去，<u>用十足的官腔指责了我几句</u>。
あの先輩面した官僚校長は<u>私を彼の事務室に呼び出し、官僚口調十分に私を叱責した</u>。

14. 人家<u>跟他打官腔，说需要讨论讨论</u>，又说短时期内根本排不到议事日程上。
あの人は<u>彼に官僚口調で、よくよく検討する必要がある</u>といい、また、短期間に議事日程に乗せるのは無理だとも言った。

15. <u>别打官腔，回答我的问题</u>。
<u>官僚調はやめて私の問題に答えてください。</u>

B「不打官腔」（否定）形式

16. 他<u>没有官腔，讲话直率，坚毅和力量都深埋在爽朗的笑声里</u>。
彼は<u>官僚口調がなく、話し方は率直で、毅然とし、力があってどれもその爽やかな笑い声の中に潜んでいる</u>。

17. 她不打官腔，不兜圈子，把话讲得很白，很透，直截了当地
彼女は官僚口調で話さず、遠まわしではなくすっきりとわかりやすく、単刀直入である

18. 丛副省长当天就对批评报道做了批示，而且批示一点没有"官腔儿"，敢于面对问题，一针见血地揭示问题所在
叢副省長はその日、批判報道に対して書面で意見を出したが、そこには少しも官僚調がなく、問題に対して、大胆にずばり問題の所在を提示した

19. 对党外朋友要坦诚相待，不打官腔，虚心求教，热情关怀。
党外の友人たちに対して誠実に対応し、官僚調はなく、虚心に教えを請い、親切で思いやりを示すべきである。

20. 听言谈，朴实无华，直来直去，没有一丝官腔官调
話し方を聞くと、実直で飾りがなく直接的で少しの官腔官調もなかった

21. 他摆脱审问的官腔
彼は問いただすような官腔をやめた

　表28-1のA言語面の例7から見ると官腔は官話であり普通話（共通語）である。例8では「あら捜しをする」ことである。以上の言語面をまとめてみると、官腔は、まわりくどく、単刀直入ではなく（例9、例18）、不親切（例1、例19）、虚飾・気取った（例6、例20）・不実（例19）、叱責・問いただす（例13、例21）」、「嗯嗯（うんうん）」などの語気助詞を使うといった特徴があることがわかる。これは1.2官腔の特徴で資料をまとめた結果ともほとんど同じである。但し例11からみるとプラスのイメージもあることがわかる。

表28-2　官腔のことばと態度例　体態語（非言語行動）

A「打官腔」（官僚調の）形式

1. 办起事来，哼哼哈哈，官腔官调，一人能办的事让你绕几道弯，拖着长声他最反感打官腔，"绕弯弯""踢皮球"。
何をやるにも、フンフン、ハハハの、官僚調で、1人で手続きするにも回り道をさせ、長く声を引きのばしてまったく反感を感じる官僚調で「まわりくどく」「ボールを蹴るよう（たらいまわし）」だ。

2. 打官腔，把『以身作则』变成了『以声作则』。
官僚調は「身をもって示す」を「声をもって示す」に変えるものだ。

第4章　中国伝統の「役割語」　　53

3. 那种官腔带有明显的摇头打着官腔道："那可不行。"
あの那种の官腔は派手に首を振って官僚口調で「そりゃだめだ。」と言った。

4. 这种装腔作势，清清楚楚说明官腔是怎样被用来破坏人与人的一切联系。
この種のわざとらしさは、いかに官腔が使われると、人と人のつながりを壊してしまうかをはっきりと示している。

5. 他刚才高傲的官腔。
彼はさっき傲慢な官僚口調だった。

6. 抓住他的是一个高大强壮，穿着红色上衣和绑腿打着官腔的人。
彼は六尺丈夫で、赤い上着を着て、脚にはゲートルを巻き官僚ことばでしゃべる人だ。

7. 那少主30不到，身材不长，气态不俗，二人均操一口北京官腔。入住此公馆后，少主从不外出，每日在家读书作文。
あの若旦那さまは30才にならず、背丈はあまり高くなく、俗なところがなく、二人とも北京の官腔でしゃべる。この公館に来てからもほとんど外出することなく、毎日家で読書や書き物をしている。

8. 新部长们照旧发表了准备好的讲话，明明已经看到本人，依然拉起官腔问道："哪位是杭州来的胡道台？"
新大臣たちは相変わらず準備のよくできた講話を発表するが、明らかに私をみたのに、依然として、官僚ぶって「どちらさまが杭州から見えた胡道台様でしょうか？」と聞くのだ。

9. 坐在大沙发里打打官腔的派头与它无关。
大きなソファに座って、官僚ぶった態度とそれとは関係がない。

10. "哼，他们懂得啥茶道？只晓得在办公室会议室抱着茶杯泡时间，打官腔！"
「フン、彼らは何が茶道だかわかっているのか。ただ事務所や会議室で湯呑を抱いてお茶を飲んで、官腔で話しているだけじゃないかね！」

11. 赵尔泰摇头打着官腔道："那可不行。"
趙尔泰は首を振って官僚口調で、「それじゃ駄目だ」といった。

12. 新部长们照旧发表了准备好的讲话，很正经地打官腔，好像他们真打算把这些小孩派下去。
新大臣たちは相変わらずよく準備した講話を話し、もったいぶった官僚口調で話し、どうも彼らは本当にこの子どもらを派遣するつもりのようだ。

13. 我可只有你这一条路，倘若你打官腔，关门，那么，我跟你们这班大官的一切关系就算全部一刀断。
私には君という望みがあるだけで、もし君が官僚口調で扉を閉ざすなら、私とあなたがた大役人たちとの一切の関係を全部一刀両断にします。

54

14. 王显点点头，官腔更重：你这么想就对了。

王顕はうなずいて、官僚口調をもっと利かせて、「君がそう思ってこそ正解だよ。」と言った。

B「不打官腔」（否定）形式

15. 这些领导同志到了大学，不要官腔，不说套话，没有架子，一派务实作风。

これらの指導者同志たちは大学へついても、官僚口調を出さず、常套句も言わず、威張ったところもなく、実務的な雰囲気を醸し出している。

16. 定大爷不要官腔，这叫二哥高兴；定大爷没有三、四品官员的酸味儿

定旦那様は官僚口調を出さないので、二哥を喜ばせた。定旦那には三、四品の位のにありがちな役人の嫌味なところがない

17. 刚才虽然官腔十足，现在却像是变了个人，连笑都显得亲切。

さきほどは官腔たっぷりだったが、今は人が変わったように笑い方さえとても親しみを見せている。

18. 他不好再打官腔，流露出真情

彼はもはや官僚調をだすわけにもいかずに、真情を溢れさせた。

　Bの非言語の面では、語気助詞を多用し、拖着長声（音を伸ばす）（例1、例2）、問いただす口調（言語例21）などパラ言語の状況がわかる。「首を振る」（例3、例11）や「うなづく」（例14）は、ややオーバーアクションの不親切さが感じられる。また、わざとらしさ（例4、例8、例12）、傲慢（例5）、ソファにふんぞり返った様子（例9）、事務室で無駄にお茶を飲んでいる様子（例10）が伝わってくる。否定形になると、威張らない・誠実さ、親しみ、嫌みのないさまが浮かび、「官僚ぶる」はその逆である。例7は言語の例11と同じ例だが、家にこもって文を書く読書人のイメージがある。またこの北京官腔は北京官話のことだろう。

　実際、知り合いの北方の都市と南方某市の幹部の話し方の観察から、自己の知識を示す、「俗话说（俗に）」「中国有句话说（中国にはこのようなことばがある）…」のような前置きことばの使用がたびたび観察された。ただし、これは官僚とは限らず、多くのインテリの中にも観察される言語行動である。

　また非言語面Aの例3では、「官腔」が換喩として働き、しゃべ

第4章　中国伝統の「役割語」　　55

り方ではなく、「そのしゃべり方をする人」そのものを示している。

2. 娘娘腔（オネエことば）

「娘娘腔（オネエことば）」は『現代漢語詞典』にも解釈が取られ
ていないため、ネット辞書である「互動百科」の解釈を見ると、以
下のようになっている。

> 娘娘腔是指男人像女人那样细声细语说话的声音和腔调。多指男
> 性的行为举止女性化，和古代中国"娘娘"相似，故得名"娘娘
> 腔"。当前"娘娘腔"用作贬义。

> 「娘娘腔」は、男が女のような<u>小さい声で話す声と口調</u>を指し、
> <u>多くは男性の挙止の女性化</u>を指す。古代中国の「娘娘（皇后）
> （の話し方）」と似ているため、「娘娘腔（皇后の話し方）」と呼
> ばれるようになり、たいていはけなしことばである。

日本では男性が女性化を表出する場合、女性的なことばを用いて
話すことが多いが、そのような女性化したことばづかいは「オネエ
ことば」と呼ばれ、中国語では「偽姐話（ニセおねえさん語）」と
訳すことができる。日本語はことばの性差が比較的顕著であるため
に、男性が「わ」「よ」「なの」等の女性文末詞や、「あたし」等の
女性の自称詞を使用するなど女性の話し方を模倣した話し方で、こ
の女性性を表すことができる。

以前は、男性同性愛者が「オネエことば」を使用していると思わ
れていたが、現在日本のメディアではしばしば、「オネエことば」
を使用することによって人を笑わせるお笑い芸人が人気を博してお
り、「オネエことば」＝男性同性愛者のイメージのことばではなく
なったと言える。

日本のオネエことばの観察では、こうしたお笑い芸人だけでなく、
女性と触れ合う機会が比較的多い、いけばなの先生や、メークアッ
プアーティスト、外国語翻訳学校の教師などの職業についている男
性が周りの女性の話し方に影響を受けるためか、しばしば柔らかく、
女性文末詞を使用するケースがある。逆に、実際の生活の中では、
現代の日本女性たちは、1990年代末から女ことばを使用する状況

はますます減ってきている。

　オネエ現象は女ことばの使用だけではなく、化粧、髪型、洋服、しぐさ、まなざしなどの様々な面が含まれる。全体からいえば、日本の女性ことばには豊富な言語的特徴があり、「オネエことば」にもはっきりとした言語的特徴があるため、日本の役割語の１つであると言える。

　「互動百科」の解釈を見ると、中国語の「娘娘腔（niáng niang qiāng）」には、「腔（口調）」という形態素が含まれているが、解説の後半下線部分「多くは男性の挙止の女性化を指す」という説明からみれば、態度や非言語にも目が向けられていることがわかる。これまでことばの面からの特徴についての研究はないため本章はCNKI上の文献（おもに新聞記事）とネット上の資料およびビデオなどを分析資料として中国語のオネエことばの言語的特徴および非言語的特徴を検討する。

　中国の男性の女性化は以下の５つの角度から検討することができると考える。

　　①漢代に芽生え、魏晋南北朝にはやったとされる「男扮女装」。つまり、男性による女装。
　　②伝統的な演劇の中の「反串」。もとは異性を演じることで、時代が下ると、男性が女性を演じることを意味するようになった。
　　③男性が女性に仮託して書いた唐詩、宋詞などの文学。例えば、六朝時代の宮体詞、五代十国時代の『花間集』、晩唐の温庭筠『菩薩蛮』の「懶起画蛾眉弄粧梳洗遅（起きて眉を描くのもものうく、化粧し髪をとかすのも遅い）」など。
　　④「娘娘腔」が差す映像作品の中の、宦官や現実生活の中のある人々の使用する言語。
　　⑤日本のアニメやゲームの影響を受け、主に男性が行うコスプレとしての「偽娘ウェイニャン wěi niáng（男の娘）」現象。

2.1　娘娘腔の由来と「男扮女装（男性の女装）」の伝統

娘娘腔ということばは、CCL コーパス（古代版）には一例あるの

みで、

　　（1）李次賢虽有些娘娘腔，却也合乎要求，怎能罚他
　　　　李次賢はすこし娘娘腔（オネエ）だが、要求には合致して
　　　　いるから、彼を罰することができようか、できない。

（民国小説『武宗逸』）

　ここから、すくなくとも民国期にはすでに「娘娘腔」ということ
ばはあったことがわかる。互动百科の説明にある「皇后（娘娘）の
話し方である」ということから言えば、宮廷で使われていたのであ
れば清朝以前からあることが推測されるが、現時点では「娘娘腔」
ということばの由来は確定はできない。

　宋、明、清朝時代の演劇の中にはすでに男性が女性を演じる「反
串」が出現しており、女性を模倣して小さい声で柔らかく話す女性
化した言語がすでに出現していたことは想像に難くない。

　中国の歴史上、男性の女装や男性の女性化に前述のように５つの
様相がある。

　　①古代の男性の女装の伝統については、陳志勇（2005: 334）
　　　によれば、中国における「男扮女装（男性の女装）」の萌芽
　　　は漢代の『漢書郊祀志』に「紫壇偽飾女楽（紫壇は女楽仕の
　　　ふりをして）……」という記述が見え、それを嚆矢とすると
　　　言う。

　　②鄭秀亮（2011: 46）は、魏晋南朝にはすでに男性の女装の
　　　風俗があり、魏の曹植は友人に会うとき、おしろいをはた
　　　き、肌の色を真っ白にしてから面会し、魏の明帝は「婦人の
　　　飾」を好み、胸にはサンゴで作ったかんざしを挿し、可愛い
　　　刺繍を施した帽子を好んでかぶったと指摘している。また、
　　　六朝の劉宋の歌舞芝居「踏謡娘」の中に「丈夫著婦人衣徐歩
　　　入場行歌（男性が婦人の衣を着ておもむろに入場し歌を歌っ
　　　た）。」と記されており、宋元代は中国古代演劇がまさに形成
　　　された歴史的時期であり、役割体系の形成に従って、「反串」
　　　という現象が起こって来たと指摘している。
　　　胡頴佳（2012: 62, 63）では、まさにこの「反串」現象が
　　　明清の戯曲人気を推し進めたとしている。徐蔚（2007）は

「反串」から「男旦（女形）」への歴史をたどっている。また男旦の流行と明清時代の男色の流行とが関係しているとも言い（p.90）、戯曲の中の服装と人物像の不可分性を語っている点（2007: 14–18）も面白い。

③宦官映画を代表とする「時代劇における娘娘腔」。これはあとでまた論じる。

④現代のけなしことばとしての「娘娘腔（オネエことば、オネエ）」。これについては 2.2 で論じる。

⑤現代の「偽娘（ウェイニャン）」現象。「偽娘」はここ数年日本の ACG（animation、comic、game）およびコスプレ文化が中国に伝わり誕生した一種の文化現象で、日本語では「男の娘」と呼ばれている。代表的人物としては、2010 年湖南衛星テレビ放送のオーディション番組「快楽男声（Super Boy）」という番組で有名になった劉著等がいる。張明輝（2011:69）は、劉著によって「偽娘（wěi niáng）」は一夜にして社会の知るところになり、「娘娘腔」にはけなしことば性があったが、「偽娘」に現れるイメージはけなしことばの「娘娘腔」とは違うものになっているとしている。2.4 で詳述する。

2.2　娘娘腔の特徴

「互動百科」および張明輝（2011）の指摘から、娘娘腔の特徴を①小さい声で柔らかく話す声と口調を指し、多くは男性の挙止が女性化すること。②主にけなしことばである。③声調や語気が女性のような男性を指す、と整理できる。

　つまり「娘娘腔」とはある種の男性のことも示し、単に言語を示すだけではない。つまり、「官腔」が人そのものを表している例があるのと同じである。下記の 2 つの例もそうである。

　張明輝（2011: 69–70）は「娘娘腔」と「偽娘」、「反串」、「人妖（主にタイなどのきれいなオカマを指す）」等のことばに対して素性分析を行っているが、「娘娘腔」を [- 正常] [+ 男性] [? 美貌] [? 青年] [- パフォーマンス] という意味特性があるとしているが、ここ

では張のように「正常」か「異常」は問題にしない。

　ネット上に上がった文章や、ブログ、百科などの対話資料により整理すると、そこに書かれた「娘娘腔」の言語的特徴は以下のようになる。

（1）特定の語気助詞の使用

　　　"哎呀～你怎么这个样子啊……"

　　　「ああん～あなたってどうしてそんな風なの…」

（2）語気助詞の多用

　　　我们班有一个**娘娘腔**，受不了怎么办。他问我要东西的时候，<u>老嗯来嗯去的</u>，或啊，嘛　难听死啦。

　　　うちのクラスには**娘娘腔**が1人いて、我慢できないんだけどどうしたらいい。彼はわたしに何かをほしいいというとき、いつも<u>うん</u>とか<u>ううん</u>とか、<u>あ～ん</u>とか、<u>じゃない～</u>とか言うから気持ち悪いったらない。

（3）自称詞「人家」の使用

　　　"麻娘娘"羞答答地说："<u>人家</u>还没做到这题呢，还不让<u>人家</u>想一想啊。"

　　　「麻娘娘」は恥ずかしそうに答えた。「<u>人家（rénjiā あたし）</u>まだ宿題してないの<u>よ</u>、もう少し<u>あたし</u>に考えさせて<u>よぉ</u>」

　　　（「人家」は普通「他人・第三者」を指す呼称語だが、若い女性は自称詞として使用することがある。）

（4）「xx 死了（形容詞＋死了）」形式の使用

　　　"<u>啊呀</u>、钱哲、你一个大男生还要赖，<u>你坏死了</u>，<u>过厌</u>！"说完后，"麻娘娘"<u>扭着屁股</u>就走了。

　　　「<u>あら～</u>、銭哲（君）、あなたって男の子のくせに白を切るなんて、<u>死ぬほどいやなやつ</u>、<u>いや～ね</u>！」と言い終わると、「麻娘娘」は<u>お尻を振り振り</u>行ってしまった。

（5）柔らかな身の動き

　　　"麻娘娘"<u>扭扭捏捏的</u>站起来，然后<u>支支吾吾地</u>说了

　　　「麻娘娘」は、<u>なよなよ</u>立ちあがって、その後、<u>もごもご</u>何かを言った。

（6）周りにマイナスの反応を引き起こす

60

"麻娘娘"的语言让<u>我们全班震惊</u>，男生们做出了<u>呕吐的动作</u>，女生们则<u>笑个不停</u>。

「麻娘娘」の話し方はうちのクラスのみんなを<u>ぞっとさせ</u>、<u>男子学生はオエッ</u>という真似をし、女子学生は<u>笑い</u>が<u>止ま</u>らなかった。

以上（1）と（3）～（6）の例は「我们班的"娘娘腔"範楊（われらがクラスのオネエ）」2011-01-29「作文網」から、（2）の例は「百科知道」からである。

（7）服装・化粧

穿上艳丽的裙子、网袜、高跟鞋、抹上血红的指甲油，套个大波浪的假发，涂厚厚的粉、腮红、唇膏、假睫毛⋯⋯

派手なスカートをはき、網タイツにハイヒール、真っ赤なマニュキュアを塗り、大きなカールのかつら、厚化粧、ほお紅、リップステック、つけまつげ⋯

（8）蘭花指（京劇の女形がする女性らしさを演出する指の形のこと）

走路时把屁股扭起来，然后翘着兰花指尖起嗓子说："<u>讨厌</u>⋯⋯你⋯⋯<u>呵呵</u>⋯⋯"这绝对是男人装娘娘腔亘古不变的套路

歩くときはお尻をふりふり、そして指を<u>蘭花指</u>にして声を鋭くさせて、「<u>キライ</u>⋯あなたったら⋯<u>ほほ</u>⋯」と言う。これは絶対に男性が娘娘腔（オネエ）を演じる古くからの不変的なやり方だ。

（「洋洋博文（ブログ）"娘娘腔是项技术活（娘娘腔は一種の技術）"」より）

ここからわかるように「哎呀（あら～）」、「恩（うん）」、「啊（あ～、あ～ん）」、「嘛（～じゃないの）」等の語気助詞や感嘆詞、自称詞としての「人家」の使用は娘娘腔（オネエことば）の言語的特徴と言える。

曹志贇（1987）が張辛欣、桑曄の口述実録文学『北京人』の中の10篇の中の会話を資料として統計分析し、北京の青少年の語気助詞の運用についてその性差を調べた研究によれば、男女で語気助詞の使用、平叙文、感嘆文の使用の差はほとんどなかったが、疑問

図2　蘭花指

文、命令文の使用には大きな差があることがわかった。また疑問文の中で「吗、呢、吧、啊」等の語気助詞の女性の使用は男性より多く、女性は82文中、語気助詞の出現は59回で平均72％、男性は141文中46回、平均33％であった。命令文では女性の語気助詞の使用頻度は男性より高く、平均48％、男性では平均28.5％であった。このほか、主語の後に「啊」を置く現象が男性より女性に多く、列挙を表すときに使う「啊、啦」等も女性の特徴で、男性がこのような使い方をすると、くどくどしいおばさんのように見えるとある。ここから見れば、「啊、啦」の使用は若い女性より中高年の女性の方が多いことがわかる。

　李箐（2006: 11）では感嘆詞の運用において女性は「哎呀（あらまぁ）」、「你这（あなたって）」、「天哪（なんってこと）」、「哇塞（わぁ）」、「帅呆了！（かっこい〜い）」などの、感情的色彩の濃いものをよく使うと指摘している。感嘆文の中で女性はしばしば感嘆詞を使って褒め、喜び、驚き、悔しさなどの感情を表す。また他の人が話をするのを聞くときも、感嘆詞を常用し相手に相槌を打つ傾向がある。たとえば「啧啧（チェッチェッ）」は賛嘆（褒め）を、「唉（あ〜あ）」は同情、「哦、哦（うん、うん）」は同意・許可、「哎呀（アイヤー）、哎哟（アイヨー）」は残念さ、「天（えーっ）、天哪（ええっー）」は驚きなどを表し、これらをよく使うと指摘している。

　2011年に行った中国の男女の口癖調査（河崎2011）では、中年男性は、若い女性たちがしばしば「讨厌（キライ／いや〜ね）」を

使用すると感じており、このことば（動詞／形容詞）の中には相手
への不満・不快感だけではなく、恥ずかしさ等の語気が含まれてい
る。

　上記の例を見れば、中国語の娘娘腔（オネエことば）も「讨厌
（キライ／いや～ね）」の使用などこうした若い女性のことばを利用
しており、女ことばの特徴を誇張して使用していることがわかる。

　また、上記に（4）に挙げた「XX（形容詞）＋死了」の大袈裟な
表現も、ドラマの脚本家が若い女性が常用する表現として使用する
ことを観察している。

　たとえばドラマ『田教授家的28个保姆（田教授家の28人の家
政婦）』第5、7、9、10、13話で、若い女性役は「恶心死了（ぞっ
とするったらありゃしない）」、「难看死我了（みっともないったら
ありゃしない）」、「吓死人啊（びっくりして死にそう）」、「烦都烦死
了（うんざりして死にそう）」、「重死了（重くて死にそう）」、「你说
好看死了（あのね、素敵過ぎ～）」等のように使用している。ここ
からも、上記（4）のように娘娘腔の言語面の特徴は若い女性のこ
とばを借用しているのだということが言える。

　さらに、いくつかのTV等における娘娘腔の例を検討する。

　2009年の春節晩会（中国の紅白歌合戦）で「オネエ」を演じて
有名になったお笑い芸人小瀋陽（シャオセンヤン Xiǎo Shényáng）
が出演したコント『不差钱（お金ならいくらでもある）』で、彼が
演じたオネエの表現をまとめると以下のようになる。

　小瀋陽は高級レストランのウェイターを演じている。

(1) 言語の例：「人家是纯爷们（あたしって純粋の男の中の
　　　男）。」（若い女性の自称詞「人家」の使用）

(2) 話し方の柔らかさ

(3) 語気助詞、感嘆詞の使用：「咯（さぁ、よぉ）」、「我的妈
　　　呀（ええ～っ）」、「呗（ましょうよぉ）」、「嚎～（は～ん）」、
　　　「哦了（わかったわぁ）」

(4) 濃い感情表現：「太可恶了（まったく憎らしい）」

(5) 服装：スカート（本人の説明ではスコットランドの民族衣
　　　装）

（6）指の動きの柔らかさ（蘭花指）

（7）両足先を内またにして歩く、「piapia（オノマトペ）」と歩く

（2009 年春晩小品『不差钱（金ならいくらでもあるよ）』）

（3）の感嘆詞「嚎〜（は〜ん）」は普通話（共通語）では見られないため小瀋陽と同じ東北出身の中国人に、東北地方の語気助詞かと尋ねたところ、これは小瀋陽が独自に使っているものだという。この音色も女性性を高める効果がある。

TV におけるもうひとつの例を見てみる。

深圳衛星テレビのドラマ『媳妇的美好宣言（お嫁さんのしあわせ宣言)』の宣伝予告編「娘娘腔 style new」に現れるオネエ役の俳優の動きとことばを検討する。

身ぶり

（1）小指を内側に向けて柔らかにたてて「蘭花指」をつくる。

（2）髪の毛を耳のところでかきあげる。

（3）驚いたときまたは、泣くときに両手を口の前で合わせて口を隠す。

（4）内またで歩く。

（5）媚を売るような目つきをする。

（6）「身ぶり＋言語＋パラ言語」　怒って首を振って「哼（フン）」と言う。

この宣伝予告ビデオはナレーションとバックグランドミュージックのみで、俳優の声はないため、男性俳優が「蘭花指」をつくり、お尻を振り振り歩き、髪の毛を耳のところでかき上げ、媚びた目つきをし、「フン」というなどが、このビデオにおける娘娘腔（オネエ的）表現ということになる。

他の例では、ハンドルネーム「洋洋」のブログ"娘娘腔是项技术活（娘娘腔は一種の技術）"と題する文中で、映画などに出てくる「娘娘腔（オネエ）」の代表人物を列挙し描写している。以下文の翻訳のみ例示する。

（1）映画『非诚勿扰（邦題「狙った恋の落とし方。」)』で俳優・馮遠征演じるオネエ：

優しいほほえみを浮かべながら「讨厌（いや〜ね）……你

（あなたったら）……呵呵（ほほほ）……」と言う口調は細やかで、心からにじみ出る表情や視線、動作にはすべて攻撃性がない。

(2) 映画『覇王別姫』の中で俳優・葛優が演じる袁四爺（袁家の第四若旦那様）：

根暗な顔と雰囲気はその小さい2つ目から発せられ、見る人におぞましさを感じさせる。声はやや鋭く、鼻で「フンフン」という音を出す。

(3) 映画『李蓮英』の中の俳優・姜文が演じる宦官：

声もわざと高く、ハスキーな中にやや田舎くさい河北なまりを出している。

［(この映画は「李蓮英」という清朝末に西大后に仕えた宦官を主人公にした映画である。)］

(4) 歌って踊る歌手の李玉剛：

扮装や目つきは芸能人ならではの様子で、楊貴妃タイプで高貴で艶っぽい。「女」役では、国一番の美しさと形容しても言い過ぎではなく、しかめっ面や笑い顔は陰陽分けがたいほどだ。

［(李玉剛は現代の歌手で、男女の声を使い分けて歌う。名前の玉剛は、玉は女性を意味し、剛は男性を表している。)］

　以上の例からわかるように、中国にもオネエ現象は存在し、語気助詞や、「人家」「讨厌（いや〜ね）」など若い女性のことばの特徴を真似し、しぐさ、服装、指の形、髪をかき上げる、艶めいているなどの非言語的要素が特徴となっている。また、映画でも、オネエ的人物が登場し、ことに宮廷の宦官にオネエのイメージがあることが、テレビやネットの書き込みからも見て取れる。中国の人々はそうした「娘娘腔」のイメージをテレビドラマや映画を製作するとき、繰り返し利用しており、つまり「娘娘腔」は、金水敏（2003）のいうところの役割語の1つになっていると言える。

2.3　言語と非言語行動

　ここではCCLコーパス（現代版）から書かれたものの例を検

討する。古代版では１例であったが、現代版には 38 の例があった。その中から代表的なものをまとめる。下線部は評価と、言語と非言語的特徴である。［　］はコーパスに書かれた出典である。

（1）人这么一说、呼二豹立即改口说:"就是，圈爷这人，娘娘们们的。娘娘腔不说，走路还一扭一扭，指头还老翘着，浪不叽的，没个男样！
　　　誰かがこういう風にいうや、呼二豹は改めて、「つまり圏旦那様その人がオネエであるということです。オネエことばなのは言うまでもなく、歩き方がくねくねして、指先だっていつも跳ね上げて、くどくど言って、まったく男らしくないんですよ！　　　　　　　　　　　　　［李佩甫「羊的門」］

（2）男性对女性化同样感到恐惧，怕人说自己有"女人气""娘娘腔"。
　　　男性は女性化することに同じく恐怖を感じるもので、人に自分のことを「女っぽい」とか「娘娘腔（オネエ）だ」といわれることを恐れるものだ。　　［李銀河「女性主義」社会科学］

（3）在传统的男权社会中，同性恋恐惧症和娘娘腔恐惧症非常厉害，根本不能想象电影中出现这种温柔可爱型的男性
　　　伝統的な男性社会の中では、同性愛恐怖症と娘娘腔（オネエ）恐怖症は非常に激しく、映画の中でこのようなかわいらしい男性が出現することは根本的に不可能である。
　　　　　　　　　　　　　　　　　　　［李銀河「女性主義」社会科学］

（4）女性爱好豪放的词章，足以表现豪放的性格，没有扭扭捏捏的娘娘腔儿，反倒更可爱
　　　女性が豪放な文章や詞を好むのは、豪放な性格であることを表したいからで、なよなよした娘娘腔儿（女っぽさ）がない方が却って可愛い
　　　　　　　　　　　［王素萍『她还没叫江青的時候』『作家文摘』1993］

（5）在秦桂贞的印象中，唐纳斯斯文文，讲话软绵绵，有点"娘娘腔"。他常常坐在窗口那张桌子上写东西。
　　　秦桂貞の印象では、唐納は文人っぽく話し方が柔らかくて、ちょっと「娘娘腔」だ。いつも窓際のあの机の前に座って

66

ものを書いている。

［葉永烈『恩将仇報的「藍苹小姐」（上）』『作家文摘』1996］

（6）"基础好"，我想也就是咱们平常说的"小白脸"，"小奶油"，
"娘娘腔"那类的男人；然后用药物（女性激素等），或者施
以特殊手术。
「もとがいいのだ」、私たちがよくいう「色白き」とか、「バ
タ臭い」とか、「娘娘腔」とかいうあのタイプの男性で、そ
れから、薬物（女性ホルモンなど）使い、あるいは特殊な
手術を施している。　　　　　　　　　　　　　　　　［読者］

ここでは 2.2 と同様に、男らしくない、指先を跳ね上げる（蘭花
指）、なよなよするなどの行動が特徴として挙げられている。また
それ以外に、（5）（6）に見られるように青白きインテリや、色白
の優男と娘娘腔とが関連づけられている。

2.4　娘娘腔と男性の女装という概念の流れ

中村桃子は日本語の性差研究の上で独自の視点を打ち立てている
が、その『ジェンダーで学ぶ言語学』（2010）の中で、「近年の社
会言語学は、言語は社会を反映していると考えるのではなく、こと
ばが社会を作り出している。」「1 人ひとりが「言語資源」を利用し
て自己のアイデンティティーを作りあげる」と述べている（pp.10–
14）。

娘娘腔と偽娘現象

2010 年四川省の男性・劉著は「快楽男声（Super Boy）」（湖南衛
星テレビのオーデション番組）に参加し、社会の注目を浴びた。彼
は中国のメディアにおける「偽娘」の代表人物と言われている。偽
娘は、従来なら「娘娘腔」とひとくくりにされただろう人たちに対
して新たな解釈を与える新しい概念だ。

彼は「lady 呱呱（レディーガーガ）」という娯楽番組に出演した
が、この番組司会者の女性たちは彼の声を評して「声音嗲里嗲气的
（舌ったらず）だ」と言い、劉著が 5–6 才の時の写真を見て、その
時すでに彼が手を交差させて（女っぽく）坐っていることを指摘し

た。

　しかし、彼の話し方は声も小さく娘娘腔の特徴を備えているにもかかわらず、オネエことばの代表的な「人家（若い女性が使う自称詞）」や「討厌（いやねぇ）」の類の女性化を誇張したことばを使っていない。劉著自体「ある面では女性だし、ある面では男性です」としながら、彼は司会者の質問に対して、自分が同性愛者であるとも、異性愛者だとも返事をしていない。

　クイア理論（Queer theory）はジェンダー・セクシュアリティの、思想的、理論的研究から派生し、構築された理論であるが、異性愛規範に異議申し立てをする者や姿勢という意味合いで使われるようになっている。クイア理論が批判的に批評する異性愛規範とは、異性愛という男女の恋愛や家族形成などを他の人間関係、恋愛や家族形成より優れた価値の高いものとみなし、それを社会の基盤とする考え方およびその考え方に基づく社会制度を指す。（河口 2003、中村 2010）。世界保健機関（WHO）は 1990 年に同性愛を疾病および関連保健問題の国際統計分類（ICD）から外しており、同性愛は、「異常」や「倒錯」、「精神病」、「治療の対象」ではなくなっている。

　女性が好きか、男性が好きかはまったく個人の選択に任された問題であり、劉著の態度は「新時代の娘娘腔」つまり「偽娘」であって、人から嫌がられたり、嘲笑を受けたりする対象ではないことを示している。新時代の「娘娘腔」である「偽娘」はけなしことばではなく、この新しいことばの誕生は新しい概念の誕生である。これは中村桃子の言う「言語が社会を作り出している」1 つのよい例であると言える。

　だが、このあと、「偽娘ウェイニャン」はまた大きな揺り戻しが来て、中国のメディアで大きく取り扱われることはなくなった。当時（2012 年頃）筆者の勤務校であった華中科技大学にも「アリス偽娘団」という女装サークルができたが、そこでも彼らは、同性愛者ではなく、「彼女がいる」ことをアピールし、女装＝娘娘腔＝同性愛者という固定観念を払拭しようとしていた。

　また、オネエを演じて一夜にして有名になった前述の小瀋陽も、その後はオネエを演じたがらない様子が見られた。陳宇浩（2009）

の新聞記事でも小瀋陽（シャオシェンヤン）の春節晩会でのオネエ姿を今ひとたびと期待する観衆の意に反して、オネエを演じない様子が記されている。この時期は、オネエを演じる（または偽娘と名乗る）ことへ風当りがやはり相当強くそのまま普通に演じ続けることができなかったようだ。中国では社会全体として新しい価値観の受け入れは人口の多さも手伝ってか一気には進まない。

　2012年11月にテレビ局記念ドラマ『大太監（宦官）』の放送が始まり、宦官役の役者たちのことばが以前のような娘娘腔（主に小さな声、柔らかなしぐさ等）でないことが議論を巻き起こした。宦官と言うのは中国独特の存在であり、人々は、宮刑に付された、あるいは貧農出身者が生活のために男性器を切り落として宮廷に上がった男性を、「男でも女でもない」とみなし、映画などで「娘娘腔」の代表的イメージを与えてきた。

　しかしいったんは「偽娘」あるいは「新娘娘腔」といえる新しい概念や価値観が中国社会にも紹介され、中国国家も十分注目し「和諧社会（調和のとれた社会）」に向けて差別のない社会を作る努力をしていることが中央電視台のこうした番組の変化からも見て取れるのだが、受容の揺り戻しと国家の方針との間でせめぎ合う。こうしたゆれは、方言とドラマとの関係でもそうであったようにしばらく続くことだろう。

　我々は「娘娘腔」ということばの流れを見ていくことで、中国社会の進展と多元化の受容のありようを察知することもできる。

3.　学生腔（学生ことば）とインテリ役割語

　「学生腔（学生ことば・学生口調）」について、CNKI（中国知網）の論文検索を使って探すと、ほとんどが、「中高生の作文における学生口調をどう直したらよいか」（呉言明2001: 32–33）といった内容がヒットするだけで、言語的特徴として「学生腔」を論じたものはほぼ見つからない。

　「学生腔（学生ことば）」について、小説家老舎の随筆の中に以下のように説明されている。

何谓学生腔？ 尚无一定的说法。在这里我并不想给它下个定义。不管怎么说，学生腔总是个贬词。那么，就我所能见到的来谈一谈，或不无好处。最容易看出来的是学生腔里爱转文，有意或无意地表示作者是秀才。古时的秀才爱转诗云，子曰，与之乎者也。戏曲里，旧小说里，往往讽刺秀才们的这个酸溜溜的劲儿。今之秀才爱用‘众所周知’，‘愤怒的葡萄’等等书本上的话语。

「学生腔（学生ことば）」とは何か？ いまだ定説はない。私はここでその定義を下すつもりはない。いずれにせよ、学生腔はつねにけなしことばである。では、私が見てきたことを話してみるのもいいだろう。一番わかりやすいのは、学生腔は（美）文を回しあうのが好きで、意識してあるいは無意識のうちに自分が秀才であることを顕示している。昔の秀才たちは「詩に云く」とか、「子曰く」、「与之乎者也」などを使いたがったものだ。戯曲や、古い小説ではしばしば秀才たちのこの感傷的な文学調を風刺している。今の秀才たちはよく「皆さんご存じの通り」とか、『怒りの葡萄』などと本の上の話をするのが好きである。

（老舎（2004）「学生腔」）

下線部が学生腔の特徴と言えるが、それとまとめると以下のようになる。

①けなしことばである。

②「詩に云く」とか、「子曰く」、「与之乎者也」などを使いたがる。

③老舎の時代（1930 年代）、学生腔は「众所周知（皆さんご存じの通り）」というような前置きを使い、『怒りの葡萄』などの本の中から引用するのが好きであった。

勤務していた大学の日本語学科の学生たちも作文などで「皆さんご存じのように（衆所周知）」をよく使っているのを見た。日本語としてはないほうが自然な場合が多い。この前置きことばも伝統ある「学生腔」の１つであると言えるようだ。

3.1　学生腔の由来

「学生腔」という用語に関しての文献は、その多くが中高生の作

文の角度から論じたものばかりで、「学生腔」の由来や言語的特徴を正面から論じたものがない。また、CCLコーパス（現代版）には10例あるだけで、1920－1989年の現代作家の作品例に出現していることがわかるが、いつごろから使われはじめたかはわからない。

また「書生腔」ではただ1例あるのみで、1995年に発表された李順達の「坐在毛主席身边的农民代表（毛主席の身近に坐る農民代表）」という文章に出現する。同コーパス（古代版）にはそれぞれ1つもない。コーパス上の言語的特徴は3.3に例示する。

3.2　学生腔の特徴

学生腔にはどのような特徴があるのか、新聞記事やネット上の資料で特徴を論じているものからまとめると以下のようになる。訳文のみを示す。(4) は身近な観察例である。

(1) 学生腔のあきらかな特徴は文章が現実を逸脱していること。学校内（の寮に）に住んで、一日中本に頭をうずめている学生たちは、外の世界の情況について知っていることが少ないため、あるいはもとから全く理解していないため、文章を書いてもただ本や先生が言ったことの中からわずかに文章をつまみだすぐらいしかできない。　　　　　（熊志超2001）

(2) 中身のない話、嘘話、外交辞、ほら、無駄話が多く、真情や実感に根差したものが少なく、個性やひらめきというものはさらにない。　　　　　　　　　　　　（呉言明2001：32）

(3) 1960年代末、私は高校卒業後、村に戻って生産隊長になった。口を開けば、学生口調で見栄をきった。あれは労働生産運動員会議の席上だった。私は説教口調で、聞こえは美しいが実効性のない空疎な生産計画を出し、方法や施策は空虚で力の乏しいもの、その上、専門用語も用いて話したところ、生産隊のみんなは聞くも飽き飽き…そこで私は話の語気を改め、村でなじみのある歇後語（歇后語しゃれことば xiē hòu yǔ）をまぜることによってなんとか講話を終わらせることができた。…ここから私はしっかりと、農民を率いて豊かにさせるためにはまず学生腔を捨て、深く農民

の中に入り込み、彼らとまごころで交流し、彼らの信頼を
勝ち取らなくてはならないと思った。　　　（蔡恩沢 2012: 18）
　ここからみると、学校を卒業して社会人になったばかりの頃は、
農民に対して説教口調で、専門用語を使って話し、農民に近づくこ
とができないため、話し方を変える必要がある。方言や地元の歇後
語（謎かけことば）などを使うことによってコミュニケーションが
スムーズにいくようになる。つまり、学生腔は農民とかけ離れた学
生の青臭い話し方であることがわかる。

（4）　身近な実例であるが、卒業して新聞記者になった教え子が、
　　　経済部の記者として問屋街を取材したとき、学生時代と同
　　　じような丁寧な口調の普通話で「请问一下……（お尋ねし
　　　たいのですが…）」と、問屋街の社長に尋ねたところ、社長
　　　たちは全く彼を相手にしてくれなかった。そこで少々荒っ
　　　ぽい方言でずけずけ質問したところ、驚いたことに問屋の
　　　社長たちは返事をしてくれたそうである。つまり、丁寧過
　　　ぎる態度も一種の「学生腔」であり、一人前の大人として
　　　相手にしてもらえないということだ。

（5）　如果一篇文章，一个演说，颠来倒去，总是那几个名词，一
　　　套"学生腔"，没有一点生动活泼的语言，这岂不是语言无味，
　　　面目可憎，像个瘪三吗？
　　　もし一篇の文章や、ある演説をひっくり返し何度も使うな
　　　ら、つまりいつもの「学生腔」であり、少しも生き生きと
　　　したことばではなく、味気もないことばではないか。にく
　　　たらしく、まるでチンピラも同然ではないか。

（毛沢東「反対党八股」『毛沢東全集』第三巻）

　毛沢東は一方で高尚な詩文を書く文人であったが、農民に対する
ときには、そのことばは生き生きとして、文化的レベルの低い人た
ちが聞いてもよくわかったと言われている。ここから見てわかるよ
うに「学生腔」と１節で検討した「官腔」には、あい通じるところ
がある。多くの官僚たちの話す「官腔」は彼らが学生時代に習得し
た「学生腔」が発展してきたものと言えるだろう。

（6）　いわゆる学生腔というのは、学生が書くだけではない。中

高生、大学生でも素晴らしい文章を書くこともあれば、ある40–50代の人でも、筆をとり書き始め、あまりよく考えもせずに書くならきっと学生腔が出てくるもので、文章を書くと言うことは本当に知恵を絞る作業である。

（老舎「学生腔」『出口成章』）

学生腔は往々にしてよく考えもせず書かれ、無駄が多く、稚拙で、読者にわからせるための工夫がないのも特徴である。

(7) 就職活動における学生腔の例として、「久闻贵单位（御社のことはかねがね聞いておりまして）……」、「给我一个机会、还您一个惊喜（私にチャンスをくだされば、きっと驚くほどの喜びをお返しします）」といった就活用語を大学生の求職レターの中で見つける。重慶の得邦人力資源管理公司の社長朱源明はこのように言った。

「これらの学生臭さのあることばは往々にして試験官には評判がよくない」と。
（求职信应避免学生腔）

これは（4）に挙げた、教え子の例とも同じで、丁寧過ぎることばづかいは「学生腔」とみなされることがあると言える。

3.3　言語的特徴

「書生腔」の例はCCLコーパス（現代版）には1例あるのみで、古代版には1つもない。

(1) "做材料的人太疏忽大意，李顺达是太行山里一个没文化的老农民，一点书生腔都说不出来，可是材料里揭发他的"反党言论"却是书生腔十足的话，和李顺达这个人对不上号。
资料を作る人はうっかりしたのだろう。李順達は太行山の教養のない年老いた農民で、全く書生腔も話せないが、資料の中の彼の「反党言論」は書生腔で書かれていて、李順達というこの人物とは似つかわしくない物だった。

（馮東書「坐在毛主席身边的农民代表」『作家文摘』）

次に「学生腔」の例はCCL（現代版）に10例ある。主なものを挙げる。

(1) 但他们稚气未消的脸庞和学生腔表明着他们的真实身份，他

第4章　中国伝統の「役割語」　73

们是利用暑期自愿到各单位参加锻炼的大学生

しかし彼らの幼さの残る顔と学生腔（学生口調）は彼らの本当の身分を表明していた。彼らは夏休みを利用してボランティアとしてそれぞれの職場に参加している大学生たちなのだ。　　　　　　　　　　　　　　　　［人民日報 1996 年 9 月］

(2) 指挥员真像指挥员，季刚等战士真像战士，让人感到亲切，实在，没有学生腔与文人气。

指揮をとるものは本当に指揮隊員らしく、季剛たち戦士は戦士らしく、親切で、実際的で、学生腔も文人気どりもなかった。　　　　　　　　　　　　　　　　　　　［読書 vol-045］

(3) 研究延安文学不能只着眼于去掉学生腔，学习工农语言；更重要的是改变对世界的感受方式。

延安文学を研究するには学生腔を取り除き、労働者や農民の言語を学ぶだけではだめで、もっと大切なのは世界に対する感じ方を変えることだ。　　　　　　　　　［読書 vol-083］

(4) 自然，用学生腔的语言仍可以写这一路作品，可是文绉绉的终究不般配。

自然と学生腔のことばを用い、こうした作品を依然として書くことはできるが文学口調では結局、似あわないのだ。

　　　　　　　　　　　　　　　　　　　　　　　　［読書 vol-091］

(5) 想要口语化，那就少不了方言土语，包括北京土语，否则仍是一副学生腔。这是无可奈何的事。戏剧因观众复杂，不能不用通行语

話しことばらしくしたいならば、方言や土地のことばは欠かせない。北京の方言を含めて。そうでなければいつまでも学生腔ということになる。これは仕方のないことで、演劇は観衆が複雑だから通用語を使わないわけにいかないのだ。　　　　　　　　　　　　　　　　　　　　　　［読書 vol-115］

(6) 叙述语言要接近农民；写市民，叙述语言要近似市民。小说要避免"学生的腔"。

叙述する言語は農民に近づくようにしなくてはならない。市民を描く場合、そのことばは市民に近づかなくてはなら

ない。小説は「学生的腔（学生口調）」を避けなければなら

ない。　　　　　　　　　　　［汪曾祺「沈従文先生在西南聯大」］

（7）他说话快，口齿和条理太清楚，一听就是学生腔。

彼の話は早く、しゃべり方、話の筋ははっきりしていて、

ちょっと聞いただけで学生腔だとわかる。

　　　　　　　　　　　　　　　　　　　［王蒙「医梁有志伝奇」］

この例からわかるように、「学生腔」は文绉绉（文学口調）で文
人口調であり、方言や農民のことばに根差したことばではない。そ
の学生口調から学生であるという身分もわかってしまう。また延安
文学は学生腔とは質を画した文学である。（7）の例はやや他の例
とは違い、学生腔でも論理的で明快なものがあるとしている。これ
は聞き手側の理解力にも関係しているであろう。

3.4　学生腔とインテリことば

上記の4番目の例では学生腔が「文绉绉（文学口調、文人調）」
であると述べられている。「文绉绉」とは、しばしば人の言動や身
のこなしが優雅であることを形容することばであって、本来けなし
ことばではない。しかしながら社会の中で文盲が比較的多い時代で
は、革命を遂行するために、もし華美な文学調で発話をしたならば、
農民たちはその美辞麗句や専門用語などは理解できず、聞きたがら
ないだろう。はなはだしくは反感をも生じたはずである。

「学生腔」がなぜ「贬义词（けなしことば）」になってしまうのか
は、この種の知識分子（インテリ）的言語と農民の文化的水準に大
きなギャップが存在し、それによってコミュニケーション障害が生
じたためではないだろうか。

次に筆者は、テレビドラマの中のインテリ役の言語を観察し、見
つけた特徴は以下の通りである。脚本家達は、インテリ像を作り上
げるために、成語を多用させる以外に、豊富な典故を彼らに使わせ
ている。ここで1990年代から2010年代までに放送されたインテ
リが出てくる5つのドラマを例に挙げる。

まず、1991年に放送された25話連続テレビドラマ『編輯部的故
事（編集部物語）』がある。これは中国で最初の連続テレビコメデ

ィであり、物語は北京の『人間指南』という、とある雑誌の編集部を舞台に繰り広げられる。現代劇でありながら、編集部には6人の性格の異なる文芸工作者（知的労働者）が集まっているために彼らの話すことばの中には中国の古典がちりばめられている。

（1）陳デスク

夕陽無限好

夕陽かぎりなく好し

（唐・李商隠「楽遊原」）（編集部物語第1話）

（2）戈玲（編集部の若手女性）

a. "贤能不待次而举，罢不能不待须而废。"

賢能は次を待たずして挙げ（昇進させ）、罷・不能（無能者）は頃を待たずして廃す　　（荀子・王制）（第1話）

b. "得十良马，不如得一伯乐"

十の良い馬を得るは、一人の伯楽を得るに如かず

（呂氏春秋「不苟論　賛能」）（第2話）

（3）李東宝（主人公・若手男性編集者）

a. 天下唯女子与，小人难养也.

（天下）唯女子と、小人とは養い難し（論語・陽貨）（第2話）

b. 就像 "荷花一样，出淤泥而不染"

まるで「蓮の花と同じ。泥より出で、染まらず」

（宋・周敦頤「愛蓮説」）（第3話）

（4）劉書友（老編集者）

名不正则言不顺

名正しからざれば則ち、言順わず（名分が正しくないと論策が道をはずれる）　　　（論語・子路13）（第2話）

雑誌の編集者たちだけあって、どの役もことばの中に四書五経や唐宋詩詞から引用を挟むことによってインテリらしさを醸し出している。

次に2009年ヒットしたドラマ『蝸居（カタツムリの家）』を見てみよう。物語は現代上海（ドラマの中では「江州市」となっている）を舞台とし、不動産価格が上昇し始めた時期、名門大学（復旦大学を想定）の卒業生・海萍とその夫・蘇淳が、江州市でマンショ

ンを買おうとするがなかなか手が届かない。海萍夫婦の家さがし物
語と、海萍の妹・海藻と市長秘書・宋思明との不倫物語とが2本の
綾なすドラマである。

（1）蘇淳（海萍の夫）

　　a. "也许推开窗户就可以看见，<u>海鸥低旋，波涛拍岸</u>。"

　　　窓を押し開ければ、<u>カモメは低く旋回し、波が岸を洗う</u>
　　　のが見えるかもしれない。　　　　　　　　　　　（第1話）

（これは、典故はないようだがまるで詩のような文学口調の例である。）

同じく蘇淳（海萍の夫）

　　b. "你没听见过这句话吗？　消费要想欧美看齐，收入要向非
　　　拉看齐。这叫全方位地立体接轨，<u>左牵黄、右擎苍</u>，一只
　　　小手拉着发达国家，一只小手拽着落后国家"

　　　「こんな話を聞いたことはないかい？　消費は欧米を見
　　　習わなければならず、収入はアフリカやラテンアメリカ
　　　を見習う。これを全方位立体的国際スタンダードと言う。
　　　<u>左側に猟犬の黄犬を牽き、右側から鷹に襲わせ</u>、小手に
　　　は先進国（の足）を引っ張り、もう一つの手には途上国
　　　を引っ張っていっているのだ。」

　　　　　　　　（下線部　宋詞・蘇軾「江城子　密州出猟」）（第6話）

（2）小貝（海藻のボーイフレンド）がキッチンでふざけながら

　　a. "<u>独楽楽与衆楽楽，孰楽</u>？"

　　　<u>「独り楽（がく）して楽しむと、人と楽して楽しむと、孰
　　　（いず）れか、楽しき」</u>　　　　　　　　　　（孟子・梁惠王下）

　　b. "你<u>为悦已者容</u>，我已经悦了。"

　　　<u>「君は己を悦ばすもののために形づくる（化粧・装いをす
　　　る）</u>、ぼくはもう嬉しいよ。」　　（戦国策・趙策一）（第2話）

（3）第34話の中で、江州市の孫書記は、海藻の不倫相手である
　　江州市秘書長の宋思明と「官となる道」について議論して
　　いる。宋思明が『資治通鑑』に精通していることがわかる。

（『資治通鑑』北宋の司馬光が編んだ歴史書、全294巻。）

　　a. 宋思明（江州市政府秘書長）

　　　"您这套《资治通鉴》是真版，这套是民国涵芬楼影送的

第4章　中国伝統の「役割語」　　77

《资治通鉴》，限装在市面上已经不多见了。价格不菲呀。"

書記がお持ちの『資治通鑑』は本物ですね。この全集は民国時代、「涵芬楼影」で出版された『資治通鑑』で今市場に出回ることはめったになく、価格は天文学的でしょう。

b.那可不是我说的，那是《大戴礼记》中的一句话，"水至清则无鱼、人至察则无徒"

それは私がいったことばではなく、『大戴礼記』の中のことばで、「水至って清ければすなわち魚なし、人至って察なればすなわち徒無し（潔白すぎて人をとがめるなら仲間がなくなる）」です

（第34話）

（『大戴礼記』：漢代の儒者戴徳が、古代の礼文献を取捨して整理した儒教関連の論文集）

次に、3つ目のドラマは2003年放送された『金粉世家』というドラマで、北洋軍閥（1912年から1928年まで北京に存在した中華民国政府）が統治していた時代の国務院総理金銓の末の息子・金燕西と平民の少女・冷清秋の恋愛と悲劇を描いた物語である。

（1）金銓（北洋軍閥の国務総理）が息子の金燕西に向かって

"一个堂堂金家少爷没事儿跑到尼姑庵里去，这要传出来，金家的颜面何在？……读书如果不背书，那读书有何用啊？"

「名門金家の息子たるものが何の用もなく尼寺へ出かけるなど、これが世間に知れ渡ったら、金家の面目は丸つぶれだ。…本を読んで暗記もしないとは、読書してなんの意味があるというのか！」

（第1話）

これは、典故を使用した例ではないが、名門の子は読書人でなければならず、読書は暗記であると言う考え方が伺える。

（2）金燕西が女学生たちの前で宋詞・柳永の「雨霖鈴」を諳んじて見せる。「雨霖鈴」は恋人との別れの情景をうたっている。

"寒蝉凄切，对长亭晚，骤雨初歇。都门帐饮无绪，留恋处，兰舟催发。执手相看泪眼，竟无语凝噎。念去去，千里烟波，暮霭沉沉楚天阔。多情自古伤离别，更那堪冷落清秋节，今

宵酒醒何処？杨柳岸，晓风残月。此去经年，応是良辰好景虚设。便纵有千种风情，更与何人说。"

寒蝉凄切たり　長亭の晩れ　驟雨　初めて歇むに対す　都門に帳飲すれば、緒無し　留恋する処　蘭舟発つを催す　手を執りて　涙眼を相看つるも　竟に語無く凝噎ぶのみ　去り去て　千里の煙波を念えば　暮靄沈沈として　楚天闊し　多情　古自り離別を傷む　更に那ぞ堪へん　冷落たる清秋の節に　今宵　酒醒むは何處ぞ　楊柳の岸　暁の風　残んの月　此より去りて年を經なば、応に是れ良辰　好景も虚しく設くべし　便ち縦い　千種の風情有りとも　更に何人と説らん。

(第2話)

中国語には「書香門第（古い時代の、読書人を輩出した家庭の意味。本の匂いに包まれている）」という成語があり、昔の中国社会では家に万巻の書があることが、知識人の家としての象徴であり、たとえ、放蕩息子であっても詩詞を多少は諳んじることができる。だが社会の底辺の人たちは高尚な文学や詩歌に接する機会は少なかった。このような文人調、文学口調の話し方を好むのは、官僚や大学生、読書人家庭の子女の特徴であり、独壇場であったのだ。

お嬢様も、詩文が得意な例はドラマ『闖関東』の中で、公女でありながら清朝が終わり、零落したために、裕福な農民の長男へ嫁いでくるという例がある。鄙には稀なる才女として近所の子ども達に詩や文字を教えることになる。金持ちは書物に囲まれ、お嬢様もまた本が読め、教養があると言うイメージである。

また巴金の小説『寒夜』をドラマ化した作品の中でも、「書香門第」出身の主人公の母親が、落ちぶれてあばら家の中で暮らしているにもかかわらず、本のページをめくっているシーンなどがある。知識人の家の出であることを印象付けようとしている。

学生腔がなぜけなしことばになったのかと言えば、多くの一般の人たちは（当時は農民）詩詞に対して深い理解はなく、また専門知識を理解することは難しくそのために難しい典故や、改革に関する専門用語がちりばめられた話し方に対して不満が生じたのだろうと容易に想像できる。

また第2節の「娘娘腔」で、中国伝統文学には『花間詞』という女性に仮託した審美的伝統を有していると指摘したが、教育を受けていない農民たちがそうした文学の境地に達することは難しい。オネエとして嫌ったり嘲ったりするようになり、けなしことば（貶義詞）になったと考えられる。

　娘娘腔も官腔もこの4章で取り上げた3つのことばは、どれもけなしことばである。その原因は読書人と文化的水準が低い人たちのコミュニケーションギャップに関係しているだろう。大きな隔差の同じ知識人でも一知半解のニセ知識人の中身のない話であれば余計に聴衆に受け入れられなかったことだろう。しかし一方でこれは、お上に従いながらも、容易に丸め込まれることのない中国農民のバイタリティの表れとも考えられる。

　最後にもう1つ「纨绔子弟（良家の放蕩息子）」の例を見てみよう。2011年放送されたドラマ『北京爱情故事（北京愛情物語)』で、これは数人の「80後（パーリンホウ）」と呼ばれる、1980年代生まれの大学出の若者が北京を舞台にそれぞれ織りなす愛情物語である。その中に程鋒という名前の主人公メンバーの1人がいるが、彼は大企業の社長の放蕩息子でプレイボーイだという設定である。シナリオでは富豪のお坊ちゃまのイメージを出すために、プレイボーイの程鋒の話し方にも良家の子女の特徴がある。それは「口を開けば典故」ということである。彼の学生時代の友人たちもまた同じである。

（1）程鋒
　　a."两情若是久长时，又岂在朝朝暮暮啊。"
　　　「両情若し是長久ならん時、又あに朝朝　暮暮たるに在らんや。」だよ。　　　　　　　　　　　　　　（宋詞・秦観「鵲橋仙」）
　　b."人非圣贤，孰能无过"
　　　人聖賢にあらざれば、たれか能く過ちの無からん。
　　　　　　　　　　　　　　　　　　　　　（「春秋左伝」宣公二年）
　　c."普天之下，莫非王土，率土之滨，莫非王臣"
　　　普天の下、王土に非ざるは莫く、率土の浜（国の続く果て）、王臣に非ざるは莫し（すべての土地も、兵も、家臣

も王（俺）のものだ）。 （「詩経」小雅北山）

d. "会当凌绝顶、一览众山小"

会らずや当に絶頂を凌ぎ、一覧して衆山小さからん（泰山の頂上に登って、辺りの山々が小さくうずくまるのを見わたそう）。 （杜甫「望嶽」）

（2）呉狄（程鋒の大学時代の大親友の1人）

天作孽，犹可违；自作孽，不可活

天の作せる　孽（わざわひ）は　猶ほ　違く可きも、自ら作せる孽は逭る可からず（天のなした災いはなお避けることができるが、みずからなした災いは逃れることができない） （「尚書」太甲）

（（1）（2）ともに第1話）

　『編輯部的故事（編集部物語）』の脚本家は馬未都と王朔、馮剛の三人で、『蝸居』の脚本家は六六であり、『金粉世家』は李兆熊、『北京愛情故事（北京愛情物語）』は陳思成、李亜玲というようにすべて全く異なる脚本家たちである。またそれぞれ創作時期も異なるが、脚本家たちはインテリ、大学生のイメージを塑像するために、登場人物たちに四書五経や、唐宋詩詞等の古典の名句を口々に唱えさせているのである。

　『金粉世家』の金燕西のように約100年前の大家のお坊ちゃまならばこうしたことも現実にあったかもしれないが、『北京愛情故事（北京愛情物語）』はいわばトレンディドラマであり、その中で1980年代に生まれた大学出の程鋒たちにも中国古典の名句の数々をしゃべらせているのである。つまり博学な知識をひけらかすことこそ、中国語のインテリ「役割語」であると言える。またこの傾向はドラマの初めの方（1話や2話）でとくに顕著である。脚本家たちは、登場人物たちがインテリであるというイメージを作り上げるために特に初登場の時に、典故満載のことばを話させることによって視聴者たちにわかる役の性格付けを行っている。

　作家・魯迅の書いた小説『孔乙己』に下記のようなくだりがある。『孔乙己』は、清朝にのこる科挙制度の悲惨を描いた物語で、試験を受けても受けても合格出来ないまま年をとった老人・孔乙己のう

らぶれた生活を描き、彼の読書人としての一面と悲惨な生活とが描写されている。

（1）他（孔乙己）对人说话，总是满口之乎者也，教人半懂不懂的。

　　　彼（孔乙己）が人に話をするときつねに「乎、者、也」などの（文語の助詞）に溢れていて、みんなわかったようなわからないようなことになる。

（2）孔乙己睜大眼睛說，"你怎么這樣憑空污人清白……"

　　　孔乙己は眼玉を剥き出し「汝はなんすれぞ、斯くの如く空（くう）に憑（よ）って人の清白を汚すのか（嘘で人を貶めるのか？）」と言った。

（3）接连便是难懂的话，什么"君子固穷"，什么"者乎"之类，引得众人都哄笑起来：店内外充满了快活的空气

　　　それからなんだかよくわからない「君子は固より窮む」とか「者、乎」とかいうから、みんな大笑いで店の中は朗らかな雰囲気に包まれた。

（4）（孔乙己）直起身又看一看豆，自己摇头说："不多不多！多乎哉？不多也。"

　　　孔乙己はすぐさま身を起こし、豆をみて首を振って、「多からず、多からず、多乎哉（多からんや）、多からざる也」と言った。

　魯迅も自身の小説の中で知識人を造型するのに、古典や古語を話すことをその特徴として用いているというわけである。知識人ながらも科挙に合格することができなかった孔乙己は笑われ者の代表となっている。

　筆者は中国の名門大学で80年代–90年代生まれの大学生たちや院生、先生たちと接してきたが、彼らにも程度の差こそあれ中国古典の知識が備わっていることはしばしば感じられた。とはいえ、平常の会話の中で「之乎者也」のような古語を使う人は普通いない。日本語の役割語も必ずしも自然言語の中に存在するとは限らず主には創作の中で作者が特定の人物を創造するために用いられることばだと言われている。こうした表現方法は教育や、メディア、演劇、

82

テレビドラマなどの中で繰り返し使用され固定化し、最後に人々に受け継がれるようになったバーチャルな日本語である。上記の例を見てもわかるように、中国では「之乎者也」という文言的助詞や唐詩や宋詞、四書五経などの語句が、テレビドラマなどのメディアのなかでインテリの話しぶりとして、繰り返し使用され、中国語のインテリ役割語として小説家や脚本家たちに使用されていると言える。

　2011年、日本で出版された『役割語研究の展開』の第4章で山口治彦はアメリカ映画の中の中国人役がしばしば中国語の成語を英語に翻訳したようなことばをしゃべり、これがアメリカの中華料理レストランで食後に提供されるフォーチュンクッキーの中にあるおみくじに書かれた格言のようなものとよく似ていると指摘している。つまりフォーチュンクッキー的格言をしゃべるのがアメリカ映画の中の中国人イメージの特徴だということである。これは「言語的才能や、古典の知識をひけらかすこと」がアメリカ映画における中国人キャラとなっていることを示していると言えるのではないだろうか。中国のインテリキャラとのつながりがここに見える。

　もう一点、中国のインテリ役割語として指摘したいのは英語の使用である。

　現代都市生活を描いたテレビドラマの中のエリート役の台詞には英語の単語などが数多く使用され、コードスイッチの状況を展開している。

（1）ドラマ『北京愛情故事（北京愛情物語)』の中で、
　　　アメリカ留学帰りのキャリヤウーマン伍媚が：
　　　a."Relax 一下"
　　　　「リラックスして」　　　　　　　　　　　　　　　（第8話）
　　　b."Bingo！　晩餐時間没有到。"
　　　　「ビンゴ！晩御飯の時間はまだよ。」　　　　　　　（第8話）
　　　c."再说了、这个case 不是一般的case"
　　　　「それに、このケースは普通のケースとは違うわ。」

　　　　　　　　　　　　　　　　　　　　　　　　　　　（第11話）
（2）ドラマ『愛情公寓（愛情アパート)』の中
　　　大学教師である菲姐（胡一菲）が：

a. "Go, go, go, go, go"
「行って、行って、行って」 (第1話)
b. "十分钟后到总部开会、Over！"
「10分後に本部に到着して会議なの。話おわり」 (第1話)
同ドラマ
c. 林宛瑜：銀行家の娘、ニューヨーク音楽院留学から帰国
"不太Happy呦"
「あまりハッピーじゃなさそうよ。」 (第2話)

こうした現代ドラマのインテリ役が英語をさしはさむ例は枚挙にいとまがない。これは2009年に行った「中国の若い男女の口癖調査」（河崎2011）の調査結果で見られた若い大学生、ことに女子大学生の回答の中で、「Fit」「oh my god」や「gosh~~」、「really」、「go your way」、「what」などの英語タイプの口癖をよく使用するという結果がみられたことと通じる。また、金水（2003: 110-112）で考察された坪内逍遥の小説『一読三歎　当世書生気質』で書生たちが英単語を多用することにも似た現象である。

3.5　日本語の「書生ことば」

「男ことばの歴史」（金水2010: 35–49）の中で、日本語の書生ことばは、明治時代（1868–1912年）に日本の各地から東京にやってきた大学生のことばを基礎に発展してきたもので、その後、書生ことばは新時代の一種の男性の規範的言語になり、日本社会の中で受け入れられてきたと述べられている。つまり日本語の近代「男ことば」の成立と日本の書生ことばとは大いに関係が深い。日本の男ことばの特徴は自称詞や断定表現、疑問表現、終末助詞、命令、依頼、禁止形、感嘆詞など文法の様々な面に及んでいる。

一方日本語の女ことばも明治時代の女学校の生徒たちのことばをもとに発展してきたと言われる。

日本の民衆が大学生のことばや、女子学生のことばを模倣し男女ことばの基礎として受け入れてきたのとは逆に中国の学生腔や娘娘腔、官腔はすべてけなしことばであって、必ずしも大衆が模倣し規範とする対象ではない。これは当時の中国人の人口の大部分は農

民であって、農民たちは簡単には大学生や有産階級の子女にはなれ
ず、まして官僚になることはもっと難しかったことと関係があるだろ
う。中国の社会的背景がこれらの非言語行動を含む「○○腔」を
して、一般大衆と対立し好まざれることばとして、けなしことばの
性格を背負わせたのではないだろうか。

第5章

非言語行動（体態語）と人物像

　第4章では、中国語の伝統的な「役割語」と捉えることのできる「官腔」、「娘娘腔」および「学生腔」を検討した。この中国伝統の役割語として分析することを通じて、次の2つのことがわかった。

　　①これらのことばが「贬义词（けなしことば）」であること。

　　②これらのことばが言語的特徴を指すだけではなく、非言語
　　　（体態語）をも表していること。のみならず人物のタイプそ
　　　のものを示しているということ。

　本来ことばあるいは口調を示すはずの「腔」が人そのものを表し、その動作やしぐさ、そのほかの全体を表すようになっている。日本語ではあくまで、「オネエ（人物)」と「オネエことば」は別の名詞として区別して使われている。つまり、日本語の役割語と比べると中国語では、非言語行動、人物的要素が非常に大きいことを物語っていると考えられる。そこで第5章では、中国語の非言語行動と人物像（キャラ）の関係について考察する。

　李慶祥（2008:25）は「非言語行動（体態語）の研究は、中国では1980年代に興り、その用語（訳語）も数種類存在する。ある学者は「体態語」と呼び、ある学者は「身体語言」、またある学者は「非言語行為」、「体勢語」、「肢体語」、「体勢語」という用語を用いている。」と言っている。

　実は、1980年代以前にも、日本にも留学経験のある修辞学者・陳望道が1932年初版、その後も版が重ねられている『修辞学発凡』（2006:20-21）という書物の中で「態勢語」という項目を立てて、「態勢語は体のポーズなどの動作（つまり体の動き）を使って思想の交流の道具とするもの」と説明している。「態勢語」は「表情的、指示的、描写的の3種類ある」とし、直観的なものを表し、「すべて人は死ぬものだ」と言ったような抽象的なことは表せ

87

ないと指摘している。

　CNKI（中語語論文ネット「知網」）の検索でキーワード検索してみると、「体態語」に関する論文が672、「身体語言」で197、「非言語行為」で138だった。（「体態語」は、日本語では、非言語行動にあたる。非言語行動はnon-verbal（ことばでないもの）の訳語であるが、実際の働きからいえば中国語用語の「身体語言」や「体態語」のように、非言語コミュニケーションを「語」としての働きに注目した用語が適切である。中国語では非言語面がより重要であるため「語」とした訳語が使われているのかもしれない。そのため本書中国語版では「体態語」（つまり体が表すことば）を用いたが、日本語版は、日本で一般的な用語「非言語行動」を使用する。

　多くの体態語（非言語行動）の論述の中ではバードウィステル（Birdwhistell 1970）およびメラビアン（Mehrabian 1982: 西田ほか1986:98）の研究が引用されているが、前者では文化的背景の同じ2人が会話をするとき、言語で伝達される情報は35％であり、その他は、手の動き、動作、話し手と聞き手の距離などの言語以外の手段で伝達されると言う。後者のメラビアンは人と人の会話の中で言語そのものは7％を占めているのに過ぎず、パラ言語が38％、顔の表情が55％であるとする。

　人と人とのコミュニケーションで言語と非言語による情報量が実際どのくらいかにかかわらず、非言語行動における情報伝達や、思想交流のツールとしての重要性は多くの学者が認めるところだろう。

　董珍蘭（2006: 1–2）「中国非言語行動に関する先行研究のレビュー」によれば、先行研究では以下のように定義されている。手に入らない書物もあるため、このまとめを利用する。

（1）熊征宇（『体態語和礼儀』、中国経済出版社2005）
　　　非言語行動は人の顔の表情、体のポーズ、動作および動きの変化などから構成された可視化された記号システムのこと。非言語は、体勢、接触、距離からなる。

（2）耿二岭（『体態語概説』、北京語言学院出版社1988）
　　　手の動き、体の動き、顔の表情、視線および話し手と聞き手の距離など一連の、話し手と聞き手にもっとも直接的に

関係する言語に付随する手段を「体態語」という。

(3) 董世福・劉永発（「試論体態成語」『克山師専学報』1995）

視線、顔の表情、手の動き、身体動作、人と人との距離な
どで情報を伝達し、感情を表現し、社会的コミュニケーシ
ョンを行う方法と手段を称して「体態語」という。

(4) 郭伏良、呉継章（「体態成語論衡」『天中学刊』1997）

「人々がコミュニケーションをするとき、音声言語を使用す
るばかりでなく、手まね、体のポーズ、表情、目線等の方
法を使う。これらを通常「体態語」という。

(5) 超昆艶（「論成語対体態語的借用」『雲南師範大学学報』哲学
社会科学版 2005）

体態語は人類が顔の表情、視線および体の各部位の動作や
ポーズで情報を交流し、感情を伝達する「ことば」である。

以上、「体態語」（非言語行動）に関する定義はやや表現が違うも
のの、その包括する範囲や表す意味、社会的伝達機能はおよそ似て
いる。つまり、非言語行動とは視線、顔の表情、手つき、身体動作、
人と人との距離などで情報を伝達し、感情を表現し、コミュニケー
ションをとる方法・手段である。

賈玉新（1997: 448–449）は「体態語」（非言語行動）について
詳しく、以下のようにまとめている。

「非言語行動とは言語行動以外の全てを含む、人と環境によって
産出された刺激のことで、こうした刺激は、情報を発する側、受け
手側のどちらにも潜在的情報価値と意義を有している。本書が興味
を持つところは、人々はコミュニケーションの場面で意識するしな
いにかかわらず、刺激または記号を発し受け取っているというこ
とである。（略）非言語行動には、体の動き、手の動き、視線、会
話をしているときの距離、沈黙、音声、語調、発音、絵、図、服装、
および体そのものをも含まれる。これらの非言語行動は情報を交換
し、思想を伝達し、感情や態度を表出し、またコミュニケーション
するもの同士の社会的関係、社会的地位を特徴づけている。」

続けて、「非言語行動の研究には時間学（chronemics）、身体
的距離研究の近接空間学（proxemic）、動作学（kinesics）、触

第5章　非言語行動（体態語）と人物像　　89

覚科学（haptics）、外見的特徴（physical appearance）、視線学
（oculosics）、パラ言語（vocalics/paralanguage）、美声（aesthetic
communication）、匂い（olfactics）等の領域が含まれる」としてい
る。

　またマジョリー・F・ヴァーガス（1987: 27）は、

　　　　対人コミュニケーションとは最小限二人の人間が関わり合う
　　　プロセスである。つまり一人は信号化されたメッセージを持っ
　　　ている送り手、もう一人は受け手で、自分の五官への刺激を近
　　　くし、自分の経験域内で、そのメッセージの意味を解読するの
　　　だ。（略）メッセージ、つまり伝達のための信号は、受け手に
　　　対する合図や刺激となり、聞こえたり、感じられたり、匂って
　　　来たり、味わわれたり、見られたりする。音声やことばと同様
　　　に、身体の外見、ジェスチャー、視線、接触、匂いなどによっ
　　　ても、わたしたちはコミュニケーションが可能だし、また実際
　　　にしているのだ。
　　　　　　　　　　　　　　　　　　　　　　　　　　　　　（p.27）

　　　　多くの非言語的情報というのは、受け手が実際は視覚を通して
　　　得たもので、もし言語的情報と非言語的情報の間に矛盾があれ
　　　ば我々は非言語行動を信じる傾向がある。なぜなら人々は言語よ
　　　り非言語行動に現れるもののほうが信用する価値があると思って
　　　いるからだ。また、人々が非言語行動を信じるもう1つの原因は、
　　　言語の解読は人々が意識して学習したものなのに、非言語メッセ
　　　ージの解読は意識して習得したものではないからだ。

　　　　　　　　　　　　　　　　　　　　　　　　（同 pp.18-19）

と述べている。つまり非言語の解読は天性的である分、情報伝達手
段として重要である。一方、言語の解読は後天的で、意識的で、受
け手側の体験や文化的知識が関係しているということだ。

　中国語の非言語行動研究は1980年代に始まり、次々と中国外の
著作が翻訳されているが、日中、中国アメリカの非言語行動の対照
研究や、異文化交流に関する著作が比較的多い。中国独自の研究
では、「体態語（非言語）成語」と言われる中国語の成語（四字熟
語）と関係した研究がある。つまり中国の成語の中にも非言語行動
を表すものがあり、そうした成語と人物描写の関係に着目し、分類

や分析している（董珍蘭 2006、李麗 2008）。また一部の研究では、非言語行動に男女の別があることを指摘するもの（劉文栄等 2002、魏暁紅 2011b）、あるいは大学キャンパスの中で「指でペンを回す動作」や「Ｖサイン」という非言語行動に着目したものもある（魏暁紅 2011a: 140）。しかしながら、中国人の非言語行動と役割語という観点から見たものはいまだない。

　日本語は性別、年齢、職業などによる言語的差が比較的豊富であるため、中国語に比べて現実生活でもあるいはバーチャルな世界でも、キャラ（人物像）と言語の間に対応する関係が一層明らかである。

　第4章で取り上げた、オネエことばや、学生ことば以外にも、日本語には「老博士ことば」や「武士語」、「平安貴族語」「田舎者ことば」と言った役割語があり、これらはことばの概念である。しかし前述のように中国語の「○○腔」では、日本語の役割語と比べると、非言語行動の要素が重要である。そこでここでは中国語の非言語行動とキャラ（人物像）の関係について検討してみたい。

　非言語行動には一部の地域だけに通用するものと、世界的に共通するものとがある。筆者の観察では、中国では人の動作とキャラもしくは人物像はある程度相関関係があると考えられる。そのためここでは以下の3つの非言語行動を例に中国人の動作と役割語の関係について考えてみたい。3つの動作とは、「背着手（後ろ手）」、「摆弄头发（髪いじり）」、「蹲（しゃがみこみ）」である。

1.　非言語行動意識調査

　第4章では、中国語の伝統的役割語「官腔」、「娘娘腔」、「学生腔」を言語と非言語の面から見てきた。これらのことばにはどのような非言語的要素が代表的なものとして結びついているのか。この人物と非言語の役割語（役割しぐさ）という角度から出発し、「後ろ手」は官僚・指導者達のおよび昔の書生、武将そして老人（男性）のキャラの非言語行動に属し、「髪いじり」は若い女性のキャラ、そして「しゃがみこみ」は農民または農民工のキャラに属する

第5章　非言語行動（体態語）と人物像　　91

ものという仮説をたてた。この仮説を証明するために、非言語に関する意識調査 1.1 およびドラマの観察 1.2 を行った。

1.1　非言語に関する意識調査

アンケートの概要は以下の通り。

調査方法：上記 3 つの動作（後ろ手、髪いじり、しゃがみこみ）について、ネット上にアンケートを作り書き込んでもらった。

調査対象：華中科技大学、中南民族大学、中南財経政法大学、中国地質大学、黒竜江大学、湖南公安高等学校、深圳職業学院等学校の学生および教師、彼らの友人

アンケートサイトのアドレス：http://www.sojump.com/jq/1928957. aspx（アカウント liukuxiang　パスワード mklaoshi）

調査期間：2012 年 12 月 6 日 – 13 日

回答総数：122 人　**性別：**男 49 人（40.16%）、女 73 人（59.84%）

年齢：15-20 才 59 人（48.36%）、21-25 才 57 人（46.72%）、26-30 才 2 人（1.64%）、31-40 才 4 人（3.28%）

学歴：中学校 1 人（0.82%）、高校 3 人（2.46%）、大専 1 人（0.82%）、大学学部生 97 人（79.51%）、修士 14 人（11.48%）、博士 6 人（4.92%）

出身：湖北 44 人（36.07%）、黒竜江 13 人（10.66%）、湖南 10 人（8.2%）、広東 8 人（6.56%）、河北、河南、安徽各 5 人（4.1%）、山東 4 人（3.28%）、福建、広西、内蒙古各 3 人（2.46%）等

アンケート内容；1. どんな人がよく「後ろ手」をしていますか？　2. どんな人がよく髪をいじりますか？　3. どんな人がよくしゃがみますか？の 3 問で選択式、複数回答可である。各項目の選択肢は、まず映画やドラマなどの観察を通じ人物の属性と結びつきがあると思われるものを用意した。

1.2　調査結果

調査結果は以下の通り。

表29　第1問　どんな人がよく「後ろ手」をするか（複数回答可）

項目	小計	%
男	47	38.52 %
女	5	4.1 %
若い人	7	5.74 %
年齢の高い人	88	72.13 %
昔の読書人	85	69.67 %
武将	6	4.92 %
官僚・指導者	90	73.77 %
先生	20	16.39 %
老人	71	58.2 %
子ども	5	4.1 %
回答者数	122	

　結果をみれば、後ろ手をするのは、「官僚・指導者」、「年齢の高い人」、「昔の読書人」がそれぞれ70％以上に達している。男女のイメージ差は「男性」が38.52％で「女性」4.1％である。割合が一番高いのは官僚・指導者の73.77％であり、仮説は実証されたと言えるだろう。

　しかしながら、アンケートにさきがけ、テレビドラマや成語の「連環画（簡単な説明を加えた歴史故事・物語の中国式漫画）」を観察した結果、多くの武将が後ろ手をしている場面をいくつも確認できたが、今回の調査では6人だけが「後ろ手」を「武将」のイメージとしてとらえており、わずか4.92％である。これはおそらく回答者の90％が、90年代生まれの「90後」と呼ばれる世代で、テレビやインターネットを娯楽として持つ世代であり、すでに「連環画」になじみが薄く、彼らの「武将」に対する印象と結びつかなかった可能性もある。中国人が非言語の役割語を学ぶ情報源にも変化が起きているのであろう。

第5章　非言語行動（体態語）と人物像　　93

表30　第2問　どんな人がよく髪いじりをするか（複数回答可）

項目	小計	%
男	31	25.41%
女	104	85.25%
若い人	86	70.49%
年齢の高い人	23	18.85%
回答者数	122	

　次に表30から見てわかるように、髪をいじるのは女性でかつ若い女性のイメージである。女性を選んだ人は85.25%。若い人を選んだのは70.49%である。これは劉文栄等（2002: 211）、魏暁紅（2011b: 201）らの論述の中に「髪をいじる」のは女性のイメージだと指摘されていることと合致している。これについては2節で詳しく検討していく。

表31　第3問　どんな人がよくしゃがみこむか（複数回答可）

項目	小計	%
男	37	30.33%
女	14	11.48%
若い人	23	18.85%
年齢の高い人	27	22.13%
農民	79	64.75%
農民工	99	81.15%
都会人	1	0.82%
ある地方の習慣	78	63.93%
教養のある人	2	1.64%
回答者数	122	

　次に表31から見ると、「しゃがみこむ」という動作は農民工のとる動作というイメージがいちばん多く81.15%になっている。農民のイメージと答えた人は64.75%である。一方「教養のある人」、「都会人」はそれぞれ1.64%と0.82%。と極端に低い。農民より農民工のほうが多いのはなぜかを華中科技大学の学生に聞いてみたところ、たとえば武漢という都市では出稼ぎの農民工が現場などで

しゃがみこんでいるのをよく見かけるからということであった。大学はだいたい都市建設の進む都市にあり、アンケートに協力してくれた大学生たちが実際目にするのは農民より農民工の方が多いということだろう。次に多いのは「ある地方の習慣」の63.93％だった。これはパイロットテストの段階で出てきた回答を受けて本調査に加えたものだが、これもイメージとしては、都会のイメージではないと言う。下記に詳しく述べる。

　上記3つの意識調査の結果から、仮説の「後ろ手と官僚・指導者」、「髪いじりと若い女性」、「しゃがみこむという動作と農民（農民工）」が結びついていることを実証できたと言える。

2. 体態語（非言語行動）とキャラ（人物像）

　日本の舞台作家竹内一郎は『人は見た目が9割』で、俳優が役を演じる時、現実の生活上の人々の動作を俳優たちは模倣する一方で、テレビや映画の演技を通じて、現代人はノンバーバル・コミュニケーション（非言語行動）を学習していく（2005：25）、と述べている。

　それでは、上述の3つの非言語行動は一般の人たちはどこで見かけるのだろうか。まず、周りの中国人や、テレビドラマや映画の人物たちの挙止の観察を行った結果が以下の通りである。

2.1　後ろ手と官僚・指導者のイメージ

　上記1節の調査1の結果から73.77％の人が後ろ手と指導者のイメージを結びつけていることがわかった。次の例を見てみよう。

（1）映画『開国大典』（肖桂雲監督）は、1989年、新中国成立
　　　40周年を記念して制作された映画である。映画の中で毛沢
　　　東や彭徳懐など国家の指導者たちは後ろ手をして立ったり、
　　　歩いたりしている。
　　　またこの映画の中、1949年4月、中南海勤政殿で行われた
　　　「国共和談」で、周恩来首相が後ろ手をして他の幹部たちと
　　　舌戦を戦わすシーンがある。次に、北平双清別荘で、毛沢

第5章　非言語行動（体態語）と人物像　　95

東と国民党幹部の談話のシーンで、代表団の章士釗もまた後ろ手をしながら、毛沢東と2人で歩いて行くシーンがある。
(2) 2006年放送された『国家干部』の第1話で俳優王志文演じる登江市委副書記・常務副市長・夏中民が農村のダムを見学しているシーンでも、やはり後ろ手をして視察をしている。また劇中、劉主任も事務室で後ろ手をして部下たちを叱るというシーンがある。

次に、ドラマや、映画などバーチャルな世界で描かれた国家指導者と、現実世界の中の国家指導者を対比させるために、2012年11月末に3日かけて、ネット検索エンジン「百度」の写真検索機能を利用して毛沢東、胡錦涛、温家宝、習近平の4人の中国国家指導者達の写真、各約800枚を見比べ、彼らの写真の中に何枚後ろ手の写真があるかを調べた。

(1) 毛沢東

調査結果：26枚

キーワード検索で出てきた写真約800枚の中で後ろ手をしているものは26枚あった。注目に値するのはその中の5枚ほどが銅像の写真で、8枚が毛沢東を演じた俳優の写真であったことである。

つまり毛沢東のイメージを作るために、毛沢東を演じる

図3　後ろ手をする毛沢東像

俳優たちは彼の動作を研究し、模倣している。後ろ手もその1つである。時間が経つに従い、人々はドラマや、映画や肖像、銅像を通してだんだんと毛沢東と後ろ手というイメージを持つようになっていったのではないだろうか。

(2) 胡錦涛

調査結果：0枚

　胡錦涛書記の写真約800枚の写真の中で、最も多かったのは他の人たちと握手をしている写真だった。何枚かは両手を胸の前で交差させている写真があった。

(3) 温家宝

調査結果：3枚

約800枚中、3枚だけ後ろ手をして見学をしている写真があった。

(4) 習近平

調査結果：0枚

約800枚の写真の中で後ろ手をしている写真は1枚もなく、むしろ800枚中37枚の写真は、習総書記がおなかの前で両手を交差させている写真であった。これは温和で近寄りやすいイメージを表現しようとしていることと関係しているようだ。

習近平の挙止は現代中国が追い求める「調和のとれた社会（和諧社会）」を体現している。調和のとれた社会（和諧社会）では国家主席は「以人为本（人間性重視）」という指導態度で、近づきやす

図4　明朝第7代皇帝

く、人民に親しみやすいイメージでこそ、人々から支持を受けることができる。

劉文栄等著『身体言語（非言語行動）』（2002: 38）に次のようにある。

> 過去の皇帝たちの龍袍（皇帝の専用官服）は非常に肥大したように大きく、体にはあっていなかった。つまりあのような官服は大臣の蟒袍であろうが七品の下っ端役人の紅袍であれ、どれも一般大衆の衣服より大きく膨らんでいる。現在の指導者たちも身にぴったりした服を着ることはまれで、幅広い服を着ることで自分の体を大きく見せ、もっと大きな領域を占めている。……それとは反対に、腰をかがめ猫背の（お辞儀する）姿勢は多くは劣勢を表している。

毛主席など昔の国家指導者は人々の印象の中で、しばしば大きなコートを着て、あるいは羽織って道を歩いているというイメージがある。一方、現在の国家指導者たちは視察の場合などほとんど体にあったジャンパーを着ている。背広ではかたくるしい印象を与えるし、昔のようなコート姿は体を大きくしてしまう。

現代劇テレビドラマ『蝸居（カタツムリの家）』の中の江州市秘書長宋思明や、『国家干部（国家幹部）』の中の登江市常務副市長夏中民もいつもジャンパーを着ており、以前のような指導者たちが着ていた大きなコートを着てはいない。

これは非言語行動のプロセミックス（近接空間学・Proxemic）や衣服心理学（Psychology for Clothes）に属している問題だと考える。膨らんだ龍袍や分厚いコートは中国の北京などの極寒の冬とも当然関係はあるが、皇帝も新中国建国の指導者達もしばしば服装や挙止を通じて、彼らの地位や威厳を表してきたのである。

現在のような情報化社会では、指導者達はすでに肩で風をきるような大きなコートや、後ろ手と言った非言語行動で彼らの地位や威厳を示す必要はなく、むしろ親しみやすい雰囲気を出す必要がある。

大坊郁夫、神山進共著の『被服と化粧の社会学』の中（1996: 18）で服装と化粧という行為には3つの機能があるとしている。第1は、自己の確認と強化と変容機能で、人々は着る物を通じて自

分とはどのような人かを確認し、そのイメージを強化し、そして自己のイメージ変化を通じて自分自身を変えようとする。第2に情報伝達機能だ。装いを通じて人々に自己の気持ちや感情の要求を伝える。第3に社会的相互作用の促進と抑制である。人々は装いを通して、自己の相手への行為を調整し、あるいは相手は自己に対する行為を調整している。例えばどんな服を着るかは人と人との間を縮め、「親近感」を抱かせ、プラスの評価を呼ぶことさえできる。

　次の興味深い例として映画『建国偉業』が挙げられる。これは2009年に新中国成立60周年を記念して制作・公開された映画である。この映画の中で、毛沢東や周恩来の役柄の俳優たちはもはやほとんど後ろ手をして歩くことがないのである。この映画の20年前に建国40周年を記念して制作された『開国大典』（1989年）では、国家指導者たちは後ろ手で歩いている。だが2009年の『建国偉業』では指導者たちが歩く場面では毛沢東はたった1度だけ、後ろ手をするシーンがあるだけだ。この2009年の『建国偉業』でもう1つ注目すべきシーンは、文学者で評論家でもある聞一多が雲南省昆明の舞台上で演説し、民衆に対して内戦に反対するよう呼びかけるシーンである。彼は右手の拳を観衆に向かって振り上げ熱弁をふるうのだが、「正義是殺不完（正義は死に絶えず）！」と大声で叫び、右手の拳を高く挙げながら、左手はぼんやり下げられたままで、後ろ手になっておらず、ものたりなさがぬぐえない。表29で「後ろ手」のイメージについて問うた結果でも「昔の読書人（インテリ）」と答えた人の数は69.67％という高い割合を出している。だが熱弁をふるう読書人である聞一多先生が片手を後ろ手にしていないのだ。一方、この映画のなかでも、軍事司令官など軍人はいまだに後ろ手をしている。強さや威張ったイメージを出すためには外せない動作と言えるだろう。

　この映画が撮影される前に国家広電総局は何度も方言制限令を出している。つまり、一律に方言による映画の制作を禁じている。2005年の総局の条例ではテレビの司会者は普通話を話さなければならないとし、2009年8月12日には再度オフィシャルサイトを通じて「限制方言令（方言制限令）」を出し、地方劇以外、テレビド

ラマは普通話を主とし、一般的な状況の下では方言や標準的でない
普通話は使用してはならない、重大革命や歴史を題材としたドラマ、
子どもを題材としたテレビドラマや教育宣伝映画などは一律に普通
話の使用を義務づけ、ドラマの中に出てくる国家指導者のことばも
普通話を使用しなければならない、としている。

　つまり、1989年の『開国大典』の中の建国の指導者たちはそれ
ぞれが生まれ故郷の方言を話し、それが毛沢東などを懐かしむ人の
間でことばの響きと結びついて残ったのだが、2009年の『建国偉
業』では、どの指導者たちもすでに故郷の方言を使って話してはい
ない。このような変化は人物の言語の上にだけ表われているのでは
なく、彼らの「後ろ手」をするしないといった非言語行動にも表れ
ているのである。

　将来我々はテレビドラマの中で国家指導者たちが後ろ手をして歩
くシーンを見られなくなるのではないだろうか。

2.2　髪いじりと女性キャラ

　1節のアンケート調査の第2問で85.25%の人が「摆弄头发（髪
の毛をいじる）」のは女性のイメージだと答えている。70.49%の
人は若い人のイメージだと答えており、つまり多くの人が若い女性
の動作のイメージとしてとらえていることがわかる。

　劉文栄等（2002: 211）では女性と髪の毛の関係について次のよ
うに述べている。

　　　ある人は「髪の毛は女性の第二の命である」と言っている。古
　　　代中国では、長いお下げ髪は15、6才の少女を代表していた。
　　　2つの楕円形の髷は未婚を表し、嫁入りのときは後ろに、また
　　　は円型の髷を結っていた。当時、女性の髪型は年齢や身分をあ
　　　らわしていたのである。現在はその時代とは同じではなく、女
　　　性の髪形には特に規定はなく、完全に自己決定によっている。

『戦国策　趙策』に「士为知己者死，女为悦己者容（士は己を知
るもののために死し、女は己を悦ばすもののために形づくる」とい
うことばがあるが、女性たちは自分を愛してくれる男性のために装
う。しかしどうして髪を梳かすことや、髪の毛に触れることが女性

マーカーと言えるのだろうか。そこでそれぞれ1980年代、1990年代、2000年代に作られたテレビドラマで若い女性役を材料として観察研究を行った。

(1) 1987年版『紅楼夢』第4話。侍女である鴬児がお嬢様林黛玉の髪の毛を梳かしている。

(2) 1991年に放送されたテレビドラマ『外来妹（外地から来た娘たち）』第1話。これは1980年代中期に中国が労働制度を緩和し、大量の農村剰余労働力が東南の沿海地区へとなだれ込んだ時代の物語である。湖南省から若い男女が広東に出稼ぎに行く。長い時間バスにゆられ到着した場所は広東で、とても暑い。女性たちは服を脱いで髪の毛を梳かし始める。農村の若い女性たちが、櫛を順番に貸し合って髪の毛を梳かすというシーンだが、面白いのは同じく農村から出てきた若い男性たちは髪を梳かすことはなく立ったままである。

(3) 2008年に放送されたテレビドラマ『知青（知識青年)』。第1話の中で、ある古ぼけた洋館の2階から1人の若い女性が降りてくるシーンがある。彼女は片手に櫛をもって髪を握って梳かしながらゆっくりと階段を下りてくる。

　　ほかにも別のシーンでは、同窓会が開かれ、あるクラスメートの女性がレストランのトイレで髪を直すシーンなどもある。

(4) 2008年に放送された現代劇『我的青春谁做主（私の青春の主人公は誰？)』第1話で4人の女性主人公のうちの1人である小様（シャオヤン）は寧夏から北京の祖母の家に出て来て2日目に、美容室へ行き、髪の毛をストレートにする。若い女性の決意や気持の変化を暗示したものと思われる。

(5) 2009年大人気を博したテレビドラマ『蝸居』（滕華涛監督）の第1話でヒロイン海藻が大学を出たばかりの同棲時代を回顧するシーンでは、彼女の髪の毛は長いが、社会人になってからは髪を短く切っている。

(4)、(5)の例からわかるように、髪型の変化は女性の年齢や身

分の変化のマーカーとして作用している。監督はこのようなマーカー的な若い女性と髪を触る行動、るあるいは髪形の変化にを用いて彼女たちの若さや変化を描き出しているのだと言える。ここでは髪をいじること、髪型が一種の「役割語」的な作用を持っている。

　髪型以外にも、若い女性の特徴と言えば、大きな胸や白い肌などがあるだろう。たとえば、「体態語（非言語）成語」には次のようなものがある。

　肌を描写したことばや成語では、「凝脂（白く光沢のある肌）」、「氷肌玉骨（氷のように清らかな肌）」、手、腕では、「攘袖見素手（袖から見える白い腕）」、腰では「楊柳細腰（柳のようなたおやかな細い腰）」、眉毛では「眉清目秀（眉目秀麗）、目つきは「眸含秋水（誘いかけるようなまなざし）」、歯では「明眸皓歯（大きな瞳と白い歯）」、姿では「婷婷玉立（たおやかな立ち姿）」　など数多くある。

　1987年版ドラマ『紅楼夢』のヒロイン林黛玉は、こうした形容がぴったりの役柄で、演じた女優はそうした美しさを備えていた。そのほかの賈家の娘たち迎春、探春、惜春などそれぞれの役にも腰をかがめたりお辞儀したりとそれぞれの役柄に対応する特徴的なしぐさがある。

　しかしながら、中国の現代テレビドラマの中で、数百年前の若い女性のマナーを演じさせても時代錯誤であるし、子どもも含め多くの視聴者の見る公共のテレビドラマで白い肌や胸の女性美をことさら強調するわけにはいかないため、髪の毛をいじったり、髪型を変えたりということが若い女性を表現する特徴的なしぐさとなっているのではないだろうか。これもまた、繰り返し、中国の監督たちが同じように使用する非言語役割語（役割しぐさ）の1つと言えるだろう。

2.3　「しゃがみこみ」と農民キャラ

　1の調査結果では81.15％の人たちが「しゃがみこみ」を農民工のイメージと捉え、64.75％の人たちが農村の人のイメージとしていた。都会人と答えた人はわずか0.82％、（1人のみ）。ほかに

63.93% の人が「ある地方の習慣」と答えているが、何人かの中国人学生に「ある地方とはどこのことか」と尋ねたところ、ある学生は山西省と言い、ある学生は自分の故郷の江西、またある学生は「河南省の農村の人たちはよく木の下で何人かの近所の人たちとしゃがんで一緒にご飯を食べたりおしゃべりをしたりする」と答えた。これから見れば、ある地方の習慣といっても結局のところ、場所も広範囲に散らばっており、彼らの中のイメージも農村の人たちの動作を指していると言ってよい。

　奥田寛著『中国人の非言語コミュニケーション』(1997: 168) では、中国の連環画の中の中国人の非言語行動について研究を行っているが、その中で奥田は「しゃがむ」という動作は農民がよくとる動作である以外に具体的に下記のようにまとめている。

　　①農民は批判を受けるときにしゃがみこむ（『阿菊』1984 年
　　　江蘇人民出版社）
　　②のんびりと他の人と話をするときにしゃがみこむ（『艶陽天』
　　　1973 年人民美術出版社）
　　③集会のときや、がっかりしたとき、感動したとき、悲しむ時
　　　などにしゃがみ込む

ここではしゃがみこみの詳しい意味を 1 つひとつ定義するつもりはなく、注目するのはその非言語行動と人物像（キャラ）との関係である。代表的な農村テレビドラマや、農村を描いた映画を見るときにやはり農民の「しゃがみこみ」というマーカーを容易に見出すことができる。そのため、これを農民非言語役割語（農民役割しぐさ）とみなすことができると考える。例は次の通り。

（1）喜劇ドラマ『喜耕田的故事（喜耕田の物語）』(2006 年牛
　　建栄監督) 第 1 話。主人公の中年の農民である喜耕田が村
　　の問題として訴えたことに対して、幹部が村へ視察に来る
　　という場面で、数名の農民のおじさんたちが村の木の下で
　　しゃがんで話をしていると、喬書記の車が乗り入れてきて、
　　一人の農民が「ほら、見ろよ、またお車がきたぞ」と指さ
　　して叫ぶ。
　　　第 4 話で喜耕田と息子の青山、喜の妻が水を汲んで飲ん

でいるが3人とも家の外でしゃがんで水をのんでいる。そのあと息子青山がしゃがんでご飯を食べているシーンがある。

(2) 『郷村愛情故事（ふるさとの村愛情物語）』（2006年張惠中監督）は喜劇俳優趙本山が出演するコメディである。中国東北地方の地方色に溢れたドラマで大変な人気を博し続編も作られている。第1話で農村の男女が登場、彼らは田んぼの傍の木の下でしゃがみ込んで水を飲んでいる。また七哥と呼ばれる農民が自分の家の門のところでしゃがみこんで煙草を吸いながら、自分の娘と大卒の男が恋愛関係にあることについて考え込み、そのあと娘を叱りつけるというシーンがある。

(3) 『春草』（2008年鄭暁龍監督）第1話で農村に生まれた主人公の春草は学校へ行かせてもらえず、自分も学校へ行きたいと騒いでハンストをするが、父親母親はしゃがんで彼女の前にご飯の入ったどんぶりを持ってきて春草にご飯を食べろと促す。

(4) 映画『秋菊打官司』（1992年張芸謀監督）物語は中国西北部の小さな山村を舞台としている。秋菊の夫は村長に蹴られて怪我を負ったので、彼女は村長に医療費の賠償を求めに行く。村長はお椀をもって、しゃがんで麺を食べている。

図5　壁の前でしゃがむ農民

このように異なる年代、異なる映画監督、異なる映像作品の中で、

「しゃがみこむ」という非言語行動によって農民というキャラを造型している。奥田（1997）においても中国の農民の代表的動作であると指摘されている通りである。

　「しゃがみ込み」という行為は、日本では1990年代末頃から、コンビニの前で若者たちがしゃがみ込んで話をする風景をよく目にするようになったが、一般の日本の大人なら、めったに外でしゃがんでいることはないだろう。日本の社会ではそうした若者のしゃがみ行為に対して批判する声もあり、当初、若者たちはしゃがみ行為を通して大人の価値観を無視し、反抗を表しているとも言われたが、時間がたつにつれて、あちこちでしゃがむ若者は見られるようになってきたため、批判や意識する人も減って来たようである。日本の農民はしゃがむイメージとは結びついていない。現代日本の監督たちなら「しゃがみこむ」という動作はむしろ若者を造型するために利用するはずである。

　中国人の非言語行動に興味を持ったきっかけは中国に行ったばかりのころのいくつかの体験による。2005年春当時、大学内には大きな市場があり（大学が1つの小さい町になっており、キャンパス内に銀行、郵便局、病院はもとより市場がある）買い物をするとき、安い服を着ていると、八百屋のおばさんに「嫂子，嫂子（ねえさん、ねえさん）」と呼びかけられた。「嫂子（サオズ）」は本来兄嫁を表すが親しみや敬意をこめて呼称語として転用される。またある日、きちんとした服を着ていくと武漢語で「老师，老师要啥私（先生、先生何がいりますか）」と呼びかけれらた。

　また、行ったばかりのころ安い服が売られているため、これほど値段の服があるのかと買って着てみると学生のお母さんに、「その服はちょっと先生としてのイメージとは合わない。買い直した方がいい。」と指摘され、高い服を買いに行った覚えもある。つまり服という非言語に非常に注視しキャラを判定されていることを感じたのである。

　1990年代初期アメリカミシガン州で1年暮らし、夏にミシガン大学で聴講していた時、大学の男の先生はTシャツに短パンで授業に現れた。大変カジュアルだったが、それでも彼が大学の先生で

あることをアメリカ人学生たちが疑うことはなかった。つまりカジュアルかどうかを気にしていない。一方中国の学生は、携帯電話など友達の持ち物にさえ、だれがいくらぐらいのものを持っているかに注視し知っていた。

　外国人の視点でみれば、中国国家の指導者たちの非言語行動には他にも不思議に思える行動はある。たとえば、現在では見られなくなったが、一昔前の、舞台に現れるときなどに、自ら拍手をしながら登場すること。アメリカや日本などの国では国家指導者が現れるときに、自ら拍手しながら登場することはない。おそらくある年齢以上の日本人には「鄧小平」の非言語行動といえばこの自身で拍手しながら登場するというイメージがあるだろう。もし日本人が鄧小平のドラマを制作するとしたら、監督はおそらくこの非言語行動を使用するのではないだろうか。

　また、中国では女性2人が腕を組んで街を歩いているところをよく見かけるが、女性同士の「腕組」は、友情が深いことを表している。日本では女性同士が腕を組んで歩くことは子ども以外にはまずなく、男女のカップルや、仲のいい夫婦ぐらいしか手をつなぎ、腕を組んで歩くことはないだろう。

　以上のような動作も性別や、年齢、社会的地位職業や、あるいは地域性と関連しているため「非言語役割語（役割しぐさ）」と呼べるのではないだろうか。

　倪学礼は著書『電視劇劇作人物論（テレビドラマ劇作人物論）』（2005年中国広播電視出版社）で

　　　創作者たちは、どの人物の特徴をどのように強調し、誇張したらいいかを知っている。テレビドラマは鑑賞する側と放送方法の必要から、劇中人物を迅速にかつ正確に分別できるように、人物の主要な特徴を適度に強調し、誇張することが大変重要である。このような手法によって、人物を環境や様々な役の中から突出させ、視聴者に記憶させることができる。

と言っている。

　日本語の役割語は言語面の差が豊かであるため、日本の脚本家たちはたとえば「女ことば」や「若者ことば」、「奥様ことば」などを

使ってドラマの中の人物を作り上げることができる。近年の調査では、テレビドラマのなかの女性が女ことばを使う割合は現実の女性が使うより多いと報告されているが、いまだに一部使用されている。一方中国語の人物像による言語的差はさほどはっきりしていないために、上述のような非言語（役割しぐさ）がカバーする部分はおそらく日本の非言語役割語がカバーする面より大きいと考えられる。

　本章では、中国のテレビドラマやメディアの中で「非言語役割語（役割しぐさ）」が人物造型に作用していることを論じた。

　人々は「後ろ手」を官僚や指導者に、「髪の毛いじり」を若い女性に、「しゃがんで」話をし、飲食することを農民または農民工の動作と結び付けている。脚本家たちはこのような動作を利用して、つまり非言語行動によって作品中の人物を造型し、視聴者たちは一般的には無意識のうちにそのような非言語行動が意味するものを「解読」している。

　人々のステレオタイプの中の非言語行動も社会の変化や時代の変化とともに変化していくだろう。中国の現代の変化は急速であり、「調和のとれた社会（和諧社会）」では国家指導者は「後ろ手」をしなくなっている。これからの官僚・指導者たちの非言語行動や女性の非言語行動などにどのような変化が現れてくるのか、また中国語の非言語役割語（役割しぐさ）にはほかにどのようなものがあるか注目に値する問題である。

第6章

非言語成語（体態成語）と人物像

　第5章では中国語の非言語行動が特定の人物像と結びついている
かどうかを検討した。特に映画やドラマの中で使われる「後ろ手」、
「髪いじり」、「しゃがみこみ」の動作が一種の「役割語」（役割しぐ
さ）として人物造型に力を発揮していることを指摘した。

　この章で論じるのは主に書きことばの中の描写性「体態語」（描
写性非言語行動）と人物像（キャラ）の関係である。

　以下の面からこの問題を考察する。

　　① 身体と人物像との関連

　　② 動作と人物像との関連

　ここでの目標は、「表現キャラクタ」（定延利之2011: 117）の概
念をもとに、描写性「体態語」と人物像の関係を明らかにし、描写
された非言語行動がどのように老若男女や善玉悪玉のイメージと結
びついているか、またそれと同時にこのような非言語行動を描写す
ることばと外国人が成語（故事などに基づいて作られた慣用的な定
型の語句で、その多くは四文字構成される。）を学ぶ意味について
も言及したい。定延の「表現キャラクタ」については2.1で詳述す
る。

1.　身体と人物像

1.1　身体的特徴と人物像

（マジョリー・F・）ヴァーガス（1987: 17–18）では、非言語コ
ミュニケーションとは、話しことばに付随し、それを補足し、強調
し、ことばの代役を果すこともあると指摘している。

　奥田寛は『中国人の非言語コミュニケーション』（1997年）の中
で、中国の現代小説の中には、身体の一部分を使用して人物像を造

109

型するモデルがあり、身体部分の特徴と「善悪」キャラが結びつい
たモデルがあることを指摘している。

　表34は、その『中国人の非言語コミュニケーション』（1997:
26–52）の中で述べられた身体的特徴と善悪キャラの例を整理し、
表に直したものである。

表34　身体特徴と善悪キャラ

身体部分	善玉	悪玉
髪の毛	満头茂密的黒发（黒々としてびっしり生えた髪の毛）、独角辫子（女の子の1本のおさげ）	秃头（はげ）、光着秃脑袋（はげたあたま）、大背头（オールバック）、＊乌纱帽（昔の文官のかぶる黒い紗で作った帽子）
眉毛と目	剣眉（眉尻のきりっと上がった眉毛）、浓眉大眼（濃い眉毛大きな目）、长眉大眼（長い眉毛大きな目）、宽眉大眼（幅広眉と大きな目）	横眉竖眼（眉をつり上げ目を怒らせる）、立眉横眼（同）、秃眉鼠眼・淡眉鼠眼（薄い眉毛と鼠のような目）、八字眉（八の字眉）
目	大眼睛（大きな目）、老鹰眼（鷹のような目）、猛虎眼（虎のような目）、豹子眼（豹のような目）、杏眼桃腮（杏のようなつぶらな瞳とふくよかな頬）	小眼睛（小さい目）、细眼（細い目）、三角眼（三白眼）、斜眼（斜視）、老鼠眼（鼠目）、蛤蟆眼睛（カエルのような目）、斗鸡眼（内斜視）、猴眼（サル目）、一只眼睛・独眼龙（片目）
鼻	高鼻梁（鼻筋が通っている）	鼻子短（醜い鼻）、大鼻子（ロシア人やドイツ人の蔑称）、鹰嘴鼻眼（鷲鼻）
歯、口	白牙齿（白い歯）、厚嘴唇（厚い唇）	黒牙（黒い歯）、黑黄的牙齿（黒く黄色い歯）、金质牙齿（金歯）、尖嘴（とがった口）
耳	方脸大耳（四角い顔大きな耳）、方面大耳（同）、方头大耳（四角い頭大きな耳）	
顔	轮廓鲜明的脸（輪郭のはっきりした顔）、红脸（赤い顔）、红脸大汉（熱血漢）	长脸（長い顔）、驴脸（ロバ面）、马面鬼（馬面）、三角脸（三角顔）、刀削脸（あごのとがった顔）、蜡黄的脸（ろうそくのような黄色い顔）、紫脸（紫色の顔）

奥田寛『中国人の非言語コミュニケーション』（1997年）pp.26–52より作成

110

表34 から見て、ふさふさした黒い髪の毛や濃い眉、大きな目や
鋭い目などの猛獣の目は「善玉キャラ」ということになる。一方、
小さい目、鼠やカエル、サルのような中小動物の目は「悪玉キャ
ラ」である。また厚い唇、白い歯は「善玉」で、一方で尖った唇や
黒い歯、金歯は「悪玉」、馬面や長い顔も「悪玉」のイメージであ
る。ここから見て、体の各部位はすでに人物像との間に相互に関係
があることがわかる。輪郭のはっきりした顔も「善玉」のイメージ
を与えられているとしている。

　奥田は「役割語」という概念はなく、「コード」または「共示義」
という用語を使用しているが、彼が論じているのは身体と役割（キャ
ラ）の関係である。奥田は、中国の小説の中で、しばしば身体的
特徴が「人格」と関係し、ことに「善玉」「悪玉」の人物像と結び
ついていると言う。格好のよい人物は善玉あるいは英雄の役を与え
られ、身体的欠陥がある人、たとえば、「びっこ」や独眼が悪玉と
して描かれ、しかも、このような身体的特徴と役割の関係は中国革
命小説という虚構の世界の中で、突出していると指摘する。

　奥田が調査した小説は 1970 年代〜80 年代に出版された小説で、
楊嘯（1973）『紅雨』、龔成（1975）『紅石口』、曲波（1977）『林
海雪原』、李英儒（1977）『野火春風斗古城』、周立波（1977）『風
暴驟雨』、『児童文学』（1977、1–2 期）、諶容（1975）『万年青』、
王英先（1979）『楓香樹』、黄春明（1984）『沙哟娜拉、再见』、馬
蜂、西戎（1984）『呂梁英雄伝』である。

　これらの現象はもしかすると時代的制約による可能性もあるが、
以上の例からみれば、身体と人物像には関係があり、中国現代小説
の中では身体的特徴に対してステレオタイプがあって、作家たちが
これらのステレオタイプを使って人物像を造型するという現象があ
ると言うことがわかる。また奥田はオールバックが土匪や特務と言
う悪玉、濃い眉毛が「共産党の指導者」や「抗日英雄」、四角い顔
は革命戦士や、共産党支部書記という善玉で、輪郭のはっきりした
顔は「政治指導者」「公安局長」「文芸工作団員」という善玉として
登場すると指摘する。つまり顔かたちや髪型までが職業とも結びつ
いているわけである。プロパガンダ的革命小説において庶民にわか

第 6 章　非言語成語（体態成語）と人物像　III

りやすい善玉悪玉マーカーとして作家たちが利用したことが考えられる。

　以上奥田の指摘は、これらの作者が身体の一部に「人物像」を「仮託して」表現していることの証明である。本来、個人に属する身体や動作が、文化の影響と制約を受けて、次第に母語を共有するものたちの言語行動（非言語行動）の共通認識となり、利用する「非言語役割語（役割しぐさ）」つまり、「言語資源」となったものである。それに相応するように文学者たちは積極的にそうした役割語としての身体、しぐさあるいは「言語資源」を利用して自己の作品の人物像を造型していることになる。

　中国人研究者である友人が、中国では、サスペンスドラマなどのアテレコで悪役は声まで悪役らしい声であるため、「すぐ犯人がわかってしまうから面白くない」と視聴者から投書があったことがあると話してくれたことがある。ことばが役割語として役割を表現する部分が少ない言語では、声までが悪玉の声をしているということになる。

1.2　「写人学」と男女の身体的比喩（躯体喩）

再び、金水（2003）「役割語」の定義を挙げて考察する。

> ある特定の言葉づかい（語彙・語法・言い回し・イントネーション等）を聞くと特定の人物像（年齢、性別、職業、階層、時代、容姿・風貌、性格等）を思い浮かべることができるとき、あるいはある特定の人物像を提示されると、その人物像が使用しそうな言葉づかいを思い浮かべることができるとき、その言葉づかいを「役割語」と呼ぶ。

（金水敏『ヴァーチャル日本語 役割語の謎』（2003））

　役割語のこの定義以外に指摘されている重要な特徴は「バーチャル性」である。日本語の「役割語」は必ずしも自然言語に存在するとは限らず、文学などの創造の中で作家たちが特定の人物像を描き出すために作り出した一種の表現方法であり、こうした表現方法が教育や、メディア、演劇、ドラマなどで繰り返し使用され固定化され、継承されてきたものだ。

ここからわかるように、「役割語」とは、同じ母語話者が共通認識として継承してきた「人を描く方法」である。人々が現実の生活の中でも使用すると同時に、作家や、劇作家たちが創作を通してバーチャルな世界で繰り返し使用することで拡散、維持される。

　日本語の「役割語」の研究は、金水が日本語史研究の角度から指摘したものでもあり、文学作品は、母語話者たちが使用する「役割語」の非常に重要なリソースの1つであるとしている。そのため文学研究と言語研究を合わせて役割語を考えることができればより多くの成果が期待できる。

　中国の研究者・李桂奎は、中国の元明清末文学研究者だが、文学研究の古い枠を飛び出し、劇作の「戯曲役割」および、社会学の社会的役割理論とジェンダー理論をもとに、2008年に「写人研究（人物描写研究）」という新しい学問体系を打ち立て『中国小説写人学』という本を出版している（新華出版社）。彼はアメリカの社会学者オーウェン・ゴッフマンの説を引いて

　　社会的役割は、「人々が社会的地位や身分に対して期待する個
　　人がとるふさわしい行動のこと」を指すとし、この「角色理論
　　（役割）理論」が「写人学」の研究に運用できる。　　（2008：11）

としている。第2章で紹介した李の研究は中国の言語学者・王徳春らの研究の継承ではなく、文学研究の面から同様に社会心理学の役割理論を応用しつつ、中国古典文学のその人物の描き方について論じている点が注目に値する。

　李は、東晋の画家・顧愷之などの言を引用しながら、「写」は「画」に通じ、「写」とは絵画や小説の両方に共通しているもので、民族文化的な特徴をもっともよく示しているため、「写人学」という用語を使うとしている（2008：18）。「写人学」とは人を描く学問ということになる。

　具体的には『中国小説写人学』の中で、中国古典小説の中の「身体喩（身体比喩）」、「姿態造型（動作と人物像）」といった問題を考察しており、中国語の役割語研究にとって非常に参考価値がある。

　まず李はこれまでの中国の古典文学の「写人研究」を紹介し、写人研究には2つの側面があると言っている。

1つは「人物論」と「人物譜」の研究で、主に小説の登場人物の道徳的評価や性格を分析するもので、具体的には『紅楼夢人物論』（1948）、孟超『金瓶梅人物論』（1960）、李希凡『論中国古典小説的芸術形象』（1960）、石昌渝・尹恭弘『金瓶梅人物譜』（1988）、朱一玄『紅楼夢人物譜』（1997）等がある。

2つ目は、「人物描写」あるいは「人物造型」の角度からの研究で、テキストの中の「写人」技法を例証しながら評論するもので、例えば呉調公の『談人物描写』（1979）、王先霈『小説技巧探賞』（1986）、冉欲達『文学描写技術』（1988）、馬振方『小説芸術論稿』（1991）、張稔穰『中国古代小説芸術教程』（1991）、傅騰霄『小説技巧』（1992）、劉上生『中国古代小説芸術史』（1993）、寧宗一らの『中国小説通論』（1995）、孟昭連・寧宗一『中国小説芸術史』（2003）など。またこの2つの研究を融合させた研究もあり、例えば、聶石樵主編の『古代文献学中人物形象論稿』（北京首都師範大学出版社、2000年）は原型とモチーフの角度からテキストを観察、文学の「写人」の研究に新しい道標をつけ、全体的に見ると、この100年の中国古典小説研究では、1の人物論・人物譜の研究に力が多く注がれ、2の人物描写の中にある文化的含意の考察が不十分であると述べている。また戯曲における「写人理論」も重要であるという（pp.2–4）。

つぎに、李の「写人学」から「物象比喩」、「秀色可餐」、女性の植物化と男性の動物化、「聖人異貌」などのキーワードから「成語の中の性差」について紹介したい。

「物象比喩（人をもので喩える）」伝統

李桂奎（2008: 30–34）では先人の研究成果を参考に、中国古典小説の中の「躯体喩物（身体比喩）」の伝統を以下のように整理している。

　　「物象比喩」の伝統の中でまず、南朝時代の劉義慶の『世説新語』が重要な位置を占めている。例えば『世説新語』容止篇に「有人叹王恭性貌者、云：'濯濯如春月柳'」（ある人が王恭の体形を賛嘆していった。「濯濯（つやつや）として春の柳のごと

し」）とある。

といい、春の「柳」というつややかで生き生きしたものを使って王恭という人物の垢ぬけた様を描写し、他にも「千丈松」や「雲中白鶴（雲の中の白鶴のように志が高く立派な）」、「璞玉揮金（原石のよさ・生まれつきのよい資質）」、「玉人（容姿が美しく人格が高い人）」等がありこれらのことばは修飾語に当たるが「物我合一（物と人とが一体）」という修辞効果があって、『世説新語』はその時代の人々に身体と自然との関連について深く意識させていると言う。

その後、宋元期には「話本小説」（講釈師の種本をもとに作られた短編の白話小説集）の作者たちが古典の詩詞から「物を以て人に喩える」という風潮を引き起こしたが、それが通俗化してしまい、女性の体を「方物（ものになぞらえて）」描くことが、一種の常套的な、表現方法となった。

たとえば『西湖三塔記』（明代・講釈師の語りを文字化したもの）で白蛇が女の怪に変身したとき、

　　緑雲堆髪、白雪凝肤。（緑雲の集まったような髪、白雪のような肌）

　　眼横秋水之波、眉插春山之黛。（流し眼は秋水の波のようで、眉は春山の黛で画いたよう）

　　桃萼淡粧紅脸、櫻珠軽点絳唇。（桃の萼のような淡い化粧に紅色のかんばせ、さくらんぼのような赤い唇）

　　歩鞋衬小小金蓮、玉指露纤纤春笋　（歩く足元は小さい金蓮（纏足）、玉のような指は細いとがった春のたけのこのようだ）

のように表現している。

これらの一連の「人を物で喩える」組み合わせは、他にも「云鬢（雲のような鬢）」、「蛾嵋（蛾のような眉）」、「杏眼（杏のような目）」、「櫻桃唇（さくらんぼの唇）」、「桃面（桃のような顔）」、「玉臂（玉のような腕）」、「冰肤（氷のように白く美しい肌）」といった表現があり、これらは小説の世界に溢れすぎてしまい、使いまわされるようになり、生気のない「死喩（死んだ比喩）」となったと言う。

その後、明清時代の章回小説（回を分けて記述された口語小説）

の中で、人物の体の描写は次第に顔から体全体へと移り、「英雄壮貌」や「美女柔形」といった体つきへと移り、身体の「物化」が起きて、再び描写に一定の生命力を注ぎ込むことになった。

　たとえば、『三国志演義』第1回、劉備の登場シーンでは「面如冠玉、唇若涂脂（顔は玉の帽子飾りのような美男子、唇は紅をさしたよう）」と高貴の相貌を付与され、劉備からみた張飛は「豹頭環眼（豹の頭丸い目）、燕頷胡須（燕のような豊かな顎と虎のような鬚）、声如巨雷（声は大きな雷のようで）、勢若奔馬（勢いは奔馬のよう）」と表現されている。関羽は「面如重棗（顔は棗の実のように赤く）、唇若塗脂（唇は紅を塗ったよう）、丹鳳眼（切れ長の目）、卧蚕眉（蚕が寝そべったような三日月眉）、相貌堂堂（堂々とした体つき）、威風凛凛（威厳があっててりりしい）」となっている。

　明代後期の小説の中では、「方物（ものになぞらえる）」の筆法で「美女柔形」を描くことがブームとなった。たとえば『金瓶梅詞話』第2回の中では藩金蓮の体形を描写し「一捻捻楊柳腰儿（くねくねした柳腰）、軟濃濃粉白肚儿（柔らかくて白い腹）、窄星星尖翹脚儿（流れ星のように細く跳ね上がったつま先）、肉奶奶的胸儿（肉付きのよいおっぱい）、白生生的腿儿（まっしろしろな太もも）……」としている。『金瓶梅詞話』は継承される過程で原文にはなかった多くの「物になぞらえる」修飾語句をはめ込むようになった。

　その後「才子佳人」の小説で「以物喩人（物で人に喩える）」という表現モデルがまた「千人一面（千人の顔も一つ）」といった様相を呈してしまった。つまり陳腐な表現に落ちたわけである。

　清代初期の曹雪芹は『紅楼夢』を書いて、こうした陳腐な「死喩（生気のない比喩）」に息を吹き込み、千人一面の局面がかなり改善された。例えば、第3回、主人公・宝玉の目から見たヒロイン黛玉の顔について、作者・曹雪芹は、

　　両弯似蹙非蹙罥烟眉（弧を描き、まるで眉をひそめたようでそうでない煙るような2つの眉毛）

　　一双似喜非喜含情目（一対の嬉しそうでまた悲しそうな憂いを含んだ目）

　　態生両靨之愁，嬌襲一身之病（2つのえくぼに潜む憂いと、た

おやかでいつも病気がちな体）

と表現している。

　次に清代短篇小説界で、曹雪芹よりやや早く生まれた蒲松齢が著した『聊斎志異』の中の花や狐の妖怪たちは、基本的にそれぞれ「物化」した体をしていると指摘している。たとえば『聶小倩』の中の聶小倩は

　　　肌映流霞，足翹細筍（肌は流れる霞のよう、小またの切れあがった脚は小さい筍のようだ）

と表現されている。

　以上、李の「写人学」pp.30–34 から南朝〜明清時代の小説に現れる「物で人の体を譬える」表現の伝統と移り変わりをまとめた。

秀色可餐（食べたいほど美しい）

　李桂奎は他に身体と比喩の関係で「秀色可餐（食べたいほど美しい）」という成語を例として挙げている。李は台湾の研究者・陳益源が、明清の艶情小説では、食べ物で人の体を形容していること、また別の研究者葉舒憲が『高唐神女与維納斯（中西文化中的愛与美主題）（高唐神女とビーナス―中国と西洋文化における愛と美をテーマに―）』（1997）という本の中で西洋やインドの「性美学」の概念に対して、中国特色の美学として「食美学」という概念を提出した（葉舒憲 1997: 278–294）と述べている。

　具体的には生殖器官の「話しことば化」であり、秀色可餐（成語・食べたいほど美しい）という直接的な感覚で、人は性的飢餓を情愛に置き換え、女性を即物的な「植物」として、比喩の前提を提供し、野菜類たとえば「春筍（春の筍）」、「蓮藕（れんこん）」や果物類「桜桃（さくらんぼ）」等を女性美の比喩体として使っている（pp.40–42）。

　ここで注目すべきは、これらはどれも非常に実用的な食べ物や野菜で、それを比喩に用いているということである。前掲「物象比喩（人をもので喩える）」にも例示したが、日本では「筍」や「蓮根」など実用的で、特に美的ではない食べ物を女性のほめことばの比喩として用いる例はあまりないだろう。たとえば日本語の中には「大

根足」という表現があるが色白はよいとしても、大根足といわれて喜ぶ日本人女性はあまりいないだろう。このように中国の女性に対して用いられる野菜の比喩は、食欲と「秀色可餐（食べたいほど美しい）」の直感的結びつきとその表現化の強さを示すものだろう。

女性の植物化と男性の動物化

　李は次に「英雄状貌」というロジックのもとで、女性の植物化に対して男性の「動物化」があると言う。この比喩現象は、成語では「虎体狼腰（虎の体、オオカミのような強い腰）、豹頭猿臂（豹のような頭、猿のような強い腕）（『三国志演義』五回）」、「獅子下雲端（獅子が雲の端から飛び降りるような力強さ）『水滸伝二十三回』等などの表現があることを指摘している。これは女性の「美女柔形」文化の中の女性の「植物化」、たとえば「月貌花容（月の肢体、花のかんばせ）、「如花似玉（花のようで玉のような）」、「面如桃花（顔は桃の花のような）などの表現と明らかに対比となっているという。

　また、動物化比喩では、中国古代小説が英雄を描くには次の4つのタイプがあると指摘する。

　　①馬に乗り偉業をなす英雄
　　②流れ者任侠的英雄
　　③神話の世界で妖怪をやっつける英雄
　　④女性を漁って獲物を追って駆け巡る英雄

　それぞれ異なる時空のなかで「動物化」した肖像権を得ていると言う（李2008：49–52）。

聖人異貌

　李は、古代の聖人は一言で表すなら「聖人皆有表異（聖人はみな姿かたちが異様である）」と言う特徴があると言う。

　例えば『孝経・援神契』では「堯は鳥庭（おでこの隆起）、荷勝（不明）、八眉（八の字眉）」、「舜は龍顔（龍のような眉骨が出ている顔、のちに帝王の顔の尊称）、重童（童＝瞳、眼の中に瞳孔が2つある眼）、大口」とある。

近代の文学者聞一多は楊伯峻の『列子集釈』の解説を引用して「故に諸聖人の多くは奇表（普通ではない容貌）あり、蛇身人面の如き、牛首虎鼻である」と言い、これらの「異貌」の観念が生まれた原因は、社会の発展に従って、上層社会の人々が自分たちと農民たちとの距離を保つために、自分たちの体を異彩を放つ様々な「動物」で美化し、生まれつき体形が異なっているのだという神話を念入りに作り上げ、「異形」とう観念を政治化・社会化したからだと説明している（李2008：69–70）。

　確かに、伝説上の漢字を発明したとされる蒼頡もその顔には4つの目があることになっている。

成語の中のジェンダー

　動植物の角度からジェンダーの喩体を分析している研究は李以外にもあり、直接ジェンダーの角度から喩体に分析を加えている。

　例えば、銭進（2003）は、成語と俗語の中に描かれた性差を次のように指摘している。

　①言語行動そのものに性別による差がある。

　　女性は話好きであるということを示す成語「女子多言」「婦有長舌（女性には長い舌が生えている）」など。また「水性楊花（尻軽女）」のように男性目線で語られている。

　②容貌の評価に性別による差があるものがある。

　　「男才女貌（男は才能、女性は美貌）」。伝統的なジェンダー文化が女性の容貌を重視していることを表しているし、『中華成語大詞典』の中で女性の容貌肢体を描写するものは229あり、その中でも若い女性を描写する成語は200以上を占め、一方、男性（の美貌）を表現することばは少ない。未婚の若い女性の容貌の描写が多いのは男性目線における女性の容貌に対する期待を表しているからで、既婚女性あるいは老女の容貌に関する成語もあるが、それは「残花敗柳（枯れ残った花、萎れた柳）」などである。

　③婚姻関係の性差。

　　男女に対する期待に差がある。「才子佳人」、「郎才女貌」（ど

ちらも男は才能、女性は美貌の意）

④貞操観念の性差。

「黄花女（処女）」、「守身如玉（玉のごとく貞操を守る）」など。

⑤社会的地位と期待の性差。

「交際花（八方美人）」、「書中自有顔如玉」（本の中に玉のかんばせあり＝勉強して偉くなれば美人を娶ることができる）。

⑥罵りことばの性差。

女性に対して「狐狸精（狐のようにだます女）」、「美人計（つつもたせ）」、男性では「王八蛋（亀の卵、妻を寝取られた間抜けな夫）」、「烏亀（左同）」といった言い方がある。

男性の描写は「強者モデル」で女性は「弱者モデル」ということができる。「男性目線」からの要素が、性差にある原型の強弱モデルを決めている。女性とは１つの「失声的集団（発言権のない集団）」（イギリス人類学者アダム・ナイの説）で、男性を動物に喩えるのは無標であるが、女性の比喩として使う場合の多くはけなしことばになる。例えば、男性を譬える「小老虎（小さな虎）」は、言われた方は悦ぶが、女性に対する「母老虎（母虎あばずれ女）」や「胭脂虎（気性の荒い女）」等の女性を描写する語彙は誰もお世辞として使うことはない（銭進 2003: 54–56）。

　以上から見て、中国小説の人物の描き方には男女の違いがあり、特に「物に喩える」方法として、男性の身体は「動物化」され、一方で女性のイメージはすなわち男性からの視点の要素が決定するのであり、女性には発言権はなかったのである。

　李の「写人学」では周代に始まる「品色衣」（官位の差によって青、白、黄色、紫、赤、緑、黒など着衣の色が決められた）についても言及しており、色と人物像にも関係があると言う。例えば、紫は通時的に徐々に昇格し唐代では三品以上で「黄色」に次ぐ位の色の官位を表す色となった。そうして官職に合わせた高貴な色が現われたため、だからこそ「故郷へ錦をかざる」と言うことばが意味を持つことを、『水滸伝』や、『金瓶梅』などを例に、役割の転換と服

の色の転換との関係も指摘している。が、本書では、主に身体と比喩と人物への論考にとどめ、色と人物描写について詳しく論じない。

2.　動作と人物像

　1節で中国小説の中で身体と「人格」、特に善悪の役割イメージとに関係があることについて考察した。次に伝統的な「身体の比喩」とそのジェンダー（男女差）の関係を考察した。2節では身体と動作および行動との関係について考察する。

　まず、暁明（1995: 54）では、権延赤の著作『走下聖壇的周恩来』を引いてその言語、非言語行動を分析している。

　　“你无组织无纪律！”总理的<u>浓眉毛</u>刹那间<u>扬起</u>、<u>目光灼灼</u>、朝着陈毅急走几步，像是要有所动作，但<u>猛地又停住步</u>，<u>用力盯一眼陈毅</u>，转身又是几个急步，立到办公桌旁。这次总理没有往桌上拍巴掌，而是背对着陈毅<u>虚握了拳，砰砰敲了三声桌子</u>“这是不允许的。”

　　「君には組織もなく規律もない！」周恩来総理の<u>太い眉</u>はとっさに<u>釣り上がり</u>、<u>眼光は鋭く</u>、急ぎ足で陳毅に向かって行った。すべての動作が<u>猛攻</u>であるかと思うと脚を止め、力を入れて陳毅を<u>睨みつけ</u>、<u>身をひるがえして</u>てまた事務机の傍に戻った。そして総理は陳毅に背を向けて<u>空しく握りこぶしを握り、ドンドンドンと机を3回叩いた</u>。「これは許されないことだ。」

　これは、周恩来総理が、陳毅外相が第1回国際会議上で過ちを犯したことを厳しく批判した場面である。暁明は周首相の非言語「眉毛が刹那に釣り上がり、眼光鋭く」、「陳毅を睨みつけ」、「急ぎ駆け寄り」、「また足を止め」、「身をひるがえしてまた、事務机の傍に戻り」、「空しく拳を握り、ドンドンドンと机を3回叩いた」という一連の非言語行動に注目し、声のあることば（セリフ）は少ないが、これらの無声の身体的言語が強烈に描写されることで、周総理の怒りが十分表現し尽くされて、その発話が重みを持ち、一言ひとことが人の心を震わし、問題の重要性を認識させ、談話的効果をあげているとしている。

また続けて、「身体言語（非言語行動）」は有声言語に対して補足される修辞的効果があって①漠然とした事物のイメージがいっそう鮮明になる。②複雑な感情をよりはっきりさせることができる。③語義の欠落した部分を補完することができ、曖昧模糊とした事物や対象が身体言語（非言語行動）を使用することにより、意味を完成できると言っている。

　ここで注目に値するのは「眉毛を刹那に釣りあげ」という周総理のイメージがp.109 1.1節で言及した、中国の革命の英雄のイメージと重なることである。顔の表情、体、濃い眉、これら体の体態語（非言語行動）が、周総理が善玉であること、そして「揚起（釣りあげる）」などの動作との相乗効果で激しい感情がより明確になっているという点である。

2.1　日本の「表現キャラクタ」の概念

　金水敏（2003）は「人物像」という用語を用い、人々が熟知した概念であるとしてこれについて特別に詳しい説明や定義をしていない。金水の言う「役割語」や「人物像」という概念に従って、定延利之は言語学とコミュニケーション学の立場から「キャラクタ」と言語の関係を考察し、言語と人物像（キャラクタ）の関係には下記の3つがあるとした（2011: 110–111）。

　第一の結びつき方は、ことばがキャラクタを表すというものである。たとえば、年配の男性を評して「あの人は『坊っちゃん』だ」「あいつは『子ども』だ」などと評するとき、「坊っちゃん」「子ども」といったことばは、その人物の自己中心的な、あるいは幼児的なキャラクタを直接表している。

　第二の結びつき方は、ことばが、そのことばの内容だけでなく、そのことばを発するキャラクタを、暗に示すというものである。

　「そうじゃ、わしが知っておる」は、老人博士のことば、「そうですわよ、わたくしが存じておりますわ」はお嬢様のことばといった金水敏『ヴァーチャル日本語 役割語の謎』（2003）の「役割語」の指摘は、この結びつき方についてのものである。

　定延はこうした話し手の話し方がそのキャラクタを暗示するとき

「発話キャラクタ」と呼び、次の「表現キャラクタ」とは区別している。

第三の結びつき方は、「表現キャラクタ」と定延が名付けるもので、「動作を表現することば」が、その動作を行うキャラクタ（人物像）までを暗に示すものである。たとえば、ある人物について「たたずんでいる」などと言えば、その人物がそれなりの雰囲気を備えた「大人」キャラであることが暗に示され、「ニタリとほくそ笑む」は単にかすかにほほ笑んでいることを表すのではなく、「悪者」キャラが暗示されている。

定延はこの第三の結合方法についてことばが動作を表現し、その動作をする人物イメージを表すとき、「表現キャラクタ」と呼ぶとしている。

「表現キャラクタ」が「動作を表し、その動作をする主体のキャラクタを暗示する」ことばであるならば、中国語の中でこうした動作を表すことばが、動作者のキャラクタを表すとき、どのような表現がなされるのだろうか。

なお、定延は「キャラクタ」を適宜略して「キャラ」としている（2011:11）。また、金水は「人物像」と呼んでいるため、本書の中国語版では、この３つを中国語で「角色（役割・キャラ）」という一つのことばで表現したが、日本語版では、翻訳の文脈上、「人物イメージ」としたほうがふさわしいと思えるところでは、「人物イメージ（人物像）」ということばを使用し、「キャラクタ、キャラ、人物像」の用語は、改めて定義をすることなく「役割語を話したり、役割語で表現される人物像」を意味するところで使用している。古典小説の主人公などで「キャラ」という用語ではイメージとふさわしくない場合「人物像」という用語を使用した。

2.2 写人学と動作

坐る人物、立つ人物

李桂奎（2008:125–141）は『中国小説写人学』のなかでポーズと人物の関係を論じている。中国の礼俗制度では「主坐従立（主は坐り、従者は立つ）、「尊坐卑立（上位者は坐り下位者は立つ）」、

「長坐幼立（年長者は座り、年下は立つ）」ということが、常識とみなされてきたと言う（李桂奎 2008: 125–140）。

　例えば『三国志演義』第二回中で、「玄徳在稠人広坐、関、張侍立（劉備玄徳は多くの人の中にありて坐り、関羽、張飛は侍して立つ）」とあり、『西遊記』第五十回では「請唐僧座在中間；猪八戒、沙僧侍立左右。（三蔵法師様は間にお座りいただき、猪八戒と沙悟浄は侍して左右に立った。）」とあり、また『紅楼夢』第六回には、「平児站在炕沿辺、捧着小小的一个填漆茶盤（平児はオンドルの近くに、小さい填漆のお盆を捧げ持って立った。）」とあることを例に挙げている。

　また李は『三国志演義』を調査し、武将である関羽と張飛は多くの場合、「立ち姿」で「登場し」これが「男の中の男」が天を仰いで大地に立つ気迫に対する人々の期待を表し、逆に『三国志演義』の諸葛亮は、登場時のほとんどが「坐」態であることを見つけた。李の統計によれば、演義全体で 13 回、モデル化された諸葛亮の「坐」姿が描き出され、それによって諸葛亮の落ち着いて泰然自若とした儒者的優雅さが十分に表現されている。例えば、「綸巾道服、座在船頭上（絹の頭巾に道士服で、船の舳先に座っている）」（第四十二回）、「座車揺扇（車に座り、扇を揺らす）」（第五十二回）といったぐあいである。

　李桂奎は、中国古典小説には「文座武立（文人は座り、武人は立つ）」という身体ポーズの描写が大衆文化の中で認知され、繰り返し使われ、そのモデル（様式）は勝手に換えることができないものとなり、それは『聊斎志異』の中にもあって、例えば、作者・蒲松齢は書生の造型に「夜独座（夜独座する）者」のイメージを与えていると指摘する。

　「文座武立」が大衆文化で認知されている以外に、「座忘（静坐）」ということが本来道教の追い求める一種の理想の境地であり、道士の修業は「座」することを以て基本姿勢と言い、『三国志演義』の中で諸葛亮のイメージは「道徒（道教を学ぶもの）」化していると李は総括している。

　ここからわかるのは、中国語の「表現キャラクタ」あるいは動作

マーカーはその動作主体との間に明らかな関係が成立するもの（立か坐か）があり、それは社会的地位や宗教的イメージまで表すことがあるということである。

2.3 体態成語（非言語成語）

次に成語と動作の関係をみていく。中国語の中には「坐臥不安（いてもたってもいられない）」などのような人の非言語行動を表す四字熟語が非常に豊富にある。研究者たちはこれを「体態成語（非言語成語）」と呼んでいる。体態成語は一種の非言語行動に基づいた成語で、それは非言語行動を通して人々の感情や様子を描写しており、非常に豊かな表現力を有している。

2.3.1 体態成語（非言語成語）の定義

まず「体態成語」の定義を見てみよう。

郭伏良・呉継章（1997）周俊英・付欣辰（2005）、董珍蘭（2006）において「体態成語とは、非言語行動を描写した成語である。」ととらえ、解釈も大同小異だが、董は「非言語行動が社会生活の中で機能していくうちに、ある種の非言語が人々の中で繰り返し使用され、ことばの中で固定化し、非言語を含んだ言語表現を形成していった。これらの言語の中の非言語は人々の長きにわたる言語コミュニケーションの中で次第に特定の情報、構造、意義の固定が完成し、説得力のある定型的な、ステレオタイプなフレーズ、表現となった。これがつまり体態成語であり、体態成語とはすなわち一種の特殊な成語である」（董珍蘭 2006: 2）としている。

本書ではこの非言語行動を描写した四字熟語を、「体態成語」と呼ぶ。

郭伏良・呉継章（1997: 64）は成語の中には（故事成語が多いため）文語成分が保存され、古代の非言語も比較的多く保存された一種の「化石」であると表現している。例えば「拂袖而去（袖を払って去っていく）」などだ。また続けて「異なる時代、ことに長期にわたった封建主義の時代における異なる身分、異なる性別の人々に対する挙止の規範が理解できるであろう。」と言っているが、具体

的な成語と人物像の分類は行っていない。

2.3.2 体態成語の分類と特徴

郭伏良・呉継章（1997: 63–64）は、体態成語を 4 つに分類している。①手の動作を描写したもの。「抓耳撓腮（頭を抱える）」②体の動きを描写したもの。「交頭接耳（頭と頭を近づけ口を耳につける。耳元でひそひそ話をする）」③表情を描写したもの。「喜气洋洋（喜色満面、喜びがあふれている）」④眼差しを描写したもの。「目瞪口呆（目が点になって口が開いている。あっけにとられる）」、である。

李麗（2008）は体態成語を描写の仕方によって次のように分類している。

（1）動態無声（動きはあるが音はない）もの。例、「横眉立目（眉をつり上げて怒る）」等。

（2）静態無声（動きがなく音もない）もの。例、「呆若木鶏（木で作った鶏のようにぼんやりしている）」等。

（3）動静態有声（静・動両方あり音もある）もの。例、「掌声雷動（割れるような拍手）」、「窃窃私語（ひそひそ話す）」、「笑語嘎嘎（げらげら笑って話す）」等。

次に李麗は耿二岭の体態語研究の角度からの分類を紹介している。

（1）直接模写。例、「袖手旁観（袋手をし、手をこまぬいてみる）」、「点頭哈腰（うなづきぺこぺこお辞儀をする）」。

（2）間接模写。例、「心神不安（気持ちがそわそわしている）」、「綽約多姿（女性の動き方。しなやかで美しい）」。

（3）たとえの模写。例、「鵝行鴨歩（ガチョウやカモのようにのろのろ歩く）」、「狼呑虎咽（オオカミやとらのようにがつがつ食べる）」など。

となっている。

そのほか、李麗は体態成語の特徴として、

（1）非言語は表面的なもので意味は言外にある。

（2）表情性の非言語が主体で、感情を表情という非言語によって伝えている。

としている。

他にも体態語に関する分類では董世福・龍永発（1995）などがあり、他に英語の体態イディオムとの比較研究では周俊英・付欣辰（2005）がある。これらの研究者たちが検討している主な内容は、分類法、語義、修辞法などである。趙昆艶（2005）は体態成語とは成語が非言語を借りて表現を豊かにしているといい、また、同じ動作が違う意味を持つことを指摘している。たとえば「拍案叫絶」「拍案而起」では動作は「拍案（机を叩く）」ということで同じだが、前者は賛美の意味になり、後者は憤然として机をたたいて立ち上がることで意味の違いが生じている。

　董珍蘭（2006: 2）は体態成語の歴史的研究成果をまとめ、1985年に出版された『分類成語詞典』（王理嘉・侯学超編）の中で編集者たちは、すでに体態成語の存在に気づいていており、1988年出版の『漢語成語分類大詞典』（王勤・馬国凡等編）でも、「体態類」がリストアップされ、1989年出版の『中国成語大分類詞典』（韓省之主編）では、「人物門」の下位分類に「表情類」、「人品性格類」、「女性類」、「苦痛と歓喜類」、「耳目視聴類」があると述べている。

　先行研究はさまざまあるが、体態成語とそれが暗示する人物像について詳しく検討している研究は管見の限りではない。これらの体態成語と定延（2011）の言う「表現キャラクタ」は非常に深い関係があると考えている。つまり「動作主体のキャラクタを暗示する」表現という点で考察できる。ここでは日本の役割語の角度から、ことに定延の言う「表現キャラクタ」の視点から中国語の体態成語を検討したい。それは成語の正しい理解と運用にも役に立つと考えている。

2.4　体態成語（非言語成語）と人物像分類と中国語学習への応用

　董珍蘭（2006）では、「面紅耳赤（頬と耳までを赤らめる）」、「扭捏作态（しなを作る）」、「暗送秋波（流し眼をする）」、「眉来眼去（目配せをする）」等の体態成語を列挙し、これらは典型的な、「表情による情意伝達」の体態成語であるという。だが、これらの成語とその描写される対象の間にどのような関係が存在しているか

は言及していない。ここでその関係をもう少し明確にしたい。それはおそらく中国語学習者たちが最も苦労する成語の習得にも一定の効果があると考える。どのような体態成語が老若男女の人物像をそれぞれ表しているのか、あるいは好悪の印象が付随しているか、つまり役割語の角度から整理すれば、中国語の成語学習にも役立つはずである。

そこで人物像による体態成語の分類を行ってみた（表33–35）。分類に当たっては、董珍蘭（2006）で使用された同じ成語字典が入手できなかったため、同様な分類をする『分類成語詞典』（李晋林・陳頌琴主編、2007年、吉林教育出版社）を使用した。この辞典には1万300ほどの成語が収録され、10のカテゴリーに分類されている。①形体類、②心理類、③品徳類、④行動類、⑤社会類、⑥生活類、⑦言語類、⑧文教類、⑨軍事類、⑩事理（法則・因果など）類の10である。筆者は①形体類が体態成語に当たると判断し、人物像による分類を行った。

形体類には、下位分類として肖像（1容貌、2服飾）、情態（1体態、2動態、3表情、4雰囲気）が含まれている。

まず「善悪」イメージと「男・女・両性への使用」を基準に分類を行った。なお文字の小さな異同のみで意味が似ているものは同じ成語としてとらなかった。なお、表中の成語はほぼこの辞書の「形体類」での出現順である。

成語の中の男女

表33　成語の男女分類
良いイメージ

女性	男性
〈容貌〉	〈容貌〉
閉月羞花（月も目を閉じ花も恥じらう）	風華正茂（風采も文才も今が盛り）
氷肌玉骨（水のように美しい肌、玉の骨格）	錦瑟年華（青春時代）
搽脂抹粉（化粧する）	龍眉鳳目（龍の眉鳳凰の目、貴人の非凡なたとえ）
沈魚落雁（あまりの美しさに魚も水にもぐり雁も落ちる）	龍章鴻姿（龍の文才、鳳凰の姿）
搽脂抹粉（化粧する）	眉清目秀（爽やかで非凡なようす）
淡掃娥眉（薄化粧をする）	美如冠玉（玉を被ったような美男子）
淡粧濃抹（薄化粧と濃い艶のある化粧の両方）	面如冠玉（同）
豆蔲梢頭（年若い女性）	濃眉大眼（濃い眉大きな目）

128

峨眉皓歯（蛾のような眉、白い歯）
粉白黛黒（女性が化粧をすること）
粉粧玉琢（女性が美しく化粧をした様子、雪景色にも使う）
芙蓉出水（水から出て咲いたばかりの蓮の花のような美しさ）
国色天香（国一番の美人）
花容月貌（花のかんばせ、月の姿）
花枝招展（花咲く枝が風に揺れるように女性の装いが目もあでやかに美しい）
絶代佳人（絶世の美女）
描眉画眼（目眉を描く化粧）
明眸皓歯（ぱっちりした目、白い歯）
濃粧艶抹（濃いメーク）
捧心西子（西施は心痛で眉をひそめても美しい）
千嬌百態（女性が媚を売り可愛い姿）
傾城傾国（傾国の美女）
如花似玉（花のごとく玉のごとく）
施朱傅粉（朱を施し、おしろいをはたく）
桃羞杏譲（桃は恥じらい李も道をあけるほど美しい）
天生麗質（生まれながらの美しさ）
仙姿玉色（仙女のようで玉のように美しい）
香嬌玉嫩（肌が滑らかで香りがよい）
小家碧玉（貧しい家に育った玉のような美女）
杏腋桃腮（杏の顔桃の頬）
秀色可餐（食べたいほど美しい）
艶美絶色（絶世の美女）
艶如桃李（桃杏のように艶のある）
窈窕淑女（窈窕たる淑女）
一股傾城（傾国の美女）
盈盈秋水（秋の清らかな水のようにうるんだ瞳）
玉貌花容（玉の姿花のかんばせ）
月眉星眼（月の眉星の目）
朱唇粉面（赤い唇白い顔）
朱唇皓歯（赤い唇白い歯）
朱面粉面（お化粧した顔）
〈服飾〉
鳳冠霞帔（貴族の女性の嫁入り衣装）
紅装素裹（あでやかな衣装と淡い装束）
珠光宝気（女性の衣装が豪華で輝くような様）
珠囲翠纏（女性の高貴であでやかな装飾）
〈体型〉
綽約多姿（優美でたおやか）
婀娜多姿（たおやかで美しい）
豊富身綽約（たおやかで豊満）
嬌小玲瓏（小柄でかわいらしい）
流風邪回雪（花吹雪のように美しい）
嫋嫋婷婷（なよなよと美しい）
亭亭玉立（すらりと立った姿）
我見猶憐（みれば愛さずにいられない）
儀態万方（容貌姿どれをとっても美しい）
〈動態〉
姍姍来遅（しゃなりしゃなりと歩く）

日角珠庭（おでこの広い高貴な顔）
神清骨秀（端正で秀でた）
相貌堂堂（すがた、衣装も堂々とした）
燕頷虎頸（燕のような太い顎虎のような首貴族、武将の堂々とした姿）
一表非凡（要望が秀でて非凡）
一表人才（端正で風格がある）
儀表堂堂（荘厳で高貴な様子）
〈服飾〉
布衣葦帯（官僚の服装）
峨冠博帯（高帽子に緩い帯の官服姿）
軽裘緩帯（暖かくて軽い皮衣と緩い帯の官服姿）
衣冠楚楚（衣冠のきちんとした）
雍容華貴（高貴で端正）
〈体形〉
彪形大漢（虎のような巨漢）
虎背熊腰（虎の背、熊の腰のたくましい体格）
赳赳武夫（勇敢な武人の様子）
孔武有力（強さと勇気をそなえた）
年軽力壮（若くて強い）
七尺之躯（身の丈七尺のりっぱな体）
身強力壮（力の強い）
銅筋鉄骨（鋼の筋鉄のような骨の）
心広体胖（ゆとりがあって心も広い）
須眉男子（ひげと眉の濃い美男子）
英姿颯爽（さっそうとした）
正襟危坐（きちんとした身なりで正座し、恭しい様子）

〈動態〉
大歩流星（すたすた歩く）
抖擻精神（奮い立つ精神）
額手称慶（額に手を置き喜ぶ）
飛檐走壁（屋根を飛び越え壁を走る敏捷さ）
撫掌大笑（拍手して大笑いする）
干脆利落（さっぱりしている）
干浄利落（動作が素早い）
貫甲提兵（甲冑を着て手には武器を持つ、やる気満々）
金鶏独立（片足立つ武術の技）
挙手加額（手を挙げて額に当てる）
挙手投足（軽くて力がいらない）
龍驤虎歩（立派な馬が首を挙げて堂々と歩くように、虎が歩くように威風堂々と）
龍行虎歩（龍が進み、虎が歩くような帝王・武将の堂々とした様子）
磨拳擦掌（拳をみがき手をすって勇み立つ様子）
神出鬼没（神出鬼没）
手疾眼快（機敏な）
手起刀落（剣を振り上げたかと思うともう切り落としている迅速な動き）
投袂而起（袖を振って行動しはじめる）
兔起鳧挙（ウサギのように動き野鴨のように飛び立つ機敏さ）

〈表情〉
回眸一笑（嫣然と笑う）
翩若驚鴻（オオトリを驚かすように軽々と美しい）
楚楚可憐（叢の中から生まれるような姿にひかれる）
吹気如蘭（蘭の花のような美女の吐息）
飛鳥依人（人に寄り付く小鳥のように可愛い）
含情脈脈（意味ありげなまなざし）
和顔悦色（親しみやすい）
超然絶俗（非凡な美しさ）
燕語鴬声（燕の話し声、鴬の声のような優しい女性の声）
林下風気（挙止がゆったりとしている）
温情脈脈（目で物をいう）

兎起鶻落（ウサギのように動き白鷹が急降下するような機敏さ）
脱繮之馬（綱の切れた馬のようにコントロールできない）
席地而坐（筵を地面に敷いて食事をする）
熊経鳥申（熊のように木に登り、鳥のように足をのばす）
揚長而去（人を気にせず堂々去っていく）、
耀武揚威（威風をひけらかす）
鷹揚虎視（鷹のように飛び虎のように睨みつける）

〈表情〉
不苟言笑（めったに笑わない、厳格）
沈黙寡言（無口な）
顧盼神飛（左右を伺う目の鋭さ）
顧盼生飛（目に力がある）
炯炯有神（眼光鋭く）
目不邪視（目はまっすぐと）
目光炯炯（眼光するどく）
目光如炬（目は松明のようにめらめらと）
平心静気（冷静）

〈態度〉
不衫不履（上着も履きものも履かず、細かいことをきにしない）
大家風範（紳士の風格）
犯而不校（他人の無礼も気にしない）
風度翩翩（挙止が洒脱）
風流儒雅（文才学識がある）
風流瀟洒（美男子で才能がある）
風流蘊藉（学があり慎み深い）
豪放不羈（豪放で自由闊達）
好整以暇（多忙でも余裕がある）
挙止不凡（挙止が非凡）
挙止大方（挙止が堂々とし品格がある）、
落落大方（心が広くておもいやりがある）
名士風流（才能があるため細かいことにこだわらない）
気宇軒昂（意気軒昂）
声入洪鐘（話し声などが鐘を鳴らすように大きい）
斯斯文文（文学青年らしい）
堂而皇之（威厳のある）
倜儻不羈（豪放で洒脱）
倜儻不群（豪放洒脱で群を抜く）
威而不猛（威厳がありながら猛々しくない）
温文爾雅（温厚で上品）
文質彬彬（文才があって礼儀正しい）
武不善作（武力に訴えない、手心を加える）
仙風道骨（仙人のような気骨）
仙露明珠（人より秀でた）
雄姿英髪（雄姿）
軒昂自若（堂々とした態度）
雍容不破（鷹揚として動じない）
雍容爾雅（温和で文雅）
羽扇綸（羽の扇で扇ぎ絹の布で髪をつつむ、策士の風情）
玉樹臨風（おとこっぷりがいい）

悪いイメージ

女性	男性
〈容貌〉 擦脂抹粉（厚化粧） 香消玉滅（美女の死亡） 油頭粉面（油をつけて化粧をする、妖艶で俗っぽい） 痩骨嶙峋（痩せて骨ばっている） 〈服装〉 荊釵布裙（茨のかんざし粗布の腰巻の質素な姿） 〈動態〉 嬌揉做作（ぶりっこ） 拿班做勢（わざとらしい）、 撒嬌売俏（甘えて媚を売る）	〈体型〉 腸肥脳満（太って太鼓腹） 大腹便便（でっぱら） 挺胸凸肚（胸と腹を出しふんぞり返る） 〈動態〉 大揺大擺（ふとってゆっさゆっさ動く） 鷺行鴨歩（ガチョウや鴨のようなよたよた歩き） 鬼頭鬼脳（こそこそする） 横冲直撞（ぶつかりながらがむしゃらに進む） 攞袖揎拳（むずむず勇み立つ） 默不作声（黙っていて何もいわない） 蝸行牛歩（のろのろ） 爛酔如泥（泥酔いする） 吆五喝六（大声で騒ぐ） 〈表情〉 柴毀骨立（親の死にあって憔悴した） 道貌岸然（君子面をする） 咄咄逼人（すごい剣幕で人に迫る、居丈高） 汗顔無地（恥ずかしくて冷や汗、穴があったら入りたい） 默默無語（黙っている） 喃喃自语（ぶつぶつ1人ごとをいう） 掻頭摸耳（頭を掻いたり耳をさわったりいらいらしている） 其勢洶洶（いきり立つ） 声嘶力竭（力の限り叫ぶ）

　このようにある程度男女、好悪で分類ができることがわかった。

　郭伏良・呉継章は（1997）は『中国成語大辞典』（上海辞書出版社、1987年8月）に対して簡単な統計を行っているが体態成語600例中、眼眉の描写が100程度、手の動作が100余、体と他の部分、例えば頭、足、体の動作が140ほどで、他に「衣装・着衣」と「音声」あり、たとえば「着衣」は「拖紫垂金（衣は紫を引きずって金色を垂れる・高貴な身分）」、「音声」では「長吁短嘆（長嘆息する）」などがあるという。

　郭らはまた、中華民族はもともと儀礼の国の民と呼び称され、人々は言論挙止が身分地位とふさわしいかどうかに注目してきたと言う。身分、地位が高い人の挙止は重々しく荘厳であり、身分地位の低い人は謙虚で腰が低くなくてはならない。地位の高い人は他人に対して「頤指気使（あごで人を使う）」ことができるし、地位の低い人は長老や位の上の人に対して「軽手軽脚（挙止が軽やかで、失礼のないよう）」しなくてはなりならず、時には、「膝行肘歩（膝

をついて進み、肘で歩くこと）」さえしなくてはならない、と指摘している。

つまり中国語には上下関係によって非言語成語（体態語）にも差があり、かつ人々は衣装や目眉に大いに注目してきたのだ。

李麗（2008: 23-30）では、「成語自体も時代の変化にともなって、一部語義の変化がある。褒めことばがけなしことばになり、けなしことばがほめことばになることがあり、これは価値観や立場が昔と今では変化したためで、語彙は発展の過程で、もともとあった語義と後の解釈に断層が生まれ、理解の差が生まれ、そのために成語の褒貶の語義に変化が生じている。成語に付帯する感情の変化が主流となって、けなしことばへの降格、すなわちほめことばからけなしことば、もしくはニュートラルからけなしへと語義が変化したものが多い」と分析している。

表33を分類するにあたっては、自身で分類したあとで、北京のある雑誌記者の中国人の友人にも確認してもらい調整した。

年齢や時代、教育程度、地域などの要素の影響で同じ中国人でもおそらくこれらの成語に対する印象に違いがあるだろう。しかし、このように多くの非言語成語がある程度、老若男女や好悪の人物像という観点から分類できることがわかった。

宮廷の女性、官人のイメージ

表33からいえば、女性には「玉、花、紅、杏、桃、嫩（柔らかい）、香、皓歯（白い歯）、掃眉（太くて長い眉）、化粧（化粧）」などの語素が見え、つまりこれらの語を見れば人は容易に「宮廷の女性」や「美女」、「妓女」のイメージを思い浮かべ、農村の女性を思い浮かべることは少ないはずだ。

一方、男性を描写する語彙をみれば、「龍、燕、虎、玉、冠」や「峨冠博帯（古代士大夫の高い帽子、緩やかな帯の装い）、軽裘緩帯（軽い皮衣を着て緩い帯をしめる官僚）、衣冠楚楚（みなりのよい）」の進士あるいは官人を思い浮かべるだろう。また「龍行虎歩（龍が進み、虎が歩くような帝王・武将の堂々とした様子）」、「手起刀落（剣を振り上げたかと思うともう切り落としている迅速な動き）」、

「鷹揚虎視（鷹のように飛び虎のように睨みつける）」のような鋭い目つきの武将像も浮かんでくる。

郭伏良・呉継章（1997）の統計によれば眉毛の描写がかなりの数を占めると言うが、これは李桂奎（2008）が、時代が下ると「身体の比喩が、目眉から体全体の比喩へ移っていく」という指摘をしていることの傍証となるだろう。楊暁黎（1991）の統計によれば服装装飾が約12.8％となっているが、表33から見ても服飾装飾への注目度がうかがえる。

第5章で中国人は服装という非言語に注目しており（pp.105–106）、文法などの言語の面で多彩な様相を呈する日本語の役割語と比べ、中国語の役割語は容貌や姿、衣装などの非言語の面に頼った表現が多いと指摘したが、成語の中にも中国人の服装や容貌への強いまなざし（注目）が詰まっているといえる。

服装と色との対応

葉朗は葉昼、金聖嘆、毛宗崗、張竹坡等の明清小説の美学者たちの「典型人物塑造論」を紹介し（2005: 313）、

> 葉昼は『水滸伝』第九回に対しての批評の中で、「施耐庵と羅貫中の筆はまったく真筆である。魯智深を描くには烈士のごとく描き、教頭処を描くには嫉妬深い小人物として描いている。」と述べている。『水滸伝』の人物造型にはある種の典型性や代表性がありどれも明らかな個性があり、この種の個性化の描写は「伝神」の描写法であり、「伝神」とは1人の人物の外見的特徴（外見のすべてではなく、部分、またはいくつかの部分）を通して、その人物の個性と雰囲気（風神＝風貌雰囲気）、魅力（風韻）、気品のある姿（風姿神貌）を表現していると言う。
>
> 「伝神」という概念は絵画美学の領域から小説の領域に使われるようになって元の意味から拡大している。これに対して、金聖嘆は「（人物には）それぞれ思いがあり、それぞれに姿かたちがあり、それぞれに装束がある」と言っている。

ここからも、中国古典小説では人物やその雰囲気の造型に外見や衣冠装束がかなり重要な修辞的要素となっているということがわかる。

また閔虹（2001：78）は漢代楽府の叙事詩「陌上桑」を例に、作者は桑をとる羅敷の美を表現するために、直接彼女の美貌を描くのではなく、その桑の取り方の美しさから始め、髪型、服装の美を描き、最後に少年、耕す者、鍬を鋤く者たちのこの美女に対する批評を書くことによって読者の理解を助けようとしていると言っている（下線部）。

　　　陌上桑　　無名氏　　五言古詩
　　日は東南の隅より出で、我が秦氏の楼を照らす。
　　秦氏に好き女有り。自ら名のりて羅敷という。
　　羅敷は蚕桑を喜び、桑を城南の隈に採む。
　　青き糸を籠の糸と為し、桂糸を籠の鉤と為す。
　　頭上には倭堕の髻、耳中には明月の珠。
　　緗の綺を下裙と為し、紫の綺を上襦と為す。
　　<u>行く者は羅敷を見れば、担を下して髭髯を捋き、</u>
　　<u>少年は羅敷を見れば、帽を脱ぎて帩頭を著く。</u>
　　<u>耕す者は其の犂を忘れ、鋤く者は其の鋤を忘る。</u>
　　<u>帰り来りて相い怒怨するは、但に、羅敷を観しに坐る。</u>

（田中謙二『中国詩文選22楽府　散曲』pp.62–63）

　頭上には流行の曲げを結い、耳には月のような真珠のイヤリング。緗綺色（ベージュ）の裳裾、紫綺（紫色）の上衣を着ていると言ったところであろう。羅敷の目が大きいとか口はといったことは、直接書かれていなくても美しさが伝わってくる。周りの男性たちは、髭をなでたり、帽子を脱いだり、仕事の手を止めて羅敷に見とれている。

　陳克（1993：289–294）は非言語記号の１つとしての服装という記号に関して、「服飾は身体記号の延長で、服装とは体を覆い防寒という意味以外に、そのデザイン、色、質といったものが１人の人物の地位や、階層、性格、気持ちを表すラベル化しており、おしゃれと言う機能は完全に社会的なものである。」と述べ、「服装の差は、まず男女の性差にあらわれる。中国古代の女性たちは纏足、束胸（胸しばり）、穿耳（耳にピアス穴をあける）等の卑俗なやり方で自分たちの体に傷をつけていた。古代の男女はみな髪の毛をのばす風習があったが、これには実際には身体の差を縮小したものでもある。

衣服は貧富の差のマーカーであり、富める者は衣帽を争い、着衣の質も豪華だ。唐以降では、制度が徐々に完備され、清貧の学徒たちも進士に合格し、殿試に進むと、平民の服装を脱ぎ、官服を着ることになり、釈褐（注：服を脱いで着替える）する。釈褐は新進士として官を受けたことの代名詞となった。服装以外に、服装の色にも記号的な意味が含まれている。黄色は歴史的に帝王の色であり、赤は喜びやお祝い事の色で、青は庶民の色、白は縁起の悪い色であり喪服の色である。」と述べている。

　第5章で述べたように、中国人は生活の中で、しばしば人の服装で相手を判断するし、色に対しても日本人より強い反応する経験をしてきた。たとえば、市場でお店の人が品物をいれてくれるのは白ではなく、赤いビニール袋であり、証明写真の背景も白を嫌って青や、赤である。日本や中国で教えているときに、赤い服を着ていくと、「何かお祝いの日みたいだ」と学生に言われたことがある。上記の記述にもあるように、白は縁起が悪く、結婚式などの祝い事を「紅事」といい、葬儀を「白事」という（陳 1993: 327）。自分自身13年近くの中国生活で赤や白に対する感じ方もかなり強烈に変化し、白い袋でお祝いをもらうと、以前とは違う反応が起きるようになった。

　次は年齢の差による分類を試みたい。

成語の中の子ども・老人

表 34　老若分類

	子ども	老人（男女）	老女	老爺
良いイメージ	駒歯未落 （乳歯がまだ抜けおちていない）	白髪紅顔 （髪は白いがはつらつとした赤みのある顔） 慈眉善目 （慈愛に満ちた優しい目眉） 古稀之年 （古希の年） 鶴髪童顔 （白髪だが子どものように元気のある顔） 白髪蒼蒼 （白髪だらけ）		方面大耳 （四角い顔福耳） 風度翩翩 （男としての風采が良い様子） 沈腰潘鬢 （見栄えの良い男性）

第6章　非言語成語（体態成語）と人物像　135

悪いイメージ	瘦骨伶仃了 （やせ衰えて 孤独。老人に も使う） 嬉皮笑脸 （ふざけてに やにや笑う）	皓首蒼顔 （白髪頭に青白い顔） 鶴髪鶏皮 （鶴のように白い髪と鶏の ようなしわのよった皮膚） 龍眉皓髪（白い眉白い髪） 厖眉皓髪 （眉や髪に白いものが目立 つ老人） 蓬頭歴歯 （髪は乱れ歯が欠けてい る） 七老八十 （70歳や80歳の高齢であ る）	徐娘半老 （まだ色香 のやや残 る）	肥頭大耳 （大きな頭福耳） 潘鬢成霜 （鬢に白い物が混じる） 老態龍鐘 （老いぼれてよぼよぼで ある） 琅琅蒼蒼 （よろよろ歩く） 老気横秋 （年寄りじみていること）

　表34からみると、子どもの体態語は非常に少ない。これは『分類成語詞典』（李晋林・陳頌琴）の編集の原則とも関係があるかもしれないが、周りの中国人たちに聴集した中でも、子どもや中高年を描写する成語の数は大変少なかった。表34以外にもあるかどうか、中国人学生や友人への成語の聞き取りを行った結果は以下の通りである（体態成語以外も含む）。

　　子ども：黄口小児（くちばしの黄色い、物知らず）

　　　　　　乳臭未干（乳臭い）

　　　　　　声奶気（甲高い黄色い声）

　　　　　　奶声奶気（しゃべり方が甘え声で子どもっぽい）

　　　　　　咿呀学語（あ〜あと赤児がことばを覚えること）

　　　　　　蓬頭稚子（ぼさぼさ頭の天真爛漫な子ども）

　　　　　　虎頭虎脳（丈夫でしっかりした子）

　　　　　　朝気蓬勃（元気いっぱい）

　　　　　　伶牙利歯（賢い）

　　　　　　垂髫稚子（子どもの垂れた髪）

　　　　　　総角之年（未成年男子まだあげまきの頃）

　　　　　　天真爛漫（天真爛漫）

　　　　　　天真無邪気（天真爛漫）

　　　　　　童言無忌（子どもの悪気のないことば）

　　　　　　粉雕玉琢（玉のように白く可愛い）

　　　　　　憨状可掬（無邪気でかわいい）

　　　　　　聡明伶俐（かしこい）

　　　　　児憐獣猶（子どもを可愛がり、獣を手なづけるように）

　　　　　六尺之孤（未成年で親を亡くした子ども）

　　　　　人小鬼大（幼児は賢くていたずら好き）

　老人：　年老体衰（年をとり衰える）

　　　　　年老体弱（年をとって体が弱くなる）

　　　　　老気横秋（年をとっても盛ん）

　　　　　耄耋之年（老年）

　　　　　春景残光（人生の黄昏）

　　　　　老謀深算（老練）

　　　　　皓首雄心（白髪老人のやる気）

　　　　　老馬識途（年をとった馬は道をよく知っている。老人
　　　　　　　　　　は物知りだ）

　　　　　老而弥堅（年をとっても意気盛ん）

　　　　　老樹新花（老いてなお盛ん）

　　　　　老牛舐犢（年をとった牛が子牛をなめる。親が子ども
　　　　　　　　　　を溺愛する）

　中年：　風韻猶存（中年女性がまだ魅力を有していること）

　　　　　秋風紈扇（秋の扇、色香を失い寵愛を失う）

　　　　　不惑之年（四十歳になって心に迷いがなくなること）

　成語とは元来男性の発言権の中における大人のための言語表現である。ことに歴史・伝統の上で、成語は大人の男性の読書人の必要から生まれた表現形式であるから、そのため彼らの表現対象は若い女性が多かったのである。よって、子ども、老人、中年に対する表現が少ないのではないと考えられる。

　次に両性共通の成語を善悪イメージで分類を試みる。

両性共通

表35　両性共通の成語

良いイメージ
〈容貌〉 歯如斉貝（そろった白い歯） 唇紅歯白（赤い唇白い歯、美しい人の形容）

第6章　非言語成語（体態成語）と人物像　　137

慈眉善目（慈悲にみちたまなざし）
朗目疏眉（明るい目、きれいな眉毛）
圓首方足（人の基本的特徴、人類）
〈服飾〉
褒衣博帯（儒者の幅ひろい服と帯）
紅男緑女（色とりどりに着飾った若い男女）
軽裘緩帯（裘を着てゆったりした帯、緊張していない様子）
衣冠楚楚（清潔で整った服装）
衣不重采（質素な服装）
〈体型〉
心寛体肥（体もこころもゆったりしてふくよか）
〈動態〉
奔走相告（重大事で奔走して互いに知らせ合う）
健歩如飛（飛ぶように早く歩く）
前言後合（可笑しくてあるいは酔って体が前後にゆれる）
言談挙止（話し方と行動）
眼疾手快（警戒心が強く機敏）
眼明手快（眼光鋭く、機敏）
載笑載言（笑いながら話す）
得意洋洋（得意満面）
精神煥発（やる気満々）
眉開眼笑（眉間も広く笑う）
眉目伝情（目で合図する）
迷花眼笑（嬉しそうな表情）
捧腹大笑（おなかを抱えて笑う）
〈表情〉
飄飄欲仙（世俗を離れて身軽に）
声音笑貌（話し声笑い顔）
睡眼惺忪（起きぬけのぼんやりした顔）
天真爛漫（天真爛漫）
嬉笑怒罵（喜怒哀楽）
羞人答答（はにかむ）
心平気定（平穏で雑念がない）
心平気和（おちついて怒らない）
揚眉吐気（開放されてホッして眉を挙げる）
洋洋自得（得意満面）
一本正経（まじめくさった）
一顰一笑（しかめたり笑ったり）
容光煥発（ひかり輝くような表情）
神采飛揚（元気はつらつ）
神采煥発（元気はつらつ）
神清気爽（のびのびとさっぱりした）
仰首伸眉（首を挙げて何事にも動じない）
意気飛揚（意気盛ん）
意気軒昂（意気軒昂）
意気揚々（意気揚々）
溢于言表（感情が気持ちに流れる）
展眼舒眉（ほっと眉根が広がる）

正気凛然（公明正大な）
直言正色（はっきりしたもの言い）
〈態度〉
不拘小節（細かいことにこだわらない）
不拘形跡（形にこだわらない）
超塵抜俗（垢ぬけた）
満座風生（とびぬけた）
軽手軽脚（かるがると）
慢条斯理（ゆっくり落ち着いた様子）

悪い印象のもの
〈容貌〉
白龍魚眼（服を着替えてお忍びででかける、出かけて災難に遭う）
鼻青臉腫（鼻は青痣、はれ上がった顔、面子を失う）
蜂目豺生（目は蜂のように飛び出し声は豹のようで凶悪）
蓬頭垢面（ぼさぼさ頭と垢まみれの顔）
黒眉烏嘴（真っ黒の眉烏のような口よごれだらけ）
鵠面鳩形（白鳥やハトのように痩せこけた）
灰頭土臉（汚れて汚い顔や頭）
尖嘴猴腮（とがった口、猿のような顎、痩せこけて醜い）
科頭跣足（帽子もなく裸足で生活に困った様子）
面黄肌痩（顔は黄色で痩せこけた）
面如菜色（顔は栄養不足で青黄色い）
蓬頭跣足（ぼさぼさあたまとはだし）
披頭散髪（ざんんばら髪）
其貌不揚（風采があがらない）
青面獠牙（青い顔ででっぱ、凶悪な顔）
頭童歯豁（頭ははげて歯は抜けた様子）
賊眉鼠眼（泥棒の眉鼠の目のようにこそこそきょろきょろした）
獐頭鼠目（ノジカの頭のように小さくとがって鼠の目で醜くずるがしこい）
〈服飾〉
奇装異服（奇抜な服装）
〈体型〉
骨痩如柴（やせこけて柴のよう）
弱不禁風（弱弱しくて風にも倒れそう）
弱不勝衣（よわよわしくて服をきることもできない）
手無縛鶏之力（手に鶏を縛る力もない）
形銷骨立（骨ばって痩せている）
薬店飛龍（薬局の竜骨のように痩せてる）
〈動態〉
歩履蹣跚（よたよた歩く）
歩履維難（歩くのも難しい）
蔵頭露尾（頭隠して尻隠さず）
出没無常（無常）
穿房入戸（勝手に人に家に出入りする）
打情罵俏（ひっかける）
東躲西蔵（あちこち逃げ回る）
東逃西竄（あちこち逃げ回る）

風風火火（あわてている）
拂袖而去（怒って袖を払って去っていく）
顧影弄姿（自分を鏡に映してうぬぼれる、見せびらかす）
鬼鬼祟祟（こっそり）
拉拉扯扯（コネをつけあう）
狼口虎咽（がつがつ食べる）
酩酊大醉（酩酊する）
扭扭捏捏（くねくねする）
破口大罵（口汚くののしる）
七手八脚（よってたかって）
喊喊喳喳（ぺちゃくちゃうるさい）
喬裝打扮（変装する、ごまかす）
人不知、鬼不知（人知られず）
煞有介事（まるでそうことがあったかのよう）
撒潑放習（無作法で理不尽）
神不知、鬼不覺（誰も気づかれない、こっそり）
探頭探腦（怪しげにこっそり覗く）
吞雲吐霧（煙をもくもく吐く、多くはアヘンやタバコを吸う様子）
小手小脚（気が小さい）
形迹可疑（うさんくさい）
賊頭鼠腦（泥棒の頭鼠の脳）
扎手舞脚（落ち着きのない様子）
張牙舞爪（牙をむき出し爪をふるう、獰猛な）
招搖過市（人の多いところで大声を出す）
指手画脚（指図する）
指天画地（天地を指し意気軒昂として意見を述べる）
裝作作樣（わざとらしい）
裝腔作勢（もったいぶる）
裝神弄鬼（神がかりのふりをして人をだます）
蹤跡詭秘（行方をくらます）
〈**表情**〉
丑態百出（みっともない振る舞いをいろいろさらす）
丑態畢露（みっともないすがたを徹底的にさらす）
蠢若木雞（木の鶏のようにぼんやりする）
得意忘形（のぼせて我を忘れる）
干啼湿哭（大泣きする）
顧盼自雄（あたりを見回し自分がいちばんと思う）
怪模怪樣（あやしげなようす）
橫眉怒目（目をいからせる）
虎視眈眈（虎視眈眈）
昏昏沉沉（まどろむ）
昏昏欲睡（眠い）
疾言厲色（言はせわしく顔色は厳しい）
倔頭倔腦（頑固、協調を欠く）
哭笑不得（笑うに笑えない）
来勢洶洶（勢いが激しい）
眉高眼低（人の顔色をうかがう）
眉来眼去（男女間で目配せをする、闇で合図する）

面紅耳赤（恥ずかしさで耳まで赤くなる）
木雕泥塑（木彫泥人形のようにぼんやりしている）
赧顔汗下（恥ずかしさで赤くなる）
忸怩作態（わざとはずかしそうにする）
怒目横眉（目を怒らせる）
舗眉苫眼（わざとらしくする）
前倨後恭（以前は傲慢のちに謙遜、人の態度の変わるさま）
窮酸餓醋（貧乏を嘗めつくした文人）
色若死灰（顔が青白い）
殺気騰騰（殺気が満ちている）
打情罵俏（男女が戯れ口説くようす）
神魂顛倒（取りつかれたように正常ではない）
神色自得（自分で満足している）
声色倶厲（声も顔も激しい）
失漲失智（がっかりしたようす）
死眉瞪眼（眉も動かず目も動かない、冷淡）
死皮賴脸（厚顔無恥）
死乞白頼（ねちねち責める）
酸文假醋（学があるようみせかける）
忘乎所以（自分を見失う）
喜怒無常（気むら）
夏日可畏（近寄りがたい）
銷魂奪魄（たまげる）
凶神悪煞（魔物）
凶相畢露（凶悪な姿が現れる）
快快不悦（面白くなくて不満）
揺頭摆尾（うかれまくる）
揺頭晃脳（ひとりで悦に入る）
陰陽怪气（もってまわった話し方で本音がわからない）
音容凄断（悲しんで極限に達する）
油頭滑腦（ずる賢くて調子がいい）
咂嘴弄舌（舌なめずりしながら得意になっている）
張眉怒言（粗野）
直眉瞪眼（目をいからせる、あっけにとられる）
不修辺幅（着るもの清潔にこだわらない、だらしない）

好悪どちらでもない
〈**服飾**〉
赤身露体（はだか）
一糸不挂（一糸まとわぬ）
〈**表情**〉
不言不語（何もいわない）
緘口不言（だまりこくる）
一声不響（一声も発さない、じっとしている）
一言不発（うんともすんともいわない）
行色匆匆（出発前のそわそわした感じ）
〈**動態**〉
蹑手蹑脚（抜き足差し足）

笑比河清（笑うのが川をきれいにするぐらいめったに笑わない）
翻箱倒篋（箱も引き出しもひっくりかえして探す）

　両性共通の成語も、もともとは性差が存在していた可能性があり、
時代の変化とともに、両性共通の成語になって来たものもあると考
えられる。これは多くの女性たちが家庭を飛び出し、社会に進出し、
男女の間に平等意識が生まれたからである。一方で社会にもし「偽
娘ウェイニャン」や「女装」の愛好者などが増えてくれば、成語の
分類もまた変わってくるに違いない。

　両性共通の成語分類表を見れば、人々が「痩、弱不勝胜衣（よ
わよわしくて着物を着ることも耐えられない）、無力、黄、青、黒、
灰色、垢」などのことばを悪いイメージとして捉えていることがわ
かる。

　動物類の名詞、形容詞の中では「蜂目、猴子、鼠眼」などの語彙
が人々に悪い印象を与えている。

　行動の上では「喬装打扮（服を換え身分を偽る）、装模作样（わ
ざとらしい）、装腔作勢（態度やことばを取り繕う、きざ）、装神
弄鬼（わざと神秘的にふるまう）、酸文假醋（学があり礼儀がある
ようにみせかける）」等などのわざとらしい行動にマイナスの評価
があるようだ。これはまさしく定延が『日本語社会のぞきキャラ
くり』の中で言う破綻キャラである（2011：162-165）たとえば、
人から《豪傑》と思われたいなら、それを演出する意図は読み取ら
れてはならず、ある人物があるキャラクタをひそかに演じている際
に、その意図が他人に探知されてしまうとその人物は、そのキャラ
クタとしては破綻しており、通用しない。だが時として、その破綻
によって、別の複合的なキャラクタが成立することがあり、これが
「破綻キャラ」であるとしている。たとえば《二枚目》として破綻
を来たした人物には《キザ》という別のキャラクタが割り当てられ
る。《キザ》キャラとは、《二枚目》キャラを演じようと意図し、そ
の意図ゆえに《二枚目》キャラとして破綻することによってできた
破綻キャラである、という。

　このように本当の「美」は演技では作れないものなのである。

2.5 成語の中の人物像と俗言、諺の中の人物像

ここで注目すべきなのは、上記の成語が描写する人物像がほぼ宮廷の女性や妓女、裕福な官僚・地主・武将などのイメージであるということである。ただ、「面黄肌痩（顔は黄色くやせ細った）、面如菜色（なっぱのような顔色）、蓬頭跣足（ぼさぼさあたまで素足、身なりの貧しい）、披頭散髪（ざんばら髪）」などわずかの語彙に貧しい農民や落魄の貴族を思わせる。

ここでは李慧文（2000）の俗諺の調査を参考に、成語の中の人物像と俗言諺の中の人物像を比較してみたい。

李慧文は 1990 年～1996 年に発行された 7 冊の諺・俗語字典、および俗語字典を調査した結果、男性を描写した俗諺 2060 の中で、男性の社会的地位と社会的役割のもの約 729、男尊女卑のものが 92、社会的役割を反映したものが 623 あることを見つけた。李の俗諺の集計は下記の通りである。

この表を見れば成語と違って俗諺の中には様々な職業と人物が含まれていることがわかる。

表36　李慧文「中国語俗諺の中の男性問題」（2000:7）

分類	社会地位（729）	社会的役割（637）				
	男尊女卑	官僚	農夫	手工業	商人	その他
件数	92	364	124	112	24	13
人物 %	12.6 %	57.5%	19.5%	17.6%	3.7%	2.0%

表37　阮福禄（1997:10）「漢語俗諺の中の女性問題）」女性の社会的地位と社会的役割

分類	女性の社会的役割が含まれるもの（148）／2120			
	仲人	遊女	小間使い	その他
件数	121	10	9	8
人物 %	81.7%	6.8%	6.1%	5.1%

このように俗諺には成語とまた違ったさまざまな人物像（社会的には低層階級も含む）があることがわかる。怠け者や、ばくち打ちなどに関する諺さえあるという。例えば、「上了賭場、不认爹娘（賭博場へいくと、親さえ見分けがつかなくなる）」などだ。

つまり成語と俗諺では描かれた人物にも違いがあるということである。それはまた使用する人にも違いがあるということに他ならない。

羅米良（2011）の博士論文「現代日本語副詞の記述枠組みに関する研究」のなかで、「役割語」の理論を用いて副詞研究を行う必要性と可能性を提唱しているが、その中で、一部の日本語の副詞は若者など特定の人物だけが使用することができるものがあると述べている。羅の観点は日本語の副詞は文法や語義の角度からのみ研究するだけでは不十分で、「役割（つまり修辞主体）」の角度から記述してこそ語義と運用が明確になり、日本語教育に役に立つと論じている。また周俊英・付欣辰（2005）は英語の体態語（非言語行動）の研究を通して英語の体態語の語義には4つの特徴があると指摘する。つまり、意味の透明性（Semantic Transparency）、転義性（Semantic Transference）と意味の晦渋性（ことばや文章のわかりにくさ）（Semantic Obliqueness）である。

中国語の成語の語義にも不透明性と晦渋性がある。もし「役割語」（描かれる対象と使用する対象）という角度から成語を整理し直すとその語義と運用の対象がもっと明確になり習得と運用がしやすくなる。このセクションでおこなった人物像と成語の関係という整理は、すくなくともABC順に提出される辞書の排列より実用的ではないだろうか。

2.6　なぜ外国人も成語を学ぶ必要があるか

ここで、成語の中の人物像と言う問題と、成語を使う人の人物像という問題を考えてこの章を終えたい。

なぜ中国語学習者は成語を学ぶ必要があるのだろうか。この疑問に関して中国人と外国人の回答はおそらくギャップがあるだろう。筆者は成語の使用と話し手の人物像には大いに関係があると考えている。もしたった数個の成語しか使わない、あるいはうまく成語を使えない、あるいはまったく成語を積極的に学ぶ気がないとしたら、その人物像はどうなるだろうか。この問題にしっかりと向き合うことで、中国語学習者の成語を学ぶモチベーションや積極性を変える

ことができるかもしれない。

　まずここで中国語の成語教育に関する研究の状況を検討してみたい。2013年4月CNKI（中国知網）でダウンロード率のいちばん高かった成語教育に関する論文（張文一 2006: 1）には、「留学生（中国で中国語を学ぶ外国人）が成語を学ぶ意義」について次のように書かれている。

　　　成語は中国語の語彙の重要な部分であり、明らかな歴史性と民族性を持ち簡潔で洗練され、生き生きとした表現力に富んでおり、中国言語文化の貴重な宝である。中国語教育は言語教育であるとともに、「文化教育」でもあるため文化的な知識は言語教育の最初と終りであることは、中国語教育学界の共通認識となっている。成語には独自の歴史と文化的価値があり、民族言語のエッセンスという特殊な地位を占めているため、成語教育は二重の使命を持つ語彙教育であるということも広く知られることである。成語は中国語のすぐれた遺産であり、中国文化の凝縮とその具現であり、中国語の成語の学習は留学生が中国語の知識を理解し、中国語の語彙とその文化を把握し、全面的に留学生の独立した中国語理解、言語応用能力を向上させるために大事な作用がある。

　沈莉娜（2007: 158）はその10年来の成語教育経験から、「成語は中国語語彙の中で特殊な位置を占めている。それは貴重な宝であり、また漢民族文化の結晶であり、中国の1つのきらめく真珠である。その数は莫大で、構造は定形、語義は固定され、深い哲学的意味もあり、かつ現代中国語の書きことばの中にも話しことばの中にも広く使用されている。」としている。

　馮艶艶（2008: 8-11）は2007年9月6日上海外国語大学の食堂の玄関で中国語母語話者が話すことばの中でほんの1時間の間に、「狼狽為奸（結託して悪事を働く）」、「心有霊犀（以心伝心で相手の心がわかる）」、「一心一意（一意専心に）」、「有求必応（求められれば必ず応じる二つ返事）」、「名花有主（美人には主がある）」等いくつもの成語を採録することができたと述べている。馮の説明によればなぜ留学生が成語を学ばなくてはならないかは「コミュニケー

ション中の成語使用分布状況から見て、成語教育の必要性がある」
（p.8）とし、また「留学生の読解能力を向上させ、留学生が中国語
の言語文化の理解能力を向上させることができる」（p.11）として
いる。

　筆者はこれらの研究者たちの考え方を否定するものではない。だ
が、外国人がもし中国文化を理解するために成語を勉強するという
ことであるならば、モチベーションとしては大きくないだろう。一
部分の成語の理解でもこと足りるのではないだろうか。

　張文一（2006: 5-8）の統計によれば、現代中国語で常用される
成語は 3000 余で、日常生活の新聞・雑誌を読むためにも成語の理
解が必要であると言う。張は、上級中国語レベルの留学生の書いた
184 本の作文の文章中の成語の使用状況を調べた結果、留学生の成
語使用数は非常に低く、1 本あたりわずか 1.1 ほどで、1 万字に 10
個程度だった。彼はまた、同時に『初中生新優秀作文（中学生新優
秀作文）』（金秋 2005）および『初中生獲奨作文宝典（中学生受賞
作文宝典』（修訂版）（百花文芸出版社 2005）等を調べ、『新華成語
詞典』（商務印書館 1992）の解説を判断基準として、成語の使用が
標準的であるかどうかを調べて統計をとった結果、中国の中学生が
使用する中国語成語の量は留学生の 2 倍～3 倍であった。また中学
校国語教科書中に出てくる成語の総数は 843 だったが、中級・上
級レベルの留学生がインプットされる成語の量は張文一の選んだ教
材では 550 に過ぎなかったという。

　張文一が調べた 2 つのグループ（中国の中学生と留学生）の作文
の中での使用率とテキスト内の成語出現数は関係していると考えら
れるが、もっとも重要なのは留学生が作文を書くときに成語の使用
が 1 万字にわずか 10 個程度でしかないのであれば、これは中国の
中学生の水準からほど遠いという点だろう。

　日本の日本語教育界では 2004 年に「アカデミック・ジャパニー
ズ」という研究グループが組織され、主に留学生の日本語教育の内
容について研究し、すでに多くの研究成果が表れている。そして留
学生の日本語能力の目標を「日本の大学の中で指導や教育を受ける
ことができる日本語理解能力、表現能力」としている。

具体的な研究内容についてはそれぞれの研究者によって違うが、ポイントは留学生（日本語学習者）が母語ですでに獲得したアカデミックな能力をいかに日本語という目標語に「転移」できるかということだ。たとえば留学生の作文能力や卒業論文の書き方や、日本語での口頭発表能力等である（門倉・筒井・三宅 2006）。

　筆者は中国の大学で 13 年近く日本語を指導する上で「日本語専攻の学部生、大学院生の日本語力はいかにあるべきか」を考え指導してきた。当時の大学院生が日本のアニメやマンガで日本語を勉強してきており、こうした言語学習方法は気軽でそれなりの効果があるが、一般的にアニメの主人公は小学生や中高生であるため、大学院生がこれらの登場人物を真似した話し方をするのは子どもっぽく、あまりふさわしくない。日本語は役割語が発達している言語であるため、その両者（学ぶ人と対象言語）との食い違いが起きていることになる。そういう例を実際いくつも見て来た。

　中国語の作文では成語の運用能力が必要である。が、例を挙げて説明すると、一般の留学生は「大家都知道（みんながよく知っている）」と言えば中国語を話す人とは交流ができる。ただし文章を書くとするならばコンテクストによって、「衆所周知（周知のように）」、「家喩戸暁（広く知られている）」、「無人不暁（知らない人はいない）」などの成語（四字熟語）を使いこなせてこそ、合格と言えよう。そうでなければ彼／彼女の文章は小学生の作文のレベルに過ぎない。

　中国の経済発展や国家の政策により、今後中国語を学び文章を書く外国人も増えていくはずだ。現在までのところ、意味から成語を引くことのできる辞典は見当たらないため、外国人留学生が大人として、あるいは一定のアカデミックな背景のある人物として作文を書くために自分が必要とする成語を自分で探し出すのは難しい。成語の意味を説明する辞書はあっても、逆引きはできない。

　留学生にとって、学術論文の中で使用されるべき成語はどのようなものがあり、学界発表での言語スタイルはどうあるべきであるか。こういった研究が今後重視されることを願う。そして、もし成語の使用数が少ないと、彼の中国語は小学生レベルと評価される。アカ

デミックな中国語学習者やあるいはある程度の知識を備えた大人としてのイメージを守るためには成語を学ぶ必要があることを理解すれば、留学生たちの成語を学ぶモチベーションは変わっていくのではないだろうか。

　中国語の役割語研究は中国語の実態を明らかにするのみならず、中国の民族の文化、政治、美学、価値観の上での人物イメージを明らかにするものでもある。役割語は他者の人物像（キャラクタ）を表現するだけではなく（表現キャラクタ）、話者本人の人物像をも表現するのである。1人ひとりは無意識のうちに自己のイメージを選択し、自己の人物像を調整しているのである。

　6章では、身体各部位と人物像の関係、中国小説の「写人学」と中国伝統の身体比喩、動作と人物像、日本の表現キャラクタと体態成語（非言語成語）、成語の中の人物像と俗言の中の人物像、そして成語使用者の人物像を考察し、最後に役割語研究からみた中国語教育への応用の提案を行った。

　次の章では、命名と人物像の関係を考察していく。

第7章
命名と人物像

　日本語の「役割語」の特徴は、豊富な「自称詞」と「終助詞」にあると言えるが、それに対して中国語の「役割語」の特徴は、非言語行動や非言語行動を描写することばが固定化され成語になったものが比較的多くあるというところにある。

　「役割」もしくはキャラ、「人物像」に対して、人々は言語と非言語行動という方法以外に、どのような方法で情報を得るのだろうか。

　定延は『日本語社会のぞきキャラくり』（2011：107）第二章で、キャラクタはことばだけでなく「キャラクタは万物に宿る」と述べている。また「行為の痕跡からキャラクタが伺える例として、文字や文章や歌を取り上げてきたが、キャラクタの「ありか」はそれだけではない。私たちが何気なく使っている日用品や消耗品にもキャラクタが宿ることは珍しくない」と指摘している。たとえば、「歯形のついた鉛筆。一点の曇りもない眼鏡。抜け殻のように脱ぎ捨てられた寝間着。「履歴」をクリックすると怪しいサイトがいっぱい出てくるブラウザソフト。これらは持ち主の行動を語り、結果として持ち主の「人となり」つまりキャラクタを雄弁に語る。」のである。

　「キャラクタは万物に宿る」——つまり、名前もその万物の1つである。キャラクタを表す代表的なものの1つとして名前が関係がしないはずはなく、直接その人物に関係している。「名前」というのは個人のラベルであるばかりではなく、深い文化的意味を内包し、性別や時代、地域によって差が存在している。そこでこの章では中国人の名前とキャラクタ（人物像）ということを考察したい。

1. 中国語の命名研究と特徴

1.1 命名研究

近年、中国人の名前についての研究をまとめた著作と論文は続々と出版され、この中には代表作と呼ばれるものが少なくない。1980年代は、中国の人名研究は初期階段で研究成果はやや少ないものの、蕭遥天『中国人名研究（中国人名の研究)』（1987）および王泉根の『華夏姓名面面観』（1988）などといった著作が、中国人の名前の源流と特徴を全方面から考察している。

1990年代以降、中国人の名前についての研究は徐々に成熟し、1982年に行われた第三次全国人口調査（全国人口普査：日本の国勢調査のような国家規模の調査）の資料をもとに、中国社会科学院言語文字応用研究所と山西大学計算機科学部が協力し、初めてコンピュータを使用して174,900人の名前に対してサンプル統計を行っている。統計資料は、中国全土の6つの地域にある7つの市と省（北京、上海、遼寧、陝西、四川、広東、福建）からそれぞれ2500人のサンプルを取って調査分析している（『姓氏人名用字分析統計』1991語文出版社）。

于芳（2006: 76–78）の文献レビューによると、

王建華は『文化的鏡像―人名』（1990）で、人名という言語的記号の深い文化的内包を明らかにしている。潘文国は『実用命名芸術手冊』（1994）で、命名の手法と美しさを重点において研究、過去と現代および中国内外の種々な命名の手法と技法を分析しまとめている。また納日碧力戈は『姓名論』（1997）で、学際的な研究方法で姓名を研究し、姓名学の理論構造面で突破口を開き、陳建民は『中国語言和中国社会』（1999）の「専名の時代特徴」の章で、時代と社会という両方面から人名を研究している。そのほか、郭熙は『中国社会語言学』（1999）で社会背景の面から、人名を研究している。その他、『修辞学習』や『語文建設』といった国家級の学術出雑誌にも、「中国の人名」に関する研究論文は数多く発表されており、人名研究は90年代以降急速に深化してきている。

その他、21世紀になって譚汝為『民俗文化語彙通論』（2004:
244）が出版され、「民俗文化」の角度から「人名」を論述してい
る。

1.2　漢民族の名前の特徴

張荷・詹王鎮（2010: 88）によれば、1980年王建華が「漢族人
名与漢民族文漢字」という論文での「音」と「形」と「意」の3つ
の角度から、漢民族の命名体系を考察し、中国人が命名する場合に
は、①音の美しさ、リズム感、耳当たりのよさ、発音のしやすさ、
　②漢字の字形の違いが人に与える情感や、美しさ、③名前の意味
に含みや寓意があり、親は子どもへの何らかの願いを託すものであ
ることを明らかにしている。

章輝「漢語姓名与漢民族文化心理特徴」（2005: 15–16）で、中
国人の人名は儒家と道家の深い影響を受け、たとえば数学者の陳三
省の名前は「論語・学而」の「子曰：吾日三省吾身（子曰く、吾、
日に三たび吾が身を顧みる）」から取ったものだと言う。また漢語
（中国語）の特徴である「音」、「形」、「意」の一体化は人名の修辞
学にも反映されていると言って次のように説明している。

（1）双関（かけことば）。例えば、香港の歌手・黎明（姓が黎、
名が明）。彼の名前は時間の名詞「黎明（夜明け）」とかけこと
ばの修辞関係がある。

（2）反復（繰り返し）。例えば、唐代の詩人・李白は、字が太
白であり、李白、李太白と「白」という漢字が繰り返されてい
る。

（3）頂真（しりとり）。唐代の詩人・杜牧は、字は「牧之」で
あり、字の初めの漢字「牧」と、名前の最後の漢字「牧」とが
重なりあう「頂真（しりとり）」の関係、杜牧―牧之になって
いる。

（4）排比。「家譜輩份（字輩）」に基づく命名は、広義では一種
の「排比（構造の似た節・文を並べて、効果を出す修辞法）」
にあたる。

（5）漢族人の命名には「避諱（忌名）」の原則がある。

「忌名」とは、皇帝や聖人や祖先等が使用した名前を直接呼んだり、故意に真似したりすることを回避することで、たとえば、秦代以降の各王朝の姓名の歴史の中で、西漢の初めでは「邦」や「雉」、東漢では「秀」や「庄」、唐代は「虎」「淵」「世」「民」など、宋代は「匡」「胤」「恒」などを使ってはならないとされた。また、漢民族の文人階級には、命名時、名前と字を除いて、ほかの「別号」をつける習わしがあった。

（4）の「家譜輩份」は「字輩」と呼ばれるもので、たとえば、作家巴金の父親世代の一族の「字輩」は「道」という字で、その兄弟いとこには道河、道洋、道鴻…といった名前が付けられている。巴金の子ども世代の「字輩」は「国」で、国煜、国煒、国輝…という具合になっている。（王泉根 1993: 26）を参考。

上記から見ると、中国人は命名にさまざまなこだわりがあり、命名行為には哲学的意味が付加され、修辞的特徴や音やリズムの美しさを大事にしているということがわかる。そのほか、歴史的に男尊女卑伝統があり、これについては 2 節で詳しく論じる。

第 7 章では、「役割」という新しい視点を用いて中国人の命名行為について論じたい。つまり人名と男女の性別、時代、地域、善玉悪玉という人物像との間にはいったいどんな相関関係があるのか、まずは先行研究をこの視点から整理する。

2. 命名と役割

2.1 性差

中国の人名に用いられる漢字には明らかに時代的特徴と男女による違いがある。中国社会科学院語言文字応用研究所と山西大学計算機科学系は協力して、1982 年に国が行った全国人口調査資料を利用し、コンピュータによって初めて統計調査を行っている（『姓氏人名用字分析統計』1991 語文出版社）。これは、中国全土の 6 つの地域にある 7 つの市・省（北京、上海、遼寧、陝西、四川、広東、福建）から各 2500 人を抜き出したものである。統計の結果は以下のとおりである

男性の人名でもっともよく使用される漢字20位まで

明、国、文、華、徳、建、志、永、林、成

軍、平、福、栄、生、海、金、忠、偉、玉

（pp.456–476 男性人名用字頻度表）

女性の人名でもっともよく使用される漢字20位まで

英、秀、玉、華、珍、蘭、芳、麗、淑、桂

鳳、素、梅、美、玲、紅、春、雲、琴、恵

（pp.477–496 女性人名用字頻度表）

　これらの漢字をみれば、「華」と「玉」を除いて人名用の漢字は男女による違いがあることがわかる。80年代以降生まれの名前の研究では、劉晨曦（2006: 41）は湘潭大学に在籍している1982年から1990年までに生まれた1年生から4年生、あわせて18,482人の学生の姓名を統計し分析した。結果、男子学生の人名用字は「国、建、志、徳、強、波、海、勇、鵬、龍」といった字が多いことがわかった。女子学生の人名用字は「娟、婷、艶、俊、玲」などが多く、「妮、婧、婷、莉、娜」のように女子の名前の中にしか出現しない字もあった。後者に共通した特徴はクサカンムリや「女偏」の女性名専用の漢字である。しかし、男子の名前専用の漢字というのはあまりなかった。

　次に、白瓊燁・張潔が2006年に行った調査では、1980年代から90年代までの間に生まれた360人の男女（浙江省寧波、杭州、温州、湖州出身者）の名前調査の結果、180人の男子の名前には「美、麗、艶」などの漢字を使った人がひとりもいず、また「女偏」と「王偏（玉偏）」の漢字がなかった。それとは対照的に、女子の名前には「山偏」「木偏」の漢字が少ない。その他、「同じ漢字を2回使う「畳名（畳語の名前）」は女子には多く、男子に少なかった。（注：畳語の名前とはたとえば「香香」のような名前のことで、幼名やペットの名前にも使われ、可愛い感じを与える。）また方言との関係にも言及し、「戴夢甜」といった名前は普通話（共通語）では甘くて可愛い名前だが寧波方言で読むと大変読みにくいと言う（p.117）。

　上述の3つの調査結果を見ると、「国、建、志、海」などのよう

第7章　命名と人物像　153

な字は、男子志向で、こうした豪快さや、抱負を表す漢字は男子の名前として人気が依然としてあり、女子の人名用字にはいささか変化があり、女子の人名用字は「女偏」の漢字が使用されている。「俊」という漢字は男女共通の漢字となっている。上記2つの大学生の研究はちょうど筆者が最初に教えていた学生の世代にあたり、これらの用字を目にしていた。これらの研究から見ると、人名用字には性差と時代差もあることがわかる。

2.2　時代差

　ここでは人名用字の時代差を考察する。人名用字の時代による差の研究は、同じく中国社会科学院と山西大学で行われた調査分析（1991）があり、ほかには王守恩（1995）、陳建民（1999）、章輝（2005）、白瓊燁・張浩（2006）、劉晨曦（2006）、張荷・詹王（2010）、楊小寧・王玲娟（2012）などが建国以来姓名の変化について言及している。時代ごとにまとめると次のような流れが見えてくる。

魏晋時代から唐代まで

　蕭遥天『中国人名的研究』（1987: 56-62）によれば、風雅な趣味が盛んだった魏晋時代には、命名は特に「高致（優雅で高遠であること）」が要求された。そうした意味を含む漢字というと、「之、乎、者、也」などがあり、「之」は当時一番流行っていた漢字である。たとえば、書道家・王羲之とその兄弟や息子、孫の名前にも皆「之」の字が用いられている。息子には、「献之」や「徽之」などがあり、孫の名前には「楨之」や「静之」などがある。いずれも優雅さがあふれた名前である（pp.50-60）。

　仏教が盛んな南北朝時代には、「僧」という漢字の使用が流行った。たとえば、僧智、僧佑、菩提のような名前である。唐代の末期から五代十国の時期には、戦争が休みなく続き、人民の暮らしは苦しく、みな「彦」という字を名前に用いることが流行し（p.62）、歴史に残る有名人だけでも120以上にのぼっているという（注：彦には才智徳行があり成功するという意味がある）。その他、魏晋

時代には「家譜」を作る風潮が盛んになってきたために、家族の中の同じ世代は、三文字の名前の真ん中の漢字を同じものに決め（字輩）、末の漢字を自由に選ぶという「程式化された二字名」が盛んになった。

　張書岩（1999: 39）では、中国人の名前は形式から見ると文字数は魏晋時代より以前は1文字が主流であるが、南北朝時代に入ってから、1文字と2文字が相半ばするようになり、その後、段々と2文字の名前に変わってきたと述べている。新中国成立後宗族という旧思想の崩壊や1人っ子政策により、「字輩」の習慣が減少し1文字名が増える原因となった、と指摘している。

清朝　漢族人の人名の伝統

　王守恩（1995）は、清朝の光緒時代の漢民族進士3,943人と咸豊同治時代の農民運動の指導者132人の名前に対して計量分析を行い、近代漢民族の命名に関して分類を行ったところ、進士も農民運動指導者のどちらも「期望作為名（期待を名前につける）」、「祝福祈吉名（おめでたい名前）」、「崇聖尚徳名（徳聖を尊ぶ名前）」、「尊揚男性名（男らしさを意識した名前）」、「家族名（祖先を敬う名前）」、「好成長寿名（成長と長寿を願う名前）」、「記念名（何かに記念してつける名前）」、「標志排行名（兄弟の中で何番目かを表す名前）」と「卜兆名（占いでつけた名前）」と「その他」の10種類に分けることができ、進士と農民とで名前の相似率は100％だったという。

　分類をくわしく見ると、近代の漢族の命名の中で第1位は、「期望作為名（期待を名前につける）」名前で、志昂、智敏、鳴盛、抜群、達財、振緒、功迪、建勛、建言、などである。

　第2位は、「祝福祈吉名（おめでたい名前）」で、平、安、定、治、国、邦、泰、靖、廈、祥、瑞、盛、熙、光、慶などとの組み合わせや、沛霖、兆豊、満倉、景福、有財、其亨など。

　第3位は、「崇聖尚徳名（徳聖を尊ぶ名前）」で、後世への教訓、とりわけ人品、徳性への戒めが含まれる名前である。たとえば、宗道、明徳、守綱など。

第4位は、「尊揚男性名（男らしさを意識した名前）」で男性の気高さや男性の「陽性の強さ」を表す名前で、鋼、鉄、錕、銅などの金属元素漢字や、兵器、雷や霆など自然を示す漢字がしばしば使われる。

　第5位は、「家族名（祖先を敬う名前）」で、祖治、明源、崇先、念祖など。

　第6位は、「好成長寿名（成長と長寿を願う名前）」でこれは4つに下位分類され、1つ目は猪（ブタの意）、犬、頼、臭などの漢字が含まれた「人が忌み嫌う名前」である。これは「賤視名」といい、犬やブタなどのように苦難に耐え良く育つようにという意味がこめられている。2つ目は神の守護を祈る名前で、天佑、佛保など。3つ目は「成」という願いを含む名前で、たとえば玉成、乃微など。4つ目は、「健康」「長寿」を祈願する名前で、汝康、積健、寿彭、延年など。これらの人名は農民運動の指導者の人名のランキングでは7位で、進士の人名のランキングでは9位だった。

　そのほか、多くの家族には「宗譜」で各世代の「輩份」で決められた漢字（字輩）がある。農民運動指導者から太平天国の皇帝になった洪秀全はもとの名前が仁坤であり、彼の兄弟の名前は仁発、仁達、仁致、仁開で、これは彼らが「仁字輩」に属していることを表している。

　次に女性の命名に関して、王守恩は「近代の漢族人の命名習俗は男尊女卑の傾向がある」と述べている。よくみられる女性名は、第1位は、女性を標示する名前で、「女、姐、妹、姑」など女性の家族内の位置を示す字、または「女」を含む字が用いられている名前。

　第2位は、兄弟姉妹の何番目であるかを示す名前である。たとえば、「大姑、二姐」など。

　第3位は、女性の姿や顔、表情、装飾や性格などを示す名前で、「娟、嬌、嫣、彩、秀、惜、静、嫻」などの漢字を含む名前。

　第4位は、女性の優しさや「陰の性」を表す名で、「月、蟾、雲、霞」などの漢字を含む名前。

　第5位は、女性を花鳥に譬えた名前で、「菊、梅、蘭、鳳、鶯、燕」などの漢字を含む名前。

第6位は女性を宝に例える名前で、「環、瓊、珠」などを使った名前。

　第7位は女性の道徳を称賛する名前で、「貞、淑、潔、婉、蘊」などを含む名前。

　第8位は纏足を褒めたたえる名前で、金蓮など。

　第9位は男子を望む意味を含む名前で、たとえば亜男という名前があり、「女は男に如かず」という意味である。「招弟」という名は、すなわち、次に弟が生まれてほしいという祈願を含んでいる。

　第10位は無名と変姓名。

　陳建民は『中国語言和中国社会』（1999: 136–138）で、次のように指摘する。半封建、半植民地時代の中国では、教育レベルが低い親にとって、名前と事物は同一のものと信じており、子どもへの命名はほとんど吉祥や福禄寿への追求から離れることができなかった。そのために、子どもたちの名前には中国の伝統的な人生の理想と迷信の色彩が濃く反映されている。その時代（半植民地時代）には、得福や来福、双喜、孝忠、大福や祖光などと命名された子どもが多く、同時に、時代の雰囲気がある名前も多い。たとえば、「五四運動時期」には「馮自由」「張科学」「劉平等」といった名前がある。

　注目すべきは、学のない女性は結婚後、自分の名前がないことだ。彼女たちは夫の名字の後に自分の父親の名字をつけて名前とするのが一般的で、たとえば、陳門魏氏という名前は「陳魏氏」に省略される。これは「男尊女卑」の思想傾向の反映である。

　また多くのエリートは外国人との接触の機会が多かったため、子どもに西洋風の名前をつける場合もあった。たとえば、1980年代王彼得（王ピーター）や許約翰（許ジョン）や庄喬治（庄ジョージ）や羅伯特（羅（ロ）バート）などだ。日本的な「笑子」や「吉太郎」もあったと言う。

　以上、「字輩」や、女性に大変な苦痛をもたらす「纏足」を称賛するような名前「金蓮」は中国文化と関係があり、こうした命名法は中国独特であると言えるだろう。

　1980年代生まれの教え子にも「○太郎」や「大衛（デビット）」

という名前の学生がいた。

1949年以前から1982年まで―時代による差が明らかな時代

　中国社会科学院言語文字応用研究所と山西大学による『姓氏人名
用字分析統計』（1991）では、生年月日に基づいて、人名用字を4
つの時期に分けている（pp.311–454 人名用字和時代的関係）。
　　　第1期は1949年9月30日以前（つまり新中国成立前夜まで）
　　　第2期は1949年10月1日から1966年5月31日まで（新中
　　　国成立から文革前まで）
　　　第3期は1966年6月1日から1976年10月31日まで（文革
　　　開始から文革終了まで）
　　　第4期は1976年11月1日から1982年6月30日まで（文革
　　　終了後から1982年まで）
　それぞれの時期の人気の漢字を全体で10位までまとめると以下
のようになる。
　　　第1期：英、秀、玉、珍、華、蘭、桂、淑、文、明
　　　第2期：華、英、玉、明、秀、国、麗、建、芳、文
　　　第3期：紅、華、軍、文、英、明、麗、建、玉、春
　　　第4期：華、麗、春、小、燕、紅、軍、偉、暁、艶
　上記の多用された漢字の順で見ると、どの時代にも上位であるの
は「華、玉」ということになる。「珍、蘭、桂、淑」は1949年新
中国成立前に多い。
　第2期の新中国建国初期には、「国」や「軍」という漢字が並ん
でいる。第3期の文化大革命期では、「紅」が突然、第2期の第45
位から第1位に急上昇している。「軍」という漢字も第41位から第
3位に上がっている。この2文字で「紅軍」中国共産党軍の意味に
なる。ここから見ると、時代性には政治色が濃いとわかる。
　張書岩（1999: 38）は、同じ統計資料を使ってまとめているが、
1950年代から60年代の前半期には、昔から頻繁に使用されていた
女性の伝統的な名前を除くと、建華、建国、建平、建軍、和平、愛
華、国華、国英、建民、志強、建明、建英、国強、新民、新華など
といった名前が多く、歴史的重大事件が名前に反映されていると言

158

う。たとえば、1950年代初期に勃発した「朝鮮戦争」の時代に生まれた人には、「抗美（アメリカ（美国）に対抗する）」や「保国」、「衛国」などの名前が多く、「大躍進」（1958年）の時代に生まれた人には「躍進」や「超英（英国を超える）」や「超美（アメリカを超える）」や「勝天」や「紅専」などの名前が多い。またいわゆる「3年困難時期」の時代（1959年から1961年。大躍進政策失敗や自然災害により多数の死者が出た）に生まれた人には「発奮」や「図強」などの名前がある。

　楊小寧・王玲娟（2012）は中国西南地域のある県の戸籍を調べ、1950年代から2010年代までの60年間に生まれた人の名前を、10年毎に無作為抽出し、各500人の名前、あわせて3000人分の名前に対して調査を行った。

　その統計によれば、1949年の建国以来、中国人の姓名は時代の流れに伴い変化しており、たとえば、1950年代には、「衛国」や「建国」や「興国」などの名前が流行り、1953年には、「定国」や「衛国」、「援朝（朝鮮を応援する）」などの名前が多い。1958年には、「躍進」や「超英（英国を超える）」などの名前が大量的に出現し、1960年代初期には「必強」や「自立」など、1970年代には「革命」や「文革」などのような時代背景と政治色を持つ名前が最も多い。「50後（50年代生まれの人）」や「60後（60年代生まれの人）」の名前の中には、他にも伝統文化の色濃い「徳」や「秀」、「英」や「華」などの名前も数多くあるという。

　この調査では「徳」などの漢字が1950年代後生まれの人々の名前での出現率が高いとしているが、全国調査の『姓氏人名用字分析統計』にある調査結果では上位には出てきていない。楊らの調査は中国西南地域のある県で行われており（地名は明らかにしていない）、地域によっては伝統的な字が好まれていたということ、つまり地域差があるということになろう。

　知り合いにも1949年生まれで「○解放」という名前の女性がいる。人民が開放された時代に生まれたという親の喜びも歴史的記念の意味も含まれているようだ。

1980年代～1990年代―2文字の名前の増加

　白瓊燁・張浩（2006: 16）は80年代初期から90年代までの間に生まれた男女、あわせて360人を対象とし調査した結果、90年代は男は1文字名、女は2文字名が多いことがわかった。そのほか、父母両親のそれぞれの姓を並べる現象も増えている。たとえば、「李王滕拓」、「劉張飛」などで、（両親の「李」姓、「王」姓また「劉」姓と「張」姓が名前に取り込まれている命名法。）1人っ子政策が進み、両親の中には「自分の姓を次の世代に引き継いでほしい」と思う人も多くなったため、このような「複姓（2文字以上の姓）」という現象が生まれた。そのほか、1950年代に多かった「国軍」や「建国」や「建華」などのような政治の彩色が濃い名前は、80年90年代生まれには、すでにあまり見られなくなっていると指摘している。

　陳建民（1999: 140）では、80年代の改革開放の政策に伴い、名前の「西洋化」の現象も多くなり、「光明日報」1995年11月7日の報道によると、上海のある区の幼稚園には、「尼娜（ニーナ）」や「麗莎（リサ）」や「露莎（ローザ）」などのような西洋風の名前の子ども達が20人いて、幼稚園に通う児童全体の15％を占めていたことがわかっている。

1978年と2008年の比較―名前の性差が減少

　張荷・詹王鎮（2010）は、北京市公安局で1978年生まれと、2008年生まれ、あわせて500人余りの名前を比較し、次のように述べている。

　1978年～2008年の30年間における名前の変化は、①2文字名の増加、②よく使われる文字の変化、③畳語名の減少、④男女名の性差の減少、⑤成語や俗語からつけた名前、⑥虚詞使用の増加などがあったという。そのほか、中国人の名前づけの伝統や習慣の保持とともに、国外文化の影響も受けている。名前の単字（1文字）現象については、西漢以前、中国人の名前は1文字の名前が多く、それと対照的に、西漢以後から明、清朝時代まで、2文字の名前が定着し、また1949年新中国が成立後、1文字の名前が盛んになった。

1990 年代まで、1 文字の名前の数は中国人民共和国成立（1949 年）前とくらべて倍増している。だが、1 文字名であると同名率が上昇したため、2 文字の名前をつける風潮が復活、重ね型は減少したと分析している。

2008 年では、人名における性差は減少し、男女どちらにも使用される漢字使用が広がっている。たとえば、「思、逸、子、然、軒、宇、潤、卓、晨、瑞、文、博」などの字の使用である。女子が男らしい名前をつけるのは男権社会への挑戦とされ、人々の心の中にも男女平等の観念が広がってきた証だとしている。そのほか、虚詞の使用が増加し、虚詞と実詞の組み合わせは、語気をやわらげ、実詞の意味を豊富にすると言う。たとえば、名前「張子涵」の「子」が虚詞である。

白瓊燁・張浩（2006）によれば、1990 年代生まれの人、2000 年代生まれの人たちの名前からは、頻出字（よく使われる字）を見つけるのが難しくなり、これは新しい時代に人々の視野が広くなり、思想も開放されたことと関係があると言う。政治色や伝統的な文化的な色彩は薄まり、命名も生活に根差したものになってきている。これは中国人が束縛を打破し、自由に憧れる心理の構図と時代の景色で、男女の性別のボーダーラインも曖昧になって来たためと言う。

次に前出、劉晨曦（2006: 5）が湖南省にある湘潭大学の 2002 年入学と 2005 年入学の学部生（1982 年〜1990 年生まれ）を対象に調査した結果、やはり、2 文字の名前の数が上昇したことがわかった。統計の結果は以下である。

（1）1 字の同名（70 以上）

敏 131、偉 121、娟 111、勇 106、磊 97、丹 96、斌 95、婷 94、芳 91、静 90、亮 90、鵬 89、波 81、艶 77、俊 72 等

（2）2 字の同名（10 以上）

海燕 30、振華 27、麗娟 22、麗娜 17、志強 16、志華 15、俊傑 15、志偉 14、紅梅 12、鵬飛 12、建軍 11、艶芳 11、海軍 11、海波 11、艶平 10、紅艶 10、暁波 10、小玲 10、麗萍 10、艶華 10

（3）用字（200 回以上使われている字）

文 451、華 422、志 355、麗 337、偉 121、艶 321、明 317、暁

296、平296、輝286、海283、小279、龍270、軍269、娟264、
敏246、紅243、芳236、波230、林226、玲211、勇205

　下線をつけた字を並べると、「文、華、志、麗、偉、明、平、海、
軍、紅」で、前出の社会科学院が実施した1991年の調査結果
（2.1　高頻度20位）にもすでにあることがわかる。これらは1950
年代から60年代に生まれた中国人の名前に愛用された字と同じで
ある。一方「小、暁、艶」などの漢字は科学院が調査した第4期
（1976年11月1日から1982年6月30日まで）にトップ10に上
昇してきた字で、これらの字は1980年代、90年代生まれの中国人
にも人気がある漢字であることがわかる。

「小」、「暁」の多用

　劉晨曦（2006：40）は、2文字名には、「小」、「暁（曉）」とい
う漢字がよく使われていると指摘している。これは1980年代以降、
1人っ子の政策が定着し、日常の生活の中で子どもを「小X」（〜
ちゃん）というニックネームで呼ぶことがよくあり、この「小」を
ニックネームだけでなく正式な名前に入れて定着させたものである。
そのため、「小」の実際の意味が段々失われてきたのだと解釈して
いる。また「暁」は、『説文解字』の中で「明」と説明されている
が、人名の中の「暁」、たとえば暁燕、暁林、暁霞、暁莉、暁婷と
いう名前の中で、暁林と暁霞の「暁」には「明」という意味がある
が、ほかの名前の「暁」には「明」という意味がない。つまり、こ
の種の「暁」は「小」という意味なのだと劉は指摘している。

　日本語では「小」と「暁」の音は全く違うが中国語ではどちら
もxiǎoで、発音だけ聞けば、「暁（曉）」は「小〜」と同じになり、
「ちゃん」と可愛いらしさが生まれてくる。

韻律美

　同じく劉晨曦（2006：40）は、2文字の名前には、たとえば、声
調が35三声＋35三声（小玲xiǎo líng）、214二声＋55一声の「鵬
飞péng fēi」など末尾が上がる（高い）名前が多いと指摘している。

その他の特徴

　また劉晨曦（2006: 40）によれば、今の時代は、「高明」や「方向」や「田野」といった姓に語素をうまく結合させ1つの名詞のように見せる巧みな命名方法があることも指摘している（高、方、田が姓で、明、向、野が名）。他にも「龔里（gōnglǐ 功力？）」や「袁帥（yuánshuài 元帥？）」「程龍（chénglóng 成龍）」などの「諧音（ごろあわせ）」を使った名前がある。おなじく、西洋式の名前、たとえば、「麗娜（Lina）」や「露西（Lucy）」などのような音訳名、「田甜（tiántián）」「李黎（lǐlí）」などの畳語音の名、前述と同様「劉李斌」、「楊章美芝」などのような両親の姓を一緒に使う多姓の並列式、また男女の名前の曖昧化などを指摘している。

　朱益嫣（2009: 98–99）は江蘇省南通市中等専門学校2007年入学クラスと2008年入学クラスに属する3420人の名前について調べ「90後（1990年代生まれ）」の名前の用字をまとめているが、90年代に生まれた学生たちの名前の字は千差万別で、用字が670字あり、それ以外に、「玥、贇、霏、睿、莎、曦、怡、媛、琪、茜、婕、曄」など普段あまり使わない字（生僻字）があり、また「茜茜、婷婷、圓圓、偉偉」など畳語の名前が461もあった。畳語名は明らかに女性のほうが男子より多かった。

　陳健民（1999: 141）の解釈によると、難しい字（生僻字）の使用は同名になるのを避けるために、知識階級の人たちが辞書の中から普段にあまりに使わない字を選び出して子どもに名前をつけたという。

　2005年から12年半、華中科技大学と上海交通大学で教鞭をとったが、武漢の学生はほとんど80年代から90年代初めの生まれで、彼らの名前にも、劉晨曦の指摘した「文、華、志、麗、偉、艶、明、平、輝、海、小、暁、龍、軍、娟、敏、紅、芳、波、林、玲、勇」の漢字が観察できた。ある程度、これらの漢字は2000〜2010年の大学生の名前によく現れる漢字だと言えるだろう。

　また、「亜男」や「俊」や「思華」などという名前の女子学生がいることと対照的に、「晶」という漢字が名前の中にある男子学生もいた。これは男女性別が曖昧になっていることを意味してい

る。「亜男」は男女共に使われ、次の男、男の次の意味である。昔
は「俊」や「思」は男子が多かったが、いまや女子の名前にも使わ
れている。「晶」は元来女性に使われる字だが男性にも使用される
ようになっている。また上記にあるような「生僻字（あまりつかわ
れない字）」の使用、たとえば「玥」や「赟」「曦」などの字のつい
た名前、「珊珊、莎莎、欣欣、晶晶、婷婷」などの畳語の名前もこ
の時代の教え子たちの名前として記憶にある。

これに対し、張書岩（1999: 39–40）は次のように指摘している。

女性の美しさを表現するのには昔は「蘭、桂、芳、芬」などの漢
字がよく使われていたが、いまは「婷」や「妍、嫣、娜、蕾、薇」
などの字がしばしば用いられる。同様に以前は女性の優しさを描写
するのに「嫻」や「淑」などの字がよく使われていたが、「静、潔、
瑩、晨、露、曦、暁、雪」などの字がよく使われるようになった。
また聡明さを表すのに「聡、慧、敏」以外に、「穎、捷、叡」など
の字がよく使われるようになった。「剛、毅、勇、猛」のようなた
くましさは永遠に男性名のテーマだが、新しい時代にはロマンを
感じさせる「波、涛、浪、飛、海、宇」などが加わったと同時に、
「彬、斌、博」などの漢字の使用頻度も増えている。これは男子へ
の全面的な期待を表している。新しい時代には、「お金」や「富」
などの話題を忌むことがなくなったが、「富貴」や「発財」など名
前は却って少なくなり、「璐、瑋、琳、鑫」などのような含蓄のあ
る字が使用されるようになった。そのほか、「磊、鑫、森、焱」の
ような字形に特徴がある漢字の使用も人気であると説明している。

2.3　地域差

2.3.1　七大地域での漢字の使用

再び中国社会科学院言語文字応用研究所と山西大学が合同で作成
した『姓氏人名用字分析統計』（1991: 107–108 人名用字的地区性）
の調査結果を利用して、七大地域での人々の名前の漢字の使用差に
ついて見てみる。

表38から見ると、もっとも多く使われている漢字は、英、華、
玉、秀の4文字であるが、地域で用字の違いがあるのは明らかだ。

表38 『姓氏人名用字分析統計』（1991）p.107から

地区	1	2	3	4
北京	淑	秀	英	玉
上海	英	華	芳	明
陝西	英	芳	秀	玉
遼寧	玉	桂	英	華
四川	華	秀	英	明
広東	亜	英	華	明
福建	麗	秀	治	美

　この表は上位4位だけを抜き出したものだが、中国社会科学院言語文字応用研究所は地域による差が形成される原因を次のように分析している。

　　　その1．方言の違い。たとえば、陝西省と四川省出身の人々は子どもを「娃児」と呼んでいるが、広東省では「仔」と呼ぶ。
　　　　　　「娘」という漢字は普通話（共通語）では「媽」（母）という意味だが、福建省南部の「閩南話」では「姑娘」（女の子）という本来の語義を保存している。そのため福建省出身の人々の名前には「娘」という漢字が現われる。そのほか、上海や広東省などでは、人名の前に「阿」をつけるのが一般的だ。上海では「阿」と書き、広東省では「亜」と書く。「亜」という字は広東省出身の人々の名前で1位になっている。
　　　その2．心理的な差。たとえば、男子がたくましく成長していくよう願う時、陝西省出身の人々が思い浮かべるイメージは「虎」で虎の字が多い。これに対し、福建省出身の人々が思い浮かべるのは「獅子」だ。このために、福建人の名前に「獅」の使用がある。
　　　その3．命名習慣の差。たとえば、「好」は「よい」という意味の字だが、広東省と福建省を除いて、大部分の地方出身の人々はこの字を直接名前に使用しない。
　　　その4．伝統的な習慣と思想の保存。昔、中国人は「陰陽五

行」を重視しており、個人的に「五行」の何かが欠けている場合、名前にその欠けた「字」を入れた。たとえば、広東省湛江市にある化州県同慶公社では、「金、水、木、火、土」のような漢字を名前に入れた人々が多い。

その5. 地理と歴史の差。ある字が地方に突出しているのは、その地理や歴史と大いに関係がある。たとえば、「京」という字は北京の人々の名前に集中し、そのほか、北京とその周辺は昔「燕」と呼ばれたために、北京地区の人には「燕」の字を名前にいれたものが少なくない。

陳建民（1999: 146）にも指摘があり、北京出身の女子の名前では「淑」をつけることが多く、それと対照的に、上海では「淑」の名前は少ないと言う。北方の男子には「鉄柱」や「鉄鎖」など名前、上海の男子は「有根」や「大根」などの名前があり、広東省出身の男子名には「雄」や「豪」「傑」「威」を入れて勢いを象徴することがある。広東省と福建省出身の人々の名前には男子に「球」を、女子に「圓」をはめ込んだ名前も少なくない。しかし北京人にとって、名前に「蛋」（卵）を入れることはタブーだ。このために、子どもに名前をつける時に、「卵」と同じような円形をイメージさせる「球」や「圓」の使用もタブーであると言っている。

表38を見ると、広東省や福建省とほかの5つの地域の命名方法には差が大きい。これは、南方は文化や習慣などの面で大きな差があるために言語習慣にも大きな差が生じているからだと考えられる。

2.3.2 香港人・台湾人と大陸の人の命名の差

香港人・台湾人と大陸人の名前の差について、徐鯤（2008: 30）の研究を利用して、対照表にしたものが次の表である。

表39　香港・台湾と大陸の歌手の名前

	香港・台湾の歌手の名前	大陸の歌手の名前
男	費翔、斉秦 陳奕迅、費玉清、古巨基、高明駿、黄舒駿、黄品源、姜育恒、林俊傑、羅大佑、羅百吉、任賢斉、童安格、巫啓賢、伍思凱、熊天平、周華健、張洪量、周治平	崔健、戴軍、高峰、江涛、劉歓、毛寧、孫楠、楊坤 蔡国慶、陳少華、付笛声、馮暁泉、高林生、景岡山、李春波、羅中旭、満文軍、孫国慶、屠洪剛、解小東
女	蔡琴、斉豫 蔡依林、陳慧嫻、戴佩妮、鳳飛飛、高勝美、関淑怡、梁静茹、李翊君、林心如、莫文蔚、潘美辰、潘越雲、孫燕姿、許美静、許如芸、伊能静、葉倩文、張清芳	艾敬、陳明、陳琳、甘萍、韓紅、那英、孫悦、田震、湯燦、葉蓓 陳思思、成方圓、董文華、関牧村、李玲玉、毛阿敏、彭麗媛、宋祖英、楊鈺瑩、朱哲琴

　徐鯤（2008）の分析によれば、次のようなことが言えるという。

　（1）香港や台湾の歌手の名前は大陸人の歌手よりもっと詩的で優雅である、と同時に、中国の伝統的な味を持ち、特に女性の名前はもっと女らしい。その理由は香港と台湾、特に台湾が中華文化への継承を意識していることと関係がある。

　（2）大陸人の歌手の名前は、政治色やイデオロギー色や国家民族的色が香港や台湾より濃い。たとえば、大陸では、30歳以上（2008年当時）の一般人の名前に「建国」や「建設」「国慶」「愛国」「愛華」「国強」「躍進」「衛兵」「小兵」「学軍」「学兵」といった名前がかなり見られ、「軍」がついた名前も多いが、歌手でさえもこういう名前も多い。例えば、蔡国慶、孫国慶、戴軍など、これらの名字は個性があまりなく、当時の共産主義や集団主義、愛国主義、英雄主義などの社会的意識を反映している。これに比べて、香港や台湾人の名前にはこのような特徴が少ない。

　（3）大陸人では単名字（姓は1文字、名も1文字）の比率が香港・台湾の歌手より高い。

　今後、大陸と台湾の交流が盛んになっていくに伴い、大陸人の名前に個性も濃くなっていき、大陸と香港・台湾の人々との差がなくなっていくと考える。またその一方で、地元文化がますます重視さ

れるため、将来は地方文化や方言の特色のある名前が増える可能性
があるのではないかと考えている。

　以上、中国の命名行為には性別、時代、地域差があることが証明
された。ここでこのことを検討してきたのは、従来の研究のように
中国人姓名の特徴を問題にすることが目的ではなく、「名前と役割
（人物像）」を考察するためである。金水の役割語の定義に倣えば、
「人々がある人の名前を聞くと、その人は男か女か、どこの出身の
人なのか、どの時代の人なのか」ある程度思い浮かべることができ
るかどうかという問題である。

　上述の例からみると、中国人の名前も人物像とある程度結びつい
ていると言えそうである。先行研究で報告された性別や時代、地域
のルールにのっとれば、誰でも、小説やドラマの登場人物にある程
度名前をつけることができるということである。TV の視聴者は人
名を見ると、この人物がどの時代の人なのかという情報を得ること
ができるのではないだろうか。

　それでは、実際のフィクションのなかにおいて、役割と名前との
関係はいったいどのような関係になっているか、ここでドラマを例
にして検討したい。

2.4　フィクション作品と役割の名前のメタファー

　まず、2006 年、中国で放送され広く人気を集めたドラマ『金婚』
を例にして、この作品の中の登場人物の名前を分析する。

　ドラマ『金婚』のストーリーは、新中国が成立後の 1956 年から
始まる。佟志と文麗は平凡な 1 組の夫婦であり、彼らの結婚生活は
希望に満ちた 1950 年代に始まる。その後、60 年代から 90 年代ま
での時間帯を通りぬけ、21 世紀に入る。この 50 年間は中国の変化
が一番激しい時代である。ドラマは編年体という手法で、1 年 1 話
で 50 話、この夫婦の 50 年に渡る波乱の婚姻史を描いている。

　1956 年、重工機械工場の若い技術員・佟志は彼の友達の結婚式
で、小学校で算数の先生をしている文麗と知り合う。「佟志」は
「同志」と同じ発音で、これは 1950 年代では周りの人々に「模範
の労働人」というイメージを与える。一方「文麗」という名前には

168

表40　ドラマ『金婚』の中の登場人物名　　　　　　　　（　）内は生まれ年

子ども （出身年）	佟志		文麗		庄玉心	高淑貞
	①燕妮 （1959）	②南方 （1962）	③多多 （1964）	④思博 （1972） 幼名　大宝	⑤息子　躍進 （1959） 幼名　狗子	
子どもたちの配偶者または彼氏・彼女	⑥劉強（夫） 程洪陽（離婚後の若いボーイフレンド）	⑦蘇戈	⑤庄躍進	⑧倩倩（大宝の彼女） 盧珊（大宝の妻）	③多多	
浮気相手	⑨李天驕 （女性技術者）		⑩小夏 （若い先生、文麗を好きになる）		⑪梅梅（文麗のいとこで庄玉の浮気相手）	
その他	⑫方卓姫（以下改名） 方紅兵、姚舒拉、姚愛倫 （佟志の昔クラスメートで佟志のことが好きである。4度改名する）					

「上品、美しい」というイメージが自然と生まれると同時に、同じ発音の「文理」のイメージ、つまり知識人のイメージと算数＝理の印象も与える。

　彼らには3人の娘と1人の息子があり、隣人は佟志の同僚・大庄と農村出の妻・庄嫂（庄姉さん）である。隣人の名前は庄玉心で、妻（庄嫂）の名前は高淑貞で、彼らには1人息子・躍進がいる。主役と脇役の名前はそれぞれに表40の通りである。

　佟志と文麗の結婚後、1959年に生まれた最初の子ども（女の子）の名前は①「燕妮」である、これはマルクスの妻の名前と同じである。1950年代中国は旧ソ連の援助により大いに工業化が進んだ。「燕妮」という名字はこの時代背景を暗示している。

　隣人・大庄（庄さん）夫妻には息子が生まれ名前は⑤「躍進」で、ニックネームは「狗子」である。庄嫂（庄姉さん・躍進の母親）はふだん自分の息子を「狗子（犬の子）」と呼んでいる（p.156第6位「成長と長寿を願う名前」）。彼の出生時代は「大躍進」の時代で

第7章　命名と人物像　　169

ある（大躍進：1958年から1960年代初め、毛沢東指導のもと行われた農業・工業の大増産政策で、経済原理を無視して進めたため多くの餓死者を出し毛沢東は失脚）。「狗子」の父の名前は「庄玉心」で、やや女性的な名前のようだが、2.2で述べたように1950年代男性名でも「玉」は高頻字（使用が高い文字）である。彼の姓は「庄」は「庄稼（農作物）」の「庄」である。農村出身の妻の名前は「淑貞」で、ややいなかくささと時代感が醸し出されている。

　佟志と文麗の2番目の子（女の子）は1962年に生まれ、②「南方」と名付けられた。1959年から1961年までの中国では、「大躍進運動」と「農業を犠牲にしても工業の発展に力を注ぐ」という政策のもと全国を飢餓の状態に陥れた時代である。文麗は食料不足からくる栄養失調で出産困難になる。そうしてやっと生まれたのが女の子だったため、文麗夫妻は失望し、彼らはこの女の子を重慶にいる佟志の母親に預け育ててもらう。佟志夫妻が暮らしている北京からみると、重慶市は南方にある。そのため彼女の名前は「南方」と名付けたと考えられる。

　佟志文麗夫妻の3番目の子もまた女の子であったため、③「多多」と名付けられた。つまり「多い、余分だ」という意味が含まれている。ドラマの中でも「余計な子ども」というセリフもよく出てくる。

　夫婦の待望の男子「思博」がやっと生まれるのは結婚14年後の1972年である。幼名・呼び名は「大宝」で、この名前には長く待ち望んでいた子ども（宝）という意味が含まれている。この子の名前は④「思博」で、「思」や「博」などの字は張荷・詹王鎮（2010）の研究でいえば2008年頃生まれの子どもに頻繁に使われた字で、加えて男女を問わず誰もが使え、性別意識が曖昧になった字である。1978年、男子の名前は「勇ましくて、たくましい」という特徴を強調し、たとえば、「建鋒」、「鵬飛」、「国剣」などのような名前がある。1972年生まれで「思博」とつけるのは、時代がずれる感があるが、夫妻の都会派な選択かもしれないし、脚本家が、時代が下ったことをそうした形で認識したせいかもしれない。

　佟志は初恋の関係があった女性クラスメート⑫方卓姫と1970年、

170

社会人の勉強会で再会する（方卓娅はそのときすでに名前を「方紅兵」と改名している）。方は結婚生活があまり幸せでないために、佟志を再び愛するようになる。彼女の元の名前は「卓娅」だが、これは旧ソ連時代の反ファシズム戦争の中に登場する女性ヒーローの名前だ。次に1970年代に入り、文化大革命が来ると方卓娅は名前を方紅兵と改名して勉強会に現れる。これは2.2で論述した政治性改名に一致する。

陳建民（1999: 139）は「文化大革命時代に生まれた人々は衛軍や学軍や小紅や紅兵などのような名前が多い」と指摘しているが、ドラマの第42話では、方紅兵はもう一度、「姚舒拉」に改名し、彼女は「紅兵は文化大革命時代の産物よ。」と言うセリフを吐く。1997年、香港が中国に返還された年、方卓娅は自分の名前を今度は「姚愛倫」に変える。「愛倫」は英語名・Allenの音訳である。なぜこういう名前に変更したかというと、姚愛倫はおもに香港で事業を行うようになり、よく欧米に出張で行くため、西洋化した名前をつける必要に迫られたからである。

そのほか、⑨李天驕も佟志に憧れ、佟志も李天驕に気持ちを移したこともある。「天驕」という名前を聞くと、男の名前のようだが、「天驕」は若い女性技術者で、後に佟志の上司となって再登場する。「天驕」は古代の漢族が中国北方に生きていた匈奴族首領・単于に対する呼び方「天之驕子」（後に北方の勢力の強い民主や君主を表すようになった）の意味が込められているようだ。脚本家たちは男勝りの女性技術者で、かつ佟志夫婦の間に入り込む「侵入者」として彼女に天驕と名づけ暗示させたのではないだろうか。当時、佟志と文麗は仕事の都合で北京と赴任先に別居の状態だったため、李天驕はその機に乗じてかなり積極的に佟志に接近する。

⑪梅梅は文麗のいとこで、佟志の同僚でもあり、隣人でもある大庄と恋愛関係にあった。「梅梅 méi mei　3声＋軽声」の発音は「妹妹 mèi mei　4声＋軽声」と近く、この名前には「女らしい、可愛い」という特徴を表す同時に、文麗のいとこという身分を暗示している。中国語ではいとこ同士でも年下の女性のいとこを妹妹と呼ぶ。

次に夫婦の長女①燕妮の夫は⑥劉強という名前で、「強」という

漢字には彼の生年時代の「中国を強い国にしたい」という念願が込められている。また1文字名も上記のとおりその時代に多い名前だ。

　次女②南方（1962生まれ）の夫の名前は⑦蘇戈だ。「戈」という漢字は古代の兵器の一種で、彼の出生年代から判断すると、「旧ソ連と戦った時代」を暗示しているようだ（中国語ではソ連は蘇聯と書く）。その後、彼は南方と一緒にアメリカに渡るのだが、「戈」という漢字は、しばしば西洋人の名前を中国語に音訳するときに使われる。たとえば、「蘇戈拉底（ソクラテス）」「戈尔巴喬夫（ゴルバチョフ）」などのようにである。この「戈」には「蘇戈は後で海外留学組になる」という運命を示唆しているのかもしれない。

　3番目の子どもで長男の④思博はプレイボーイであるため結婚は少し遅い。彼の彼女は⑧倩倩という畳語の名前であり、ここから脚本家が、80年代生まれの若い女性のイメージとして設定していることがわかる。

　このように、ドラマ『金婚』の中の登場人物たちの名前は、2.2で言及した「名前は特定の時代に政治に影響している」ことと一致している一方で、1人ひとりの名前はそれぞれの役柄の性格や背景も暗示している。

　たとえば、「佟志」と「文麗」という名前の背景には、「同志（工業技術者、労働者）」、「文麗（美しい。文理の意も）」というこの2人の社会的役割への暗示がある。文麗のいとこの「梅梅」は「文麗」という名前の間には年の上下関係（姉妹）がある。隣人庄おばさんの名前「淑貞」という名前に対する印象について、周りの中国人友達に尋ねてみたが、「50歳から60歳ぐらいの婦人で泥臭い感じがする」という答えが帰ってきた。ドラマでは農村の出の泥臭い女性という設定である。「文麗」と「淑貞」という名前は、都市出身の知的労働者と農村出身者の対立を暗示している。実際隣人である2人は何かにつけて互いの行動が気に入らず対立する。

　こうした登場人物の名付け方は視聴者にそれぞれの役柄を覚えさせるのに有効である。視聴者に「この人物は誰か、物語の中においてどのような存在なのか」を理解させるために役に立つ。つまり名前が役割語として作用しているのである。

次に、2008 年に放送された青春ドラマ『我的青春谁做主（私の青春誰が主人公）』は、同じ家系に育った 3 人の従姉妹同士が登場する物語だが、この 3 人の名前は少々変わっていることで評判になった。

　名前はそれぞれ「趙青楚」、「銭小様」、「李霹靂」である。趙青楚は北京大学卒業の弁護士で、エリートである。銭小様は学歴がなく、奮闘するがんばり屋の女性である。李霹靂はお金持ちの娘で甘やかされて育った娘で、両親に「イギリスに留学中である」と信じこませ、実はこっそりと北京でレストランを開き、父親に衝撃を与える。ここから見ても、これらの登場人物の名前も明らかに役割を暗示している。

　青楚は清楚（はっきりと）と同音であり、「趙青楚」の発音は「超清楚（非常にはっきりしている）」とほぼ同じ発音になる。北京大学卒業で弁護士のイメージと結びつく。小様は姓と連なると「銭小（お金が少ない）」の意味になる。実際学歴がないためよい就職ができず、苦労をする。霹靂は「晴天の霹靂」の通りの突拍子もない行動を取ることを意味しているだろう。親にイギリスに留学していると見せかけて、北京でレストランを開こうと画策するのである。

　こうした命名は特にドラマに留まらず、中国古典文学にある伝統的な修辞方法を引き継いでいる。

　たとえば、小説『紅楼夢』の登場人物の名前ついては、多くの研究があるが、鄧進（2009: 12）が、趙岡の著作『紅楼夢里的人名』（1982）を利用して行った分析によると、小説「紅楼夢」の命名には、2 つの原則があると言う。

　その 1 は、人名にある種の特別な意味を暗示すること。たとえば、「甄士隠」という名前の人物は「真事隠（事実を隠す）」という意味を暗示し（真是隠と甄士隠とは同音 zhēnshìyǐn）、「賈雨村」は「假語存（嘘の話と同音 jiǎyǔcún）」という意味である。

　その 2 は、脇役、例えば召使たちの名前を並べると 1 つの固定した構造になるということである。お嬢様の「四春」の召使 4 人の名前はそれぞれに「琴」「棋」「書」「画」で、これをならべると「琴棋書画（教養のある人のたしなみ）」という成語になる。また男性

主役「宝玉」の召使四人の名前は「双瑞」「双寿」と「鎧茗（お茶を焙じる）」「鋤薬（薬を抜く）」でそれぞれ対になっている。

近年、「紅楼夢」の研究「紅学」の進展にともない、様々な研究者たちがこの著作の中の人物を分析しているが、陳永国（2005）は次のように指摘している。

(1) 主役の名前は人物の性格特徴を明示している。たとえば、『紅楼夢』の中の「秦鐘 qínzhōng」は実際には「情種 qíngzhǒng（多情）」の意味で、「詹光 zhānguāng」は「沾光 zhānguāng」すなわち「おかげをこうむる」と発音が同じだ。また、「甄費 zhēnfèi」は「真（是）廃（物）zhēn（shì）fèi（wù）」、すなわち「無用の長物」という意味である。「張如圭 zhāngrúguī」は「如鬼 rúguǐ」、すなわち「幽霊のような人間」、「卜世仁 bǔshìrén」は「不是人 bùshìrén」、すなわち「人間でなし」という意味で、「単聘仁 shànpìnrén」は「善騙人 shànpiànrén」、すなわち「人間を騙すのがうまい」という意味だ。「不固修 bùgèxiū」は「不顧羞 bùgùxiù」、すなわち「恥しらず」という意味だ。

(2) 名前が物語の展開のメタファーになっている。たとえば、「甄士隠」の使用人「霍啓 huòqǐ」という名前に隠された意味は「祸起 huòqì」、すなわち「災難が起きる」という意味になっている。

このように、名前に時代性ばかりでなく、性格や、役割、また物語のメタファーとして使用される修辞機能があり、それが現代の中国ドラマにおいても生き続けている。

2.5　フィクション作品の中の名前と性格

奥田（1997: 14–18）は中国の革命小説の登場人物名を名前と役割との関係で分析し、特定の名前が善玉、たとえば革命ヒーローや反抗の農民を代表し、それに対し、ほかの特定の名前が悪玉、たとえば地主を代表していると指摘する。奥田の分類に基づき、整理したものが次の表である。

表 41　善玉・悪玉の名前

	善玉名		悪玉名
紅	紅、紅雨、有紅、正紅、志紅、淑紅、純紅	徳	徳、徳発、徳奎、徳泰、徳利、徳賢、又徳
勇	勇志、智勇、大勇	善	伝善、積善、之善、善人
忠	老忠、宝忠、国忠	富	富高、富貴、富海、春富、占福、尊富、長富
傑	傑、赤傑	貴	貴族、富貴、世貴
志	志軍、志昌、志清、志紅	敬	敬臣、敬仁
海	全海、大海、震海、振海	世	世富、世才、世貴、得世、世銘
涛	向涛、春涛	仁	仁品、守仁、憲仁、里仁、仁徳、柄仁、仁義
山	山秀、青山、振山、玉山	賢	継賢、左賢
峰	剣峰	文	文魁、文盛、祝文
江	江、振江	泰	安泰、長泰、徳泰、魁泰
水	春水、大水、小水	その他	可意、夢遠、金貴、聚財、進財、得雲、慶儒、樹楼、木閣、無常、延年、耀祖、尊富、旺禄、阿四
松	承松、茂松、松柱		
柱	柱儿、柱子、大柱、石柱		
春	春、春喜、春水、万春、春紅		
その他	大栄、克礼、立民、保中、行義、鉄成		

（奥田『中国人の非言語コミュニケーション』1997 年、pp.14–18 より作成）

　奥田は「善玉」の名前として用いられている漢字は、「革命小説」を資料としている関係で、「紅」が際立っていると言う。さらに「善玉」の名前に現れる漢字に特徴なことは「海、涛、山、江、水」という自然を表す漢字が多用されていること。その理由として、当時の教養の低い人々にとって自分達の周りの身近なものを用いて命名したこと、当時すでに儒教思想がすでに無力なものになり、封建主義的な旧中国を「人民中国」変えるためには、「善、徳、仁」などの儒教思想は無力で思想色がないニュートラルなものが必要だったこと、自然は人間の力の及ばない偉大な存在であることなどが理由として挙げられている。

　2009 年に放送されたドラマ『走西口』は、民国時代の初期、山西省に暮らしていた主人公豪族・田家の「田耀祖」が博打に夢中に

なったせいで、家が没落してしまう話であるが、ドラマには「梁満囤」という脇役もいる。彼は「田青」（本来田家の後継）の姉婿で、心が狭く、臆病で、打算な人間だ。彼は「田青」と一緒に「走西口」（貧しくて食えないから西へ向かうの意味）をする。山西省包頭市で出世するために、梁満囤は童養媳（幼い頃から息子の嫁として婚家で養う）である妻・田丹丹を離縁し、現代版「陳世美」（中国古代の浮気男）になる。この観点から見ても「梁満囤」は悪玉である。「満囤」という名前は、「蔵に収穫物で溢れるの意」で農民の名前にも使われるが、地主の名前として使われる。没落しながらも地主的な名前を使用することで悪玉であることを示している。ちなみに上記「田耀祖」も「祖先の遺徳を輝かせる」と言った意味になり、奥田の指摘「悪玉」の中にある名前だ。

倪学礼（2005: 96）は、テレビドラマはある意味小説、戯曲、映画の人物機能理念と人物イメージ理論を継承発展させており、私たちは善悪を主要な人物の条件としなければならず、主要な人物はプラスの人物であり、社会秩序を守り社会の基準にのっとったヒーローでなければならない、と指摘している。

脚本家たちは、名前という「役割語」（役割名）を利用して、視聴者たちの心の中にある「ある特定人物」のステレオタイプのイメージに沿った命名行為を行い、人物とそのイメージを造型していることがわかる。

2.6 姓と役割　名前の役割化

次に姓と役割の関係について見てみたい。

中国社会科学院（1991: 1）の分析によると、「王、陳、李、張、劉」という姓は全部で1133種ある中国人の姓のトップ5である。そのほか、「複姓（2文字姓）」、たとえば「欧陽」や「皇馬」や「司徒」などは8種類あり、「劉王」や「宋劉」などのような「双姓（もとは別の姓が2つ並んだ姓）」は396種あることがわかっている。

羅常培は『語言与文化（言語と文化）』（2009）という著作の中で、「姓からその源がわかる」と書いている。たとえば、「尉遅」は唐代の豪族の姓で、「康」という姓はもと「康国」（サマルカン

ド）の出身であることを示す。「米」という姓は『西域記』に記された「弭秼賀」（Maymurgh）という姓に遡る。「安」は「安国」（Bukhara）国の出身者で、「慕容」という姓は鮮卑族の姓だったが、この子孫は後に2つのグループに分かれ、1つのグループは広東省東莞市で「容」になり、もうひとつは山東省蓬莱市で「幕氏」に分かれている。

　また、羅常培は姓からその人の「宗教信仰」が何かということも判断できると言う。中国の回族の姓氏は漢族と同じで、張、王、劉などの姓もあるが、「回、哈、喇、拝、薩、洒、穆」などの姓もあり、人々はこの姓から「彼が回族である」ことがわかる（2009: 79–92）。

　作家や、脚本家たちも意識するかしないにかかわらず、これらの中国の姓を利用して人物像の造型を行っているようである。

　奥田（1997: 11–14）は、中国革命小説の中で、名前以外にも、「姓」と「役割」にも関係があると指摘している。たとえば、「賈、魏、銭、金、孔、習、胡、黒、黄、白」など中国人の姓、「亀野、横田、黒田」などの日本人姓は悪玉の名前で、「賈 jiǎ」は「假 jiǎ（偽物）」と発音が近く、「偽」という意味が含まれる。「魏 wèi」は「偽 wěi」と発音が似ているため、やはり「偽」という意味がある。「銭」は「金」という意味が含まれ、「お金に執着している」という悪いイメージが浮かび、「黒、黄、白」は中国語の色の中でイメージが悪い（黒は腹黒い、黄は性的、白は縁起が悪い色とされている）。「胡」は「胡説」、すなわち「出鱈目」という意味がある、「亀」には（野合の意味があり）罵りことばとして使われ、また「野」という字には「礼儀を知らない、野蛮」の意味があり、「横」には「凶暴」の意味があると指摘している。

　日本人の名前にも、「諧音（語呂合わせ）」を利用して、自分の名前をからかったり、敬意を表すこともある。たとえば、明治時代の文学家・二葉亭四迷の名前には「くたばってしまえ」という語呂合わせの意味が含まれる。現代の作曲家・久石譲の姓「久石」は訓読で「ひさいし」となるが、音読にすると「クイシ・ジョー」であり、久石が尊敬するアメリカ人ミュージシャン Quincy Jones の名前に

似ている。久石はこのような名前を訓読で読ませ、自分が好きなミュージシャンへの尊敬の意を込めている。日本の文学・芸術界でも散見できるとは言え、現代日本では、こうした例はさほど多くない。「姓名の役割化」というのは中国命名行為の大きな特徴の1つではなだろうか。

　そのほか、譚汝為（2004: 252）は、顔かたちも命名の方法の1つであることを指摘している。

　　むかしは、農民や漁民、露天商や市井の小人物などは多くは顔形で名前呼ばれた。たとえば、敦煌の戸籍には「樊黒頭」という名前があり、元代初年に起こった福建省出身の農民運動指導者は「陳吊眼儿（陳吊り目）」と呼ばれた。そのほか、「張拐子（張のびっこ）」や「郭禿子（郭ハゲ頭）」や「王麻子（王アバタ）」や「孫矮腿（孫短足）」などもある。また古代には、自分が務めた職業に基づいて命名する習慣もあったという。たとえば、宋代孟遠老の著作・「東京夢華録」には、北宋時代の首都・汴梁に、「炭張家」や「乳酪張家」と言った名前が記録されており、歴史が長く美味しい甘味で起業した頼湯圓（湯圓は汁のあるだんご）や張涼粉（涼粉 はくず切りのような食べ物に冷やし中華のような材料をかけて食べる）や徐木匠（徐大工）の名などがある。こうした命名は店の創始者が有名になったあと、この店の影響が広がって定着し、その後、時の流れにともない、その名称が段々とその食べ物や工芸品の看板ブランド名になって来た例である。

　これは「名前の看板化」の例である。ドラマ『走西口』には「革命英雄・徐木匠」という登場人物もいる。「名前を一見すると彼の身分・職業がわかること」は名前の役割語化の一つと言えるだろう。

2.7　中日の命名行為の比較から

　命名行為とは、人に対する命名ばかりでなく、都市の街道名や店名、企業名や商品、化粧品、酒、料理や小説、詩、映画のタイトル等さまざまあり、そうした各分野の命名行為の研究が進んでいる。

　筆者は中国の大学の駐輪場で、日中の自転車の命名にも日中両国

でかなり差があることに気づき、これをきっかけに日中の命名行為に興味を持つようになった。

　そこで、2008年6月、日中の大学生を対象に「命名のアンケート」を実施した。アンケートの内容は「もしあなたが商品開発者だとしたら、これらの商品にどう命名しますか？　理由は？」というものだ。項目は、「冷蔵庫、飲料、香水、車、風邪薬、ネットのハンドルネーム」。対象は、日本は聖心女子大学、東京理科大学や上智大学や立教大学などの大学生、計61名（男38名、女23名）、中国は華中科技大学、中南民族大学の学生60名（男17名、女43名）で、アンケートを配布、回収し整理分析し、その名前のつけ方から日中の命名行為に見られる特徴の抽出を試みた。

　アンケートの調査結果は以下の通りである。数字は回答数。

表42　日中大学生の命名行為の比較

命名対象	日本の大学生	中国の大学生
冷蔵庫	「氷」を用いたもの3、南極・北極12、「鮮」5、動詞、形容詞の派生15、eco、「冷子」、「冷庫太郎」など名前系のもの4	「氷」を用いたもの17、南極・北極12、「鮮」8例。他に、「寒宮」という**典故系**
飲み物	スポーツドリンク系14、「爽快茶」10、緑茶飲料系5、新創造系8（例、カレー飲料、理科大専用ドリンク等）	「怡心、沁爽（爽快、気持ちがいい）」系12、「心泉、清泉（泉）」のミネラルウォーター系9、「初恋、青リンゴ」系8、「動力」等のスポーツドリンク系2、**典故系**（玉の露、思源）2
香水	和風系（桜、大和撫子）11、セクシー系6、他に男性専用のもの、英文字13、カタカナ26	感覚的イメージ系（例Remember Me等）17、草花系（草韻、満庭の芳）14、カタカナ・英文字13、恋人系9、**典故系**（香妃子、出水芙蓉等）8
自転車	楽ちん系（楽のり、らくこぎ）18、エコ系6、〜チャリ系5、コンセプト化（山登り用、軽量タイプ等）19	鳥系（軽燕、飛等）9、馬系9（その中に千里馬、颯露紫等の**典故系**5）、風系8他の**典故系**（風火輪等）3
車	エコ系（Earth、スイカ、水素カー）18、可愛い動物系5、動物2	速度感のある動物猛獣系（迅馳、疾豹）12、風・自然系（旋風、風雷、旋風）12、**典故系**（赤兎）5、品質系（久安（耐用性があり安全の意味）、安安）7、哲学系（永遠、品味）6、再封建化系（君御、皇冠）2
風邪薬	風邪○○系（風邪治し、カゼケア）9、即効系8、和語動詞語尾「ル」および「ン」等の付いたもの（カゼナオール、治るーぜ）12、語句のもの（いたいのいたいのとんでゆけ〜！、薬は飲まないほうがよい、治る気がする、マズイよう！など7	風邪○○系（風邪爽、風邪対散剤）11、即効系3、「康」の字のついたもの（感康、感康灵、安康等）7、現実にあるもの（白加黒、感康等）3、**典故系**（仲景散）1

第7章　命名と人物像　　179

ハンドルネーム	自分の名前の一部分とニックネーム系17、特殊系（curio・I）、スター・アニメ・作家名7、数字の付いたもの3 ＊サイト名と間違えたもの12	ニックネームおよび好きな名前系（akikojan、昏昏）10、日本語系24、**典故系**（花陰）4 ＊サイト名と間違えたもの24

　結果として、日本人学生は冷蔵庫や自動車など電気を使う機械への命名には、時代を反映して「環境保護」の色合いが濃く、そのほか、動詞や形容詞や派生名詞を活かした命名をした商品名が15個あった。たとえば、「冷えるんです」、「冷え冷え君」、「あっ、もう冷えてる？」などである。一方中国人大学生が1番多く使った漢字は「冰」（氷）である。2番目は「南極・北極」を使ったものは12例あった。

　ここからみると、商品の命名行為について、日中の大学生がともに今実際にある商品名に深い影響を受けているという共通点があることはわかった。日中両国の大学生が命名で共通してつけた冷蔵庫名は「鮮」や「企鵝（ペンギン）」と「北極熊（北極グマ）」などがある。

中国の典故系、日本のコンセプト重視

　中国人大学生に特有な現象は「寒宮」などの歴史や物語から借りた、典拠のあるもの・「典故系」があることだ。一方日本の大学生はまずその商品のコンセプトを考え、その上で命名するものが多く、たとえば自転車では19あった。「楽のり」などだ。自転車は「楽を追求するもの」といった前提があるのではないだろうか。中国では典拠を利用するものが多く、たとえば、飲料商品への命名には「思源」があったが、これは四字成語・「飲水思源」から思い付いた商品名である。

　中国の大学生の命名では、自転車についての命名は「千里馬」や「颯露紫」や「風火輪」などがある。いずれも典拠があるものである。日本人の意識には、自転車はすでにスピードが速い交通移動手段ではなくなっている。「らく（楽）」などの語幹が見られることから、軽便で楽しめる交通移動手段になってきたということがわかる。中国では、自転車をスピード感のある移動手段として、通学や出勤

に利用されている。このため、中国人大学生は、「千里馬」や「飛鳥」や「風」といったイメージを持っている。

香水はもともと西洋からの舶来品であることから双方アルファベット使用や片仮名などが多い。日本の大学生では和風のものや男性用も想定している。

車の命名も日中大学生の間に大きな差がある。中国人大学生の命名を見ると、猛獣の名で命名したり、安全面や耐用性などの角度から命名したりしているが、やはり中国人大学生が得意な典拠系の命名がある。他には、「君」や「皇」など字を使っているものがあり、筆者はこれを「命名の再封建化」と呼んで注目している。

観察によると、経済の成長とともない、豪華なマンションやアパートやホテルやウェディングドレスの写真館などが相次いで出てきて、「再封建化」と言えるようなブランドや命名などが多くなっている。

張玥（2006: 97）でも湖北省の中心都市・武漢では、多くの不動産開発団地で「帝庭」や「皇朝新城」、「皇都花園」や「東京世家」、「中皇外灘」、「豪門府邸」などのような封建色の濃い名をあちこちで見かける、これは中国政府が提唱するいわゆる社会主義精神文明と逆行しており、命名を規範化すべきだと指摘している。

経済発展に伴い、帝王や貴族のイメージと結びついたこうした「再封建化」の名前は今後増えていくのではないだろうか。またドラマの道具、背景となる建物や商品にも反映されてくるはずである。

ネットのハンドルネームについて、多くの日本人は自分で好きなスーパースターや作家やアニメのなかの役などから命名しているものもあるが、これは一種の憧れを名前にしたもので、「典故系命名」とは一線を画していると考えている。これはいわば、憧れであって、中国式の「典故系の命名」とは、古典文学作品に記載された詩句や成語、歴史的人物や物事の故事に関係した知識を用い、知識人としての知識を総動員した命名であり、これを筆者は「典故系命名」と呼んでいる。

表42からわかるとおり、日中両国の大学生はいずれも、命名の時に、すでにある商品名や広告の影響を受けているが、日本人大学

生には「典故系命名」がほとんど見られず、まず「コンセプト化」
して命名する場合が多く、これと対照的に、中国人大学生の命名に
は太字のように、いずれも「典故系」が存在していることが特徴的
である。この角度からいえば、日本人大学生は「創造的な命名」を
好み中国人大学生は「温故知新」を好むといえる。

　陳建民（1999: 162–163）は、「生活の中に、名作の登場人物を
利用して命名したお店をしばしば見かける」と指摘する。たとえ
ば、「咸亨酒店」や「孔乙己酒店」、「祥林嫂酒店」、「未庄餐厅」な
どのレストランの名は作家・魯迅の作品から取られたもので、文化
的な味わいが漂っている。ほかにも、典故系命名がある。たとえ
ば、「天外酒楼」は唐代詩人・宋之問の詩句からのものである。こ
の詩句は「桂子月中落、天香雲外飄」である。「居無竹飯店」の名
は蘇東坡の詩句からきており、「可使無食肉、不可使居無竹。無肉
令人瘦、無竹令人俗。」で、よい店名は文化的品位が高く、個性的
で、人々から愛されると述べている。

　名前には男女の差、出生年代、出生地域、職業などの役割的記号
が隠れている。そして命名行為にも、行為者の身分への提示が隠れ
ていると言ってよい。中国人の命名行為では、とりわけ文人や大学
生など知識人による命名行為には、「典故主義」を抜きにしては語
れないということである。

　このために、中国で知識人としての役割を演じたいならば、典故
に関する知識が不可欠である。実際インターネットのハンドル名に
も、そうした典故による命名が眩いばかり揃っている。

　次の章では、ネット上の発話主体として「発話キャラクタ」とネ
ット上の発話主体の言語について考察する。

第8章
ネット上のキャラ現象

　前のいくつかの章では、主に映画やドラマの中における「中国語の役割語」の関係つまり、役割語と方言の関係、中国の伝統的な役割語、非言語行動の中の役割語、また人物像と中国語教育（成語教育）の問題、また、命名行為のなかにある役割語の問題などについて検討してきた。

　映像や画像があり、音声のある世界においては、イメージ（人物像）と言語というのは比較的関係を結びやすいものである。しかしながら、ネットの世界は動画サイト等を除き、基本的には音が欠落した世界であり、表現主体の人物像を表す画像も多くはなく、あったとしても確かである確証もない。では、このように、偏った空間の中で、人々はどのように自己のアイデンティティーをとらえ、1人の中国ネットユーザーとして自己の人物イメージを構築し、人と交流するのだろうか。

　我々は名前やその命名行為から、その人の性別や、年齢、地域などの属性を想像しているのではないだろうか。

　定延利之（2007: 28）では「キャラ助詞」ということを提唱しているが、これは主にネットユーザーが自分の人物像を造型するために文末につける終助詞のことである。定延は（定延2011: 35–54）またネットや小説などにおける発話キャラクタの「キャラ変わり」という現象についても指摘している。

　この章で考察したいのは、ネット上のキャラ（人物像）は、中国のネット世界の中で日本と同じような現象を呈しているかということ、またもし「キャラ変わり」があるとしたらどのような生態で、どのような作用をもたらしているのかということである。

　この問題の答えを探すために、ここでは以下のいくつかの問題を検討することにする。

1. ハンドルネーム

2. ネット上の発話キャラクタとキャラ変わり現象

3. ネットの中にある「キャラ現象」から見た中国語の若干の問題

である。

1.　ハンドルネーム

張雲輝は『網絡語言語法与語用研究（ネットことばの文法と語用研究)』（2010: 72–73）という本の中で、インターネット文学の中の登場人物のありようについて、「中国はここ10年ほど前から、旧ソ連の文学者バフチンの文学理論を学術研究に用いることがブームになっているがインターネット文学もまた、バフチンのカーニバル文学理論の様相を呈している」と述べている。「「カーニバル式」とは、カーニバル（謝肉祭）では人々は敷居をなくし、様々な人が皆平等で特にマナーにこだわらない。一種の親密な接触をする愉快な世界で、マナー制限の打破を正常なものとするコミュニケーション活動」を指すという。「カーニバル」とは主に楽しさを追究し、コミュニケーションと刷新を重視し、固定化や化石化に反抗し、規律の厳しい制限はなく、形式の多元化を呈するものという。

張の言う「ネット文学」の登場人物たちの状況に限らず、インターネット上の「キャラ交流現象」もまさにカーニバル化の様相を呈していると言える。

ここでいう「キャラ交流現象」とはネットユーザーがハンドルネームあるいは実名でネットにアクセスし、交流する過程で現れる自己の性格規定、またはほかの人物になりきって用いる一種の言語交流を指す。

まずここで検討したいのはハンドルネームには、第7章で考察した実生活上の名前と同じように性別や、年齢、時代、地域などの差があるのかどうかという問題である。人々は相手のハンドルネームを見ると、相手の属性や性格などのネット上のキャラ（人物像）を知ることができるのであろうか。ネット上のキャラが引き起こす言語現象にはどのようなものがあるのかということである。

1.1 ネットことばの研究とハンドルネームの研究

まず、「ネットことばとハンドルネーム研究」の現状について見ておくことにしたい。

1997年に設立された国家的インターネット調査機関である「中国互聯網絡信息中心（China Internet Network Information Center、CNNIC）＝中国インターネット情報センター」が2012年に発表した研究報告「互聯網発展信息与動態（インターネット発展情報と動態）」によれば、2012年10月までに、中国のネットユーザーの数は5.55億に達し、インターネットの普及率は41.4%となっている。

ここでネットことばの研究について王用源・李爽他（2012: 81）による「網絡語言研究現状及存在問題浅析（ネットことば研究の現状と存在する問題）」から概観すると、王らが、中国期刊全文数据庫（CNKI）を、「網絡語言（ネットことば）」でデータ検索したところ、2012年8月20日までに論文のテーマとして「網絡語言（ネットことば）」を含むものが全部で1,650あり、「網絡用語（ネット用語）」ということばが含まれる論文102、「網絡詞語（ネット詞）」に関する論文が105で、全部で1,857だった。キーワード検索では「網絡語言（ネットことば）」を含むものは4,254に達し、「網絡用語（ネット用語）」を含むもの506、「網絡詞語（ネット詞）を含むものは392に達し合計5,152に及んでいる。

ここから学術界のネットことばへの注目度の高さと研究者の多さがわかるが、全体として学術コア雑誌（CSSCI）に掲載された研究は少なく、普通の刊行物に掲載された文章が多いと指摘している。また、陳敏哲・白解紅（2012：131）は各時期に分け、1994年から2000年では、研究者たちの議論の重点はネットことばに対する意識およびネットことばの規範問題についてであり、ネットことばの性格と形式的な特徴、および修辞法について初歩的な検討がなされている。2001年から2005年では、研究の重点はネットことばの性質と形式などの問題についてとなり、ネットことばには「創造性」と、「イメージ化」、「簡潔性」、「規範の欠如」という4つの大きな特徴があることが議論されていると言う。

陳らはこの時期の研究の一つとして何自然（2003）を紹介しているが、何自然・何雪林はこの論文で、リチャード・ドーキンスが『The Selfish Gene（利己的な遺伝子）』の中で発表した「ミーム」の観点からネットことばを研究、ネットのことばは、ウイルスのように感染し、模倣・複製され伝播していくと考えている。

2006年から2010年の間は、ネットことばの意義および認知心理学的研究がはじまるが、引き続き、ネットことばの性質について論じているのも少なくない。ただし観点は大同小異で、重複が多く、体系的な理論研究や新しい研究成果が少なく、前の時代の研究を越えたものがないと述べている。「優秀修士論文」は158本に達している。

1.2　ハンドルネームの特徴と時代差、性別、地域差

「網名（ハンドルネーム）」の定義について、劉澎心・呉十日（2005: 120）は「パソコンユーザーがネット上で使用する名前で、昵称（ニックネーム）でもある」と定義している。陳李軍（2011a）は40篇の関連の論文を整理し、ハンドルネームのタイプ、特徴、ネーミングの動機、要素、文化的要素、ことば、修辞的特徴等のいくつかの面から分類を試みている。このようにすでにハンドルネームについても相当研究がされていることがわかる。

ハンドルネームの構造や特徴、時代差、性差、地域差について、ここでは比較的代表的な2冊のネットことば研究の専門書の記述を頼りに整理する。

1冊は社会言語学者・于根元主編『網絡語言概説（ネットことば概説）』（中国経済出版社2001）で、もう1冊は張雲輝著『網絡語言語法与語用研究（ネットことば文法と語用研究）』（学林出版社2010）である。2冊の本の出版はおよそ10年の隔たりがあり、ハンドルネームの特徴についての考え方以外にも、時代的変化を知ることができる。

（1）于根元主編『網絡語言概説（ネットことば概説）』（2001: 114–120）では、ネットコミュニケーションは「匿名性」が特徴で、これこそが、ネットユーザーが創造性を働かせるためのキーポイン

トであるとしている。

また、「昵称（ニックネーム）」の形式には以下があるという。

①名前に数字を加えたもの。例．Steve-193

②自分の名前を改造したもの。例．AnthonAce、月野兔

③フレーズを名前としたもの。例．人海捞金（人の波のなかで金を掬う）

④人名の借用。例．叶利钦（エリチン）

⑤中国伝統名と違うもの。例．阿童木（アトム）、雪山飞狐（雪山一人飛ぶ。姓と名前という習慣を捨てている）

⑥中国語ならではのピンインの使用。例．liuhaiyan

于らは、この本の中で2000年8月25日に中国インターネット最大のポータルサイト「搜狐」に掲載された「網上男女全攻全守（ネット上の男女全攻略）」という文章を引き合いに、ハンドルネームの命名法は「怪（変わっている）、痞（ごろつき）、土（ダサい）、洋（洋風）、陰（暗い）、酷（かっこいい）、煽（扇情的）、雅（みやび）」の8つの文字に代表できるとしている。

たとえば、「怪」には、「猪八戒」ではなく「猪七戒」、「痞（ごろつき）」には「軽舞飛揚（ネット小説の登場人物の名前）」、「土（ダサい）」には「小草（小さな草、草ちゃん）」や「黄毛丫頭（毛の黄色い女の子）」、「洋」には「亜歴山大（アレキサンダー）、安娜（アンナ）」、「陰（暗い）」は「欧陰鋒（欧陽という姓を欧陰に）、害虫（害虫）」、「酷（かっこいい・クール）」には「街頭小子（ストリートヤングボーイ）、地主的女児（地主の娘）」、「煽（扇情的）」には「欲望女郎（欲望の女）」、「雅」には「雨飛須巻（雨飛び、御簾を巻く）、飯後茶（食後のお茶）」などの例が挙げられている。

実際「雅のハンドルネーム」にはラベル的な作用があり、ある範囲の中で互いに認識しあう快感を伴っている。ハンドルネームとはインターネットコミュニケーションの上での身分証明であり、人との重複を避けるために個性化が必要にもなる。ハンドルネームは使用者の好みや、対象、行動などを象徴しており、ほんの小さなハンドルネームの中に多様な文化的色彩がイリュージョンになって現れていると述べている。

（2）張雲輝の『網絡語言語法与語用研究（ネットことば文法と語用研究）』（2010）は（1）よりほぼ10年後のネットことば研究書である。張はポータルサイト「捜狐」の「Chainaren」掲示板コミュニティーを例に、コメントを寄せている人たちのハンドルネームを統計分析し、その構造には以下の面があるとまとめている（2010: 44–45）。

①漢字：ハンドルネームが純粋な漢字の組み合わせだけからなるもので、伝統的な中国語名と違うのは、美しい寓意や祈りのためでなく、かつ字数にも制限がなく、特徴は形式にとらわれないということ、新奇な遊びであることが主要な命名の方法になっている。例．寒羽冰箱（寒羽冷蔵庫）、飛天大肥猫（空飛ぶふとっちょ猫）、小無頼（無頼ちゃん）。

②英単語：中国語名と同じように単語の数にとらわれず自由な使用をしている。例．Chase-only、hellokitty、daydream等。

③中国語ピンイン：中には意味が推測できないピンインもあり、キーボード上で適当に打ったようなものもある。例．zhiranairen、tamendeniao、inTin、wylhlj等。

④さまざまな記号などのミックス：

このタイプの構造は多様で、特殊な記号＋漢字、漢字＋ピンイン、漢字＋数字、記号＋数字、漢字＋記号＋ピンイン等がある。中には全く発音不可能のものもあり、他との差別化を狙ったものである。例．■｜.焱丫头└◆╱、oO晓岚Oo、　@@778、肥胖的小笨（太ったおバカちゃん。日本語の「の」が使用されている）等。

（1）と（2）の本の分析を比較してみると、ハンドルネームの命名方法がいっそう無秩序で無規範状態になってきていることがわかる。あるものは発音することさえ拒絶しており（（2）–④）、見て識別できればそれでよいというわけで、字数に制限がないのも特徴的である。

陳李軍（2011a）によれば、王靖（2007）「網絡用戸名研究」山東大学修士論文ではハンドルネームには文法規則がないといい、張

莉（2004）「網名的語言調査及文化分析」『河南大学学報（社会科学版）』第44巻第3期 pp.130–132 の調査ではハンドルネームは現実世界の名前の固定した構造からまったく乖離しており、実名をまねたハンドルネームは少ないと指摘、周文文（2009）「QQ名的社会語言学探析」暨南大学修士論文では、QQ（中国最大のチャットルーム）でのハンドルネームは伝統的な名前の制限を突破し、ことばでも、フレーズでも、文でさえかまわなくなっていると述べている。

　陳俊他（2006: 959）のハンドルネーム命名動機の研究によれば、ハンドルネームの命名の動機には、性差が存在し、女性は「個性を出すこと」と「自然へ近づくこと」が重要で、男性は「自己の価値の追求」、「感情のはけ口」と「流行に乗ること」がより重要だと考えていることを明らかにした。また、女子学生たちは、さらに異性の前で性別の特徴を打ち出したいと考え、ハンドルネームを通じて自己のジェンダー特性や、期待される性格の特質を表現し、ネットコミュニケーションのバーチャル性と匿名性を利用して理想の自己を造型していると述べている。

世代差

　高秀娟（2008: 351）は①70年代生まれの未婚の男女（大卒レベル）および、②80年代生まれを主とする大学生、それから、③90年代生まれの高校生という3つのグループに対して、それぞれのQQ（ネットサービス会社「騰訊（テンセント）」が提供する中国最大のSNS）におけるハンドルネームを対象にランダムサンプリング調査を行った。

　調査の内容は、年齢、性別、地域などの角度から、①〜③グループを分析、ハンドルネームが何音節でできているかという音節分布状況や、意味的特性および命名者の心理を分析するものであり、その結果、異なる年齢、性別、地域によってハンドルネームの印象が違うという結論を得ている。

　高は調査から「70年代生まれ」と「80年代・90年代生まれ」のハンドルネームの差が大きいことを見つけ、「90年代生まれ」は主に新しさや、おしゃれ、そして個性を追い求め、ハンドルネームの

形式も、記号、アルファベット、数字、漢字のごった煮状態で、メディアを十分に利用し、歌詞、詩、広告、流行語、そして映画のセリフなどもハンドルネーム体系の中に取り込み、ほとんどないものはないと言っていい。例えば、「軻鱬ヤ棉銍饇」などだ。「80年代生まれ」は比較的漢字の使用が多く、漢字のハンドルネームが70％を占めている。「70年代生まれ」の未婚のグループでは、互いの交友関係をよりスムーズにしたいという目的があるために、五感に訴えるようなきれいな記号をハンドルネームの中に加えていることがわかった。

性差

　同じく、高秀娟（2008: 351）では、女性は可愛く、純粋で、神経のこまやかなハンドルネームを使用することで自分自身を「か弱い女の子」として演出していると指摘する。

　例えば、「丫丫（ヤーヤー）」、「菲菲（フェイフェイ）」（どちらも重ね型で幼名のように可愛い）、「百合」などだ。同時に意味のない記号を付け加えたものもある。例えば例「★、＊、♥、洁儿☎」などである。

　また高によれば、男性は男性色の強い漢字を選んで男の強さを表すものが多いと同時に使用する記号も面白い。例えば、「圂図国」（圂は古代「国」と同義）、「〜絶蛎〟処男」など。

　譚珍宜（2009）は「QQ交友中心（QQの恋人募集専用広場）」の北京地区の「70年代生まれ」と「80年代生まれ」および「90年代生まれ」の3つの異なる年齢の、「都会の達人」というネットコミュニティーのハンドルネームの中からランダムサンプル調査を行っている。

　それによれば、70年代生まれのネットユーザーのハンドルネームの多くは、雅趣溢れた名前と、自然へのあこがれを表出した名前であり、彼らは、知恵を絞ってハンドルネームを考えているが、もっとも重要なのは他者に対する訴求力で、コミュニケーション効果を高めようとしていると言う。しかし、年齢が違い、交際目的が違ってくればハンドルネームの命名法もまた違ってくる。「80年代

生まれ」は理想と愛情を追究するものが多く、その多くが生活に対する思いや、女性では優しい思いやりのある人物であることを表現していると言う。例えば「似水柔情（水のように柔らかな情感)」、「花香満径（花の香りが小道に満ちる）」等だ。

「90年代生まれ」はネット上で広く友だちを作り、自己の性別の特徴および期待される性格特質をアピールし、ネットコミュニケーションのバーチャル性を利用して、あらゆる手を尽くして人気を集めようとしている。彼らのハンドルネームは形式の上で他の人と違うおしゃれ感を求め、意味上では独自の注目力を高めることを考えている。そのため、特殊なハンドルネームがこの世代には比較的多いと述べている。

筆者の学生たちのQQ上のハンドルネームを収集してみると、80-90年代生まれの名門大学の学生たちのハンドルネームは高秀娟（2008：352）の調査結果にあるような「90年代生まれの」高校生のハンドルネームにある記号、数字、漢字のごった煮的な名前は少なく、むしろ「雅」タイプのハンドルネームが多かった。その原因はおそらく、名門大学の学生たちは、平均的な高校生と教養水準に差があることが考えられる。彼らは、典故主義から離れることはできず、そのためにハンドルネームもまた、この集団の文化的水準を反映していると言える。

地域差

陳李軍（2011b：236-237）では、異なる地区のハンドルネームのつけ方の特徴を探るために、天津、上海、広州の3つの経済力トップ10に入る沿海都市と、蘭州、西寧、銀川という経済力最下位の内陸部発展途上都市の計6つの都会人のハンドルネームを調査している。

各都市から「16～30歳」までの人たちのQQ名のおよび「百度Hi」におけるハンドルネームをランダムサンプリング調査し、約1,700の名前を抽出した結果、沿海地区の経済発展した3都市であれ、内陸の比較的発展の遅れた3都市であれ、ハンドルネームは漢字タイプが絶対多数を占め、それぞれの都市のハンドルネームの形

式の割合はほとんど同じであった。

　ここから見ると、ハンドルネームには性別と出生年代別の差はあるが、ネット時代には開放性とスピード性の特徴があり、これによってハンドルネームの地域差はなくなっていると考えられる。

　匡文波『網絡伝播学概論』（2009: 132）では、「2005年以降、娯楽のためにネットにアクセスするネットユーザーの割合は第1位を占めるようになった。ネットメディアの娯楽化の主要な原因はネットユーザーの構成の大衆化にある。インターネットはまさに「エリート（若くて高学歴の男性集団）」の専用から大衆化メディアへと転換し、ハンドルネームの構造も大衆化の勢いを見せている。社会心理学の角度から分析するなら、大衆はエリートに比べると、より娯楽性の高い情報を好むものである」と言っている。

　以上のようにインターネットは1990年頃のように少数のエリートたちの独壇場ではなく、毎年多くの普通の若いユーザーたちがネットを使用し、ハンドルネームをつけるにあたっても、本の中から典故のあるような物を探すのではなく、まるで自分の引き出しにあるガラクタを適当に取り出してハンドルネームしたかのような様相を呈しているというわけである。

　ここで、一考に値するのが、ネットの一大特性である匿名性ということだ。ハンドルネームでは一般には互いに誰であるかを探り当てることはできない。しかし、自己のイメージを作り上げるためにハンドルネームをつけるときに、その人がどのような人物であるかという糸口を残しているはずである。

2.　「発話キャラクタ」

　匡文波（2009）は「ネットでの伝達には、主体性と、相互性とが備わっていて、ネットの視聴者（受容者）は伝統的なメディアの視聴者にはなかった新しい特性を備えている。つまりネット伝達の中では、送り手と受け手は瞬時にその役割を転換させることができ、これらの役割転換はことに、BBS（掲示板）フォーラム、メール、チャットルームの中で非常に明確である。ある調査によれば、

チャットは中国ネットユーザーがインターネット上で最も好きな活動となっている。」（p.113）「ネットのチャットルームの基本的性格は匿名性である。ただしネット上の匿名とは名前がないという意味ではなく、ニックネーム（ハンドルネーム）の使用を意味している。このニックネームの多元化はある意味において1人の人間の立場の多様化であり、ニックネームを好きなように変更することは一種の自己認定のゲームとなっている。」（p.90）と述べている。

自己認定の多様化とキャラゲームといえば、ネット上のハンドルネーム（ニックネームまたは言語活動主体名）の変更は、その使用する言語コードのスイッチを引き起こす。あるいはニックネームが変わらない場合でも発話の主体としての私とあなた、わたしと彼という呼称詞やことばに変更がある場合がある。ここで注目したいのはこの言語と人物像との結合方式という問題である。

定延利之（2011）では金水敏（2003）の「役割語（角色语言）」の概念を受け継ぎ、人物像（キャラ）を表現キャラクタと発話キャラクタの2つに分類していることは第6章でも述べた。

第6章では中国語の体態語（非言語行動）を考察、主に「表現キャラクタ」との関わりで論述したが、ここでは、ネット上の「発話キャラクタ」の「キャラ変わり現象」について考えることとしたい。

定延の定義によれば、役割語によって暗に示される『老人』のような、発話動作の行い手としてのラベルづけられたキャラクタを、適宜「発話キャラクタ」と呼んでいる。

定延は以下のようにキャラ変わり現象に言及している。

　　インターネットには「拙者ドライブに行ってきたでござる」という書き込みが存在している。「拙者」「でござる」ということばから感じられるのは《侍》キャラだが、この書き手が日常生活のすべてを《侍》キャラで通しているわけではないだろう。だいたい、ドライブに行く段階で《侍》キャラは破綻しているではないか。つまり、この書き込みに見られる《侍》キャラは一時的に発動されたもので、もとのキャラクタから切り替えられたものである。だが、「遊び」だからいいのでござる。

　　インターネットには「まろ」「でおじゃる」などと、《平安貴

族》キャラ（あるいはそれをモデルとしたアニメの主人公《お
じゃる丸》キャラ）が発動されている例も珍しくない。これら
を書いている人たちが日常ずっと《平安貴族》キャラで通して
いるはずはない。《平安貴族》キャラは臨時的に発動されたも
の、つまりもとのキャラクタから切り替えられたものだろう。

(pp.35-36)

　上述の言語を通してキャラ変わりする情況について、定延はまた
このように説明する（2011: 36-42）。

　①「遊びとしてのキャラ変え」は、最近始まったことばの乱
　　れ、というようなものではない。私たちは昔から、こういう
　　ことをずっとやってきたと言える。たとえば檀一雄『火宅の
　　人』や太宰治の戯曲『春の枯葉』などのなかにも見られる。

(pp.36-37)

　②キャラクタの変化は原則として、コミュニケーション行動と
　　連動する形で生じる。それぞれのキャラクタには、得意とす
　　るコミュニケーション行動がある。話し手が或るコミュニケ
　　ーション行動を繰り出そうとすると、それを「得意技」とす
　　るキャラクタが発動される。暴力的なコミュニケーション行
　　動に出ようとすると、それを得意技とする「おれ」キャラが
　　発動される。ハードボイルドにキメられない、となると「ぼ
　　く」キャラが代わって発動される。　　　　　　(pp.38-39)

　③「話し手が或るコミュニケーション行動を繰り出そうとする
　　と、それを「得意技」とするキャラクタが発動される」とい
　　う、コミュニケーション行動とキャラクタの連動は、多くの
　　場合、「人格」の統制下にあり、連動は「人格」によって阻
　　害されることがある。「コミュニケーション行動」には、し
　　ゃべること、つまり言語行動だけではなく「流し目をする」
　　「にじりよる」「ひざをつねる」といった非言語行動も含まれ
　　る。　　　　　　　　　　　　　　　　　　　　　(p.40)

　④私たち一人一人の身体によって、似つかわしく周囲に受け入
　　れられやすいキャラクタとそうでないキャラクタがある。

(p.42)

次に、中国のネットの中の「発話キャラクタ」がどのような状況であるかを次に見てみたい。

2.1 インターネット上の中国語の「発話キャラクタ」

インターネットにおける発話キャラクタを観察するために、第3章で選んだ15のキャラクタを設定し、「微博（中国版X、ウェイボー）」の検索機能を使ってこの15のキャラクタを探してみた。15のキャラクタは金水敏（2003）の各章で議論された「日本の役割語の主体」にほぼ対応させている。①インテリ、②商人、③農民工、④田舎者、⑤武将、⑥英雄（国家指導者）、⑦淑女、⑧皇帝、⑨召使い、⑩江湖、⑪ヤクザ、⑫コソ泥、⑬和尚、⑭孫悟空、⑮猪八戒である。（⑭⑮は物語の登場人物であるが、金水の「異人キャラ」の1つとして中国人ならだれでも知っているキャラとしてを設定した。）

2012年12月29日〜31日にかけて、この15のキャラに相当する名詞、たとえば、皇帝キャラでは「皇阿瑪（皇帝に対して「父上さま」）」といったように、新浪微博の検索機能を使って中国のネットユーザーのこれらのキャラの使用状況を調べた。それから、彼らの属性を確定させるためにその「微博（ウェイボー）」のつぶやきの個人のページにいき、他のツイート（ポスト）や、写真などでその人の属性を確認するという作業を行った。日本で使われているツイッター（X）と違い、「微博（ウェイボー）」個人のページには性別とおおよその年齢も含まれている。現在中国では、この中国版ツイッター（X）「微博（ウェイボー）」の使用登録には「性別」の欄は必ず事実に基づいて登録しなければならない。そのため、つぶやいた人の性別に関しては信頼が置けるというわけである。いくつかのキャラクタは上記の①〜⑮の設定どおりには見つからなかったが、以下53例を得た。これらの例を検討することによって、中国語の「発話キャラクタ」のキャラ変わり現象とその働きについて考察したい。

皇帝関連のキャラクタ

　　((1) 〜 (53) の用例は、番号の後に来るのがハンドルネーム
で、：以下がつぶやきである。〈　〉の中は発話者の属性と、誰にあ
てたものかを確認したもの。アミカケはキャラに関係する呼称や述
語表現である)

皇阿瑪（清朝の皇室ドラマで、皇帝の息子や娘が皇帝を呼ぶ呼び方）

（1）枉凝眉＿：剩下的这三个人实在是不需要我了，提前打道回
府。俺皇阿瑪已经策马过来了。

　　　枉凝眉＿：残ったこの 3 人はまったく私が要らないのね。先
にお屋敷にご帰還なさった。おいら（俺）の皇阿瑪（父親）
もすでに馬を走らせ来ているのだ（車で迎えに来てくれてい
るさ）。　〈女子大学生が自分の父親を皇阿瑪と呼んでいる〉
　　　　注)「枉凝眉」は『紅楼夢』の中にある曲名。

（2）做快乐的自己 19940129：回到家真是好，今天一天都很开心，
织的围巾给皇阿瑪和額娘，他们很开心，所以我也很开心，嘿
嘿，晚上和爸爸坐在一起看电视

　　　たのしい自分づくり 19940129：家に帰るって本当にいい。
今日一日とっても楽しかった。編んだマフラーを皇阿瑪
（父上）と額娘（皇帝の妃：母上）にあげたら、彼らも嬉し
そうだから私も嬉しくて、へ、へ、へ、夜はお父さんと一
緒に座ってテレビを見るの

　　　　　　　　　　〈女子学生が両親を皇帝、母宮と呼んでいる〉

（3）啃烂泥：我又迟到了皇阿瑪带着我们班 20 个学生围着操场跑
的跟闯关东似的

　　　どろ齧り：私また遅刻しちゃったから皇阿瑪が私たちクラ
ス 20 人の学生を運動場に連れて行って走らせるからまるで
「闖関東（山東省から遼寧省へ人たちが移動した故事とその
ドラマの名前）」みたいだった

　　　　　　　　　　〈女子学生が先生を皇阿瑪と呼んでいる〉

皇上（皇帝陛下）

（4）李雪冰 tedd：臣妾祝皇上生日快乐爱你爱到想叼你

　　　李雪冰 tedd：臣妾（わらわ）は皇帝陛下のお誕生日をお祝

196

いし、あなたを愛すことあなたを犯したいほどでございま
す　　　　　　　　　　　　　　〈女子学生が女子学生を〉

娘娘（皇后陛下）

（5）复古英伦风：恭祝娘娘凤体早日安康

　　復古英倫風（イングランド復古調）：皇后陛下の御体の早期
　　回復を謹んでお祈り申し上げます
　　　　　　　〈男子学生が、スター蔡依林へお見舞いのことば〉

阁下（閣下）

（6）So_MargueriteLiu 但求清心無愧微博达人：阁下减肥吗？青
　　菜豆腐

　　So_MargueriteLiu ただはじるところなく微博の達人：閣下
　　はダイエットしていますか？青菜豆腐
　　　　　　　　　　　　〈女子学生が男子学生の返事で〉

（7）羅布衣－：阁下生日快乐。

　　羅布衣－：閣下お誕生日おめでとう。
　　　　　　　　　　　　　〈女子学生が女子学生に対して〉

　　注）布衣は庶民のこと。昔、中国で庶民は布の衣を着た。

臣妾（わらわ）

（8）梁静茹：寒風刺骨臣妾祈福各位平安度寒冬

　　梁静茹：寒風身を刺すように冷たい中、わらわは各位が平
　　和に厳冬をお過ごしくださることお祈り申し上げます
　　　　　　　　　　〈歌手がファンとフォロワーに向けて〉

（9）義忠仁－娃：嗯嗯，臣妾领旨了，谢皇上

　　義忠仁－の子：うんうん、わらわはご命令を承りました。
　　皇帝陛下ありがとうございまする 〈女子学生が女子学生に〉

（1）～（3）では、自己の発話キャラクタと相手の関係は親子ま
たは学生と先生という上下関係である。だが（4）、（7）、（9）では、
双方の関係は対等であり、（7）（8）をみれば、同性にも閣下や皇
上（皇帝）を使っており、キャラ変わりは性を超えても行われる
ことがわかる。また、彼女たちは「回府（お屋敷へ帰る）」、「皇阿
玛已经策马（父上はすでに馬を走らせて来ている）」、「臣妾领旨了
（わらわはご命令を承りました）。」「谢皇上（皇帝陛下ありがとうご

第8章　ネット上のキャラ現象　197

ざいます）」などといったいわば「キャラ主語」が発動する「キャラ述語」の一連のセットを用いて、清朝宮廷ドラマの雰囲気を作り出しそれを楽しんでいる。

　他にも（5）では男子学生が自分の好きなアイドルを「娘娘凤体（皇后陛下の御体）」と呼んでその健康の回復を祈っている。これらはすべて、冗談で、ことばの遊びであるが、このようなコミュニケーション方法はことばの遊びであるだけでなく、人間関係を調整する作用があると筆者は考える。相手を持ち上げることで、ことばの遊びの作用の中に一種の敬語的作用が働いている。もちろん、彼らがテレビの人気清朝ドラマのことばの影響を受けて使用していることは疑いない。

金持ちキャラ

爺、老爺（旦那様）

（10）范爷支招，轻松百变美搭术，显瘦抢眼球导语：范爷不是一般意义上的纤瘦美人

　　　範爺のアドバイス、気軽に百変化の着こなし術、ほっそり見えて人の目を奪う見出し語：ファンピンピン旦那様は一般的な意味の上でのほっそりした美人ではありません

　　　　　　　　　　　〈ファンが女優・ファンピンピンを指して〉

（11）冯邪邪 Candy：今晚我和水爷走了一半路程了才打上车，冻了个半死，以后这天还是不出门的好！

　　　馮邪邪 Candy：今晚私と水旦那様は、半分ぐらい歩いてやっと車に乗れた。寒くて凍え死にしそうだった。これからはしばらく外出しない方がいいな！〈女子学生が友だちに〉

（12）炖蛋小小：乔老爷这表情 ＝＝

　　　炖蛋小小（煮卵ちゃん）：ジョーダン旦那のこの表情ときたら＝＝

　　　〈男子学生が NBA の選手・マイケル・ジョーダンを指して〉

「爺（イエ）」の属性は本来男性で、年齢も高い。女優である範氷氷（ファンピンピン）は女性ながらもその爽快で、とらわれない性格からファンたちから「範爺（範旦那）」と呼ばれている。（10）

（11）の例から女優や、女子学生も「～爺」と呼ばれており、性別、年齢にかかわりなく使用されていることがわかる。他にも（12）では外国の有名なスポーツ選手の呼称に爺が用いられているところからみると、そう呼ばれる対象の性質も表しているばかりでなく、ファンの相手に対する敬意も表している。またどれも 1.2 節のハンドルネームの特徴のところで張らの研究を紹介したように、必要以上に長かったり、様々な記号を組み合わせたり、遊びの意味を持たせたハンドルネームとなっている。

大人（旦那様、○○様）

（13）密司陈：母上大人发话了，今天不把发型换了明天就要办我的事，对我露额头的发型是有多不满。

密司陈（ミス陈）：母上大人様が怒りの口調で、今日髪型を変えないなら、明日私のことをしてやらないって。私のおでこを出す髪型に対してご不満のようです。

〈女子学生が母親を指して〉

（14）SCL_ 呆头呆脑的何胖子：还有班长大人辛苦了哟。

SCL_ ぼんやり頭のフーのでぶっちょ：班長大人（班長殿）もお疲れ様でござった。〈女子学生がクラス委員に対して〉

例の（13）では「母上大人」を使い、母子関係を表していると同時に子どもが怒った母親の威厳を感じていることがわかる。（14）は本来のクラスメート同士であるが、クラス委員を「班班長大人」と呼ぶことで、一種の労をねぎらう口調や、冗談の面白さに加え、まとめ役に敬意を払い、慰労と相手に対する一種の評価も含まれている。

小爺（おぼっちゃま）

（15）石头妈小窝：有福气之人，家里一少爷，一公主，完美呀！！！

石ママの小屋：幸せなもので、我が家には、お坊ちゃま 1 人と、お姫様 1 人いて、完璧だわ！！！

〈女性が自分の子どもを指して〉

（16）张小飞儿：豆少爷，你这是神马情况啊？？　神马表情神马姿势啊？

第 8 章　ネット上のキャラ現象　199

張小飛児（張のとびっこ）：豆坊ちゃま、いったいどうしたの？？　何と言う表情でなんといういいポーズ？

〈女性が自分の家の犬を指して〉

注）「神马」は流行語で「什么（何）」の意味。音が似ている。

(17) 喂_老娘客：帅呆了，新歌现场版！屌爆了！哎呦～不错哦～少爷加油

おい__おばさん：かっこよすぎるぅ、新曲の実写版！えぐい～！まったく、すばらしいじゃないの。少爺（おぼっちゃま）頑張れ～　〈ファンが台湾の歌手Jチョウを指して〉

注）「老娘客」は温州方言で30–50代の既婚のおばさんを呼ぶけなしことば。「屌爆了！」の屌は元来男性生殖器を意味し、罵りことば。ここでは、罵りを逆の意味で使用し、日本の若者ことばの「えぐい」ぐらいの意味に。

公主（皇女、お姫様）

(18) 莱莱猪与德德B：公主的"欢聚一堂"

ライライ豚とドードーB：お姫さまたちがお集りになりましたね。　　　　　〈女性が小さい女の子たちを指して〉

(19) 叶秋 sunny：禀告公主殿下，奴婢现已开始马蜂攻略了。先为你呈上一张 PIPI 的夜景，供你观赏。

葉の秋 sunny：お姫様に申し上げます、奴婢めは、すでにスズメバチを攻撃いたしました。まずはこの PIPI の夜景をお目にかけまする。　　　　〈女子学生が女子学生に対して〉

注）叶秋の叶（葉）は実姓の可能性もある。

　(15)(16)、(18) の例では「少爺、公主」を用いて、自分や他人の息子や娘をおぼっちゃま、お姫様と呼んでいる。このつぶやきを送っているのはどれも母親たちであり、彼女たちの年齢は30–40代であろう。ここからわかるのは、こうしたキャラ変わりを使用するのは必ずしも若者だけではないということである。

　(17) では、台湾の歌手Jチョウをファンが「少爺（おぼっちゃま）」と呼んでいる。ファンたちにとってスターは、白馬に乗った

200

王子様で、中国語で言えば「少爺」のイメージは近いのだろう。

　しかしながら、驚くべきことは例（16）で、ネットユーザーたちが自分の家の犬を「少爺」と呼んでいることである。この用法は他にも例がある。

　日本では多くの人々がペットを自分の家族の一員とみなすことがよくあるが、ここ数年の中国のペットブームが、飼い犬をして「少爺」と呼ばせ、家族とみなすことになったことを示している。これは中国にもペットの時代が到来したことを意味している。筆者が8年半住んだ湖北省などでも犬鍋の素が売られ、実際、田舎の市場で皮をはがして売られているのを見たこともある。学生の実家の犬が近所の若者たちに食べられたという経験を聞いたことがある。食習慣の違いはここで問題にはしないが、当時の田舎では、犬は野良犬または番犬の地位であり、日本のような家族の位置にはなかった。経済の発展に伴い特に都会では大ペットブームが起きた。こうしたペットの呼称の変化からも中国社会の変化が見て取れる。

その他

将軍（将軍）

（20）不瘦到九十五不改名的小灰灰：放后备箱的狗窝今天终于见天日了，妈妈说：这么好的狗窝，给脏兮兮的将軍睡可惜了

　　　47.5キロに瘦せるまでは名前を変えないホイホイちゃん：放し飼いにしたあと、犬小屋が今日とうとうお目見えしました。お母さんが言うには「こんないい犬小屋をすぐ汚してしまう将軍にあげちゃうのは惜しいわね」って

〈女子学生、お母さんが自宅のペットを指して〉

（21）Yoki-江小鱼：很高兴卖萌的小贱狗～下次带过来给你们家将軍调戏～想带它跑跑步～结果尿完尿就拼命想往车上跳他想吹空调一刚～。

　　　Yoki-江小鱼：嬉しい、胸キュンの可愛いわんこね～～今度、お宅の将軍のところに連れてってじゃれさせるね～わんこをつれてジョギングしたいと思ったら～結果はおしっこし終わってすぐ一生懸命車に上がって、エアコンの風に吹か

れたがっちゃって。　〈女子学生が友だちの家の犬を指して〉

(22) 青山古楠：或许因了对坐下午说的那句话算他眼毒 2012 年最后的茶席祈祷最想回向给的是这方城池的百姓本将军今夜席上巡城一夫当关万夫莫开。

青山コナン：もしかしたら午後喋ったあの話が原因かもしれない彼は鋭い目つきで 2012 年の最後の御茶席の祈りで回向を手向けたいのはこの方城池のみなさん私こと将軍が今宵城をひとめぐりし 1 人で関を守り万人に入り込むすきを与えないということ　　　　　〈女性が自分自身を〉

「将軍」は前述の「少爺」の例と同じように、必ずしも本物の将軍を指すわけではなく、(20) では家の飼い犬を指している。「将軍」は、力は強大であるが、仕えるものからすると、てこずったり、気苦労が絶えないと言う面がある。子犬を「将軍」と呼ぶのもおそらく、犬のわがままで、暴れん坊で可愛い一面を表しているのだろう。(22) の例は女性が自分自身を「将軍」に仮託し、最後の「一夫当関万夫莫開」は李白の詩「蜀道難」にある。典拠を用いて、将軍の雰囲気を出している。句読点がないのも打つのが面倒なのかあるいは古代の文章をまねているのかもしれない。正しい意味もわかりにくい。

大哥（あにき）

(23) 央视新闻：【央视 2013 年挂历揭秘转发获主持人亲笔签名版】五月：白岩松，央视主持人。他是你的励志榜样？他的话是你的座右铭？他是不苟言笑的"大人物"？嘿嘿，其实他是岩松大哥，他是吐槽帝老白。

CCTV ニュース：【CCTV 2013 年壁掛けカレンダーを公開（、）転送して司会者のサイン入り版をもらおう】五月：白岩松は中央電視台の司会者である。彼は、あなたの努力目標でしょうか？彼の話は座右の銘？彼は滅多に笑わない大物？へへへ。実は彼は岩松兄貴、突っ込み帝王の白さんですよ。　　　　〈CCTV が局の司会者白岩松を指して〉

(24) 莫倩＿＿＿：看过《十二生肖》：看完会感触，成龙大哥的动作片也可以说是陪着我成长。

莫倩＿＿＿：「『十二生肖』という映画を見たことがある」への返信：見終わった感じでは、ジャッキーチェン兄貴のアクション映画を見て私は大きくなったなぁってこと。

〈女性ファン‐スタージャッキーチェンを〉

こうした「大哥（あにき）」の使用は一般的で、親しみと尊敬を表している。もちろんヤクザ映画などでも使われている。

同志

(25)南君只是宅南：转给所有**男同志**看

南君はおたくに過ぎない：全ての**男性諸君**に見てもらうため転送します 〈女子学生が男子の友人たちを指して〉

(26)刘勃士：新年喽。**同志们**新年快乐！今年同志们辛苦了。快乐大家。

劉勃士：新年ですね。**同志**の皆さん新年おめでとうございます！今年はお疲れ様でした。皆さん楽しんでください。

〈若者から読者へ〉

注）勃士は博士と同音

現在、中国では同性愛者を「同志」と呼ぶ呼称が定着しているが、この2つの例はその意味ではない。(25)「男同志」は、「男性の皆さん」という意味で現実生活の中でもよく使われる。

(26)の「同志们辛苦了（同志の皆さん、お疲れ様です。）」というフレーズは、新中国成立60周年記念の式典で胡錦涛国家主席も解放軍兵士たちに向かって慰労のことばとして使っていた。つまり「革命同志」の意味を含んでいる。注目に値するのは、「同志」だけではなく、「同志们辛苦了」というセットになったフレーズが使われていることである。前述の(1)「回府、皇阿玛已经策马」や(9)「臣妾领旨了」と同じようにキャラクタにはフレーズや語彙、述語の呼応があるというわけである。キャラ主語名詞にキャラ述語ということになる。

3．自称

朕（ちん）

(27) 梁建豪：朕只是微服私访而已，回去断水断电断网解恨

梁建豪：朕はおしのび行幸しただけだが、もどるや断水、停電、ネットも切れてまったくなんてこった。

〈男子学生の独り言〉

(28) 邹雨芮游过末憎麦田：听到就会笑的：公公！公公！公公！哈哈，晚安。朕的公公们！

鄒雨芮は麦畑に遊びに行ったことがある（注：末憎は不詳）：聞けば笑うへの返信：おとうさん！おとうさん！おとうさん！はははは。おやすみなさい。朕のおとうさんたち。

〈女子学生〉

「朕」は秦の始皇帝の時から、皇帝専用の自称詞として、用いられ始めたと言われるが、例（27）では、1人の男子学生が大学のお粗末な寮が停電、断水するという文脈の中で自嘲的な自称に使っているもの、高貴で気高い発話キャラクタである「朕」と対象的にお粗末な寮の様子の対比にユーモアが生まれている。（28）の例では女子学生が「朕」を使用、その使用に性差がないことがわかる。「公公」は義理の父の意味。

この2つの例では「発話キャラクタ」と彼らの実際の生活感の距離や、性差が効果を生んでいる。その他に、「皇帝であることの苦悩」の印象も、彼らの言語の中に反映されているように思われる。

小女子（わたくしめ）

(29) 妍妍的乱七八糟：＃猜安全配置赢精美车模＃小女子不太懂汽车。

妍妍のめちゃくちゃ：＃安全機能の謎を当てて車の模型を得よう＃ワタクシメは自動車には詳しくないのでございます

〈女子学生〉

(30) 爱妃与潇的生活笔记：老公的厨艺没的说，太棒了。嘿嘿，辛苦老公大人了。只是小女子我今天没胃口。

愛妃と潇の生活メモ：うちの夫の料理の腕は言うまでもな

く、とってもじょうず。えへへ。老公大人（だんなさま）
ご苦労様。ただワタクシメ今日はちょっと食欲がないだけ
なの。

〈既婚女性が自分を小女子（ワタクシメ）とし夫を老公大人
と呼んでいる〉

　例（29）で発話者は「小女子」を用いて「素直で、かわいい女
性」のイメージをつくりだそうとしている。（30）の「小女子」は
「老公大人（だんなさま）」という呼び方に対応している。Brown
and Levinson（田中他 2011 1987）のポライトネス理論からいえば、
妻のこうした話し方は、ご飯を作ってくれる夫の積極的フェイスを
壊すことがない。つまり語用効果を発揮するということである。

在下（せっしゃ・みども）

(31)张萌萌MUSIC：冰心过奖了！不过真的要谢谢你！在这个浮
　　　躁的不能听完一首歌的时代，花这么长时间这么用心的听在
　　　下的拙作

　　　張萌え萌えMUSIC：氷心ほめすぎだよ！でも、本当に感
　　　謝すべきは君だ。一曲も聞きおわることのないこの浮かれ
　　　た時代に、こんなに長い間こんなに在下（拙者、みども）
　　　の拙作を心をこめて聞いてくれるなんて。

〈音楽制作の男性〉

(32)快刀洪七：在下作为一个"会卖酒的安徽人"，也见证了一些
　　　良好的变化

　　　快刀の洪七：在下（拙者）は1人の「酒売りができる安徽
　　　省人」として、よき変化を目撃してきた　　　　〈男性〉

(33)墓碑吞噬者曤屗醬：所以这就是结局坑爹的原因........? 在下
　　　可怜的小白啊 QUQ

　　　墓碑丸のみ曤屗醬：だからこれが結末のあちゃ〜な原因
　　　…? 拙者は可哀想な白ちゃん（小さなホワイトカラー）

〈女性〉

　　注）坑爹は流行語で「はめられた〜、あちゃ〜」といっ
　　た意味。

この2つの例からみれば男女ともに「在下」という自称詞を使

っている。例（31）では「拙者の拙作（在下的拙作）」、（32）では「拙者（在下）は酒売りができる安徽省人」というフレーズの中で「在下」が用いられ、謙遜の中にも自信を持つ人物の性格をかもしだしている。

　　（33）の例は女性の使用例だが、性別を超えた使用で、ここではコミュニケーションの戦略的機能調整になっている。もしここで「在下（拙者）」でなくて、「小女子（ワタクシメ）」を使用したなら、効果は同じではない。おそらく弱々しくなり過ぎてしまう。無意識にちょうどいいところを選んで表出しているのだ。

俺（おれ、おいら）

（34）女皇碎碎：气死俺了。手机被攻击了。

　　　　女皇スイスイ：おいらまったく腹立つ。携帯電話攻撃された。　　　　　　　　　　　　　　　　　　〈上海の女性〉

（35）菜小4s 爱拼赢：不好意思啊广州，明天俺去深圳倒计时过年

　　　　菜小4s（愛があれば勝つ）：ごめんなぁ広州、おいら明日深圳へ年越しカウントダウンにいってくる　〈広東の男子学生〉

「俺」は本来北方方言で男女ともに使用するが、現在全国的に広い範囲で使用され、男女ともに使用している。「俺」というこの自称詞には「田舎者」のイメージがあり、自分を笑いものにして、まわりを楽しませる効果がある。またやや謙虚さを表す機能もあり、使用することによって読み手に対して印象を調節する機能があると言える。（34）の例では、ハンドルネーム「女皇」の高慢なイメージを割り引く作用があるといえる。

老朽（おいぼれ、知識人の謙譲の自称詞）

（36）花甲下愚：政府机关，机构，企业，团体，个人都有开通微博，老朽也开微博，

　　　　60歳すぎても愚かもの：政府機関、機構、企業団体、個人もすなる微博、老朽（このおいぼれも）も微博を始めてみるなり。　　　　　　　　　　　　　　　　　　〈老年男性〉

（37）武三反思：老朽心里明白一个道理

　　　　武三反省：老朽（おいぼれ）も心の中では道理がわかっておるのだ　　　　　　　　　　　　　　　　　　〈老人男性〉

206

（38）玉梅 11v：有那么迷人吗？老朽我只看了一遍，没想再看第二遍。

玉梅 11v：そんなに魅力的？老朽（おいぼれ）は一回みただけで二回見ようとはおもわなかったけど。〈中高年女性〉

「老朽」は老年男性の謙遜の自称詞で（36）、（37）の例では、発話者は男性であり「老朽」を用いるのは実はキャラ変わりとまで言えないが、この普段の会話で使われるわけではない「老朽」という自称詞を用いて謙遜な一面を表すと同時に、老人としての頑固な一面をも表出していると言える。例（38）では、発話者は中高年の女性である。「老朽」を用いることで、やや恥ずかしさや謙遜を表しているといえる。

貧僧（拙僧）

（39）善了个哉–戒肉酱专注大师 30 年：自古齐刘一生黑！（（最近思维异常诡异（（（估计下次贫僧就该穿裙子了！...

善き哉–肉味噌を戒め大師を 30 年注目：古えより斉劉は一生腹黒い。（（最近思考が異常に詭弁的（（（多分次は拙僧もスカートを穿かなきゃね！）　　　　〈女子学生〉

（40）麋鹿僧走在奔二路上：贫僧肚子饿了。o（﹀‿﹀）o

麋鹿僧は二十歳になる：拙僧お腹がすいたのだ。o（﹀‿﹀）o
　　　　　　　　　　　　　　　　　　　　　　〈男子学生〉

男女ともに「貧僧」を使用している。特に女子学生が唐僧とスカートをという落差のあることばを用いることでユーモアが増している。

悟空（孫悟空）

（41）陈丽娟娟娟姐姐是 SHERO：我是悟空我怕谁

陳麗娟娟娟姉は SHERO（彼女・ヒーロー）：おれは悟空　誰も恐れるものか。　　　　　　　　　　　　　　〈女性〉

（42）小歪 -Zora：我是悟空我怕谁！！！

小歪（ちょっとゆがんだ）-Zora：おれは悟空　誰をも恐れるものか！！！　　　　　　　　　　　　　　　　〈女子学生〉

（43）Cf Chenzichun_ 熊儿：假期，我来了师傅～～师傅～～师傅～～～徒弟来刷存在感了师傅先生假期了很激动有木有

Cf Chenzichun_熊児：休みだ。お師匠さま〜〜師匠〜〜師匠今、参上〜〜弟子が来ると存在感がさぁっと。師匠、休みです。感激した人いまへんか 〈女子学生〉

　注）有木有は「有没有（いるかどうか）」がなまった流行語。

(44) 家铭0724：就一个人安安静静的在深山里面修行，这才是我想要的生活。师父，我来了！！！

　家銘0724：たったひとりで、静かに深山で修行をすること、これこそがわたしの理想の生活だ。師匠、おいらやってきました！！！ 〈男性〉

(45) 圃丁_莫小莉：仿佛两天历经了九九八十一难，终于站在目的地的客房门口时，满心生出悟空式的感慨：师父，我来了。

　圃丁_莫小莉：まるでこの2日で、九九八十一の難関を越えなくてはならないようだったが、ついに目的地のお客さんの部屋のドアの前に立った時、心に悟空式の「師匠、来ましたよぉ〜」の気持になった。 〈女性〉

八戒

(46) 丸子-foam：一个多星上班。睡了吃吃了睡。请叫我猪八戒。

　丸子-foam：一週間以上仕事に行った。寝て、食べてまた寝るだけ。どうぞわたしを「八戒」と呼んで。 〈女性〉

　西遊記中のキャラも男女ともに使用されている。しかも彼らは、「我是悟空我怕谁（おれは悟空　誰をも恐れるものか）」、「师父、我来了！！！（師匠、（助けに）行きますよぉ〜）」などの孫悟空の有名なセリフを使用している。(43)(44)で実際には孫悟空を表すものはこれらのセリフだけである。セリフ単独でも孫悟空であることは誰にでもわかる。キャラと有名なセリフとのセットになった例である。

　実際の体験の中でも助けを求めたときに、学生から「师父、我来了（師匠、（助けに）行きますよぉ〜）」と言われたことがある。子弟関係といい、状況といい、まさに場を和ませるジョークで、つまり実生活でも使われるセリフということだ。中国の人々はこのようにテレビドラマなどの有名なセリフを用いて一種の役割ごっこを楽しんでいると言える。これは双方の共通の言語知識があってこそ成り立つコミュニケーションである。上記40以上の例はこうした共

208

通の言語環境の生まれる言語的、共通の文化的基盤があり、そこに効果と意味が生じている。

　また、これまでの例をみてきて、ハンドルネーム（またはニックネーム）と本人が使用する言語とに相関関係が存在していることがわかる。たとえば、例（29）妍妍的乱七八糟と<u>小女子</u>、（30）愛妃与潇的生活笔记と<u>小女子</u>、（32）快刀洪七と<u>在下</u>、（36）花甲下愚と<u>老朽</u>、（39）善了个哉 - 戒肉酱专注大师 30 年と<u>贫僧</u>、（40）麋鹿僧走在奔二路と<u>贫僧</u>、（46）丸子 -foam と<u>猪八戒</u>というように、左側のハンドルネームの雰囲気にあったキャラが発話に繰り出されている。

　（6）の「復古英倫風（イングランド復古調）」氏の性別を確認するために、その後、彼の微博のメインページをたどってみると、ほかにも、「骑士出击、女神第一〜（騎士は出撃、女神が第一だ〜）」（2013.3.31）とか、「我们骑士准备好了、今晚我们要嗨了（我々騎士は準備が整った。今晩ハイになるぞ）」（2013.5.10）など自分自身を騎士に見立てたツイートが連続していた。つまりハンドルネームという動作者と呼応した「なりきり動作」を発動して楽しんでいるのだ。

　これはまさに前述の定延の指摘にある「話し手があるコミュニケーション行動を繰り出そうとすると、それを「得意技」とするキャラクタが発動される。コミュニケーション行動とキャラクタの連動は、多くの場合、人格の統制下にあり、連動は人格によって阻害されることがある。」（2011:40）（キャラ変わりの原則）ということに等しく、同じ現象が中国のネット世界にもあることがわかる。

　次に、もうひとつ注目したいのは「異人」キャラのことばである。前述のように、孫悟空などの代表的人物以外に、微博では宇宙人などのキャラも存在する。

外星人（宇宙人）

　（47）水小晶不怕：cr：sunshine_boy_ 外星人接收宇宙信号
　　　　　TTTTTTTTT

　　　水小晶は怖れない：cr：sunshine_boy_（への返信） 宇宙人は
　　　　　信号をキャッチした。TTTTTTTTTT

（48）张小花想看SHE演唱会：哈哈，我们的各种**外星人**，等我，**二号**就来了

张小花はSHEの演唱会を見たい：ははは、我々の各種**宇宙人**よ、私を待っていてくれ、**2号**がすぐくるのだ。　〈女性〉

（49）莫伊涵Yilia：＊＊移动秘书提醒您：您拨的号码已关机，交流电波是有多少？　**地球太危险**，太多行星的**物种**被她容纳登陆，**地球太危险**，**外星人**要回自己的**星球**了**啾～啾～啾～**.

莫伊涵Yilia：＊＊移動秘書がご注意申し上げます：あたなのおかけになった電話番号は電源がはいっていません。交流信号は何番で**ショウカ**？　**地球はとても危ないです。**多くの**惑星**にいる**種**が彼女によって上陸させられています。地球はとても危険です。**宇宙人**は自分の星へ帰ります。**シュ～、シュ～、シュ～。**　　　　　　　　〈女子学生〉

こうした例から、中国人がどのように宇宙人のことばを表現しようとしているかがわかる。例（47）（49）の例で特に注目すべきなのは、音声のない書き言葉において視覚的な「TTTTTTTTTT」の記号の使用や、「啾～啾～啾～.（シューシューシュー）」という擬音語を使用していることである。これによって宇宙人の信号イメージや宇宙船の飛来音のイメージを喚起し、宇宙人役割語としての作用を起こしている。

ドラマの例としてホームコメディ『家有儿女（我が家には息子と娘がいる）』第1部第42話「外星人（宇宙人）」で、一家の一番下の男の子・小雨が「罗利罗嗦（ローリローソ）」という宇宙人の役に扮する場面がある。小学生の小雨は次のように話している。

你好，我来自**火星**。我的名字叫罗哩罗嗦**古尼马斯**

（みなさんこんにちは。わたしは**火星**から来ました。私の名前はローリローソともうし**クニマス**）

この宇宙人語のセリフの言語的特徴は、非標準的な声調と抑揚のない発音、それから文末の「古尼马斯（クニマス）」という接尾辞あるいは一時的なキャラ助詞にある。この接尾辞はどことなく日本語の「もうします」のようにも聞こえる。「ローリローソ」にはどことなくロボットの名前のイメージがあり、「罗嗦」は「長たらし

いくどい」の意味だ。

「我叫某某（わたしは○○だ）」というときの、宇宙人やロボットの抑揚のない単調な発音形式は、日本語でも、たとえば「地球人よ、よく聞け、我々は宇宙人だ」と抑揚のないしゃべり方をする。これはロボットや宇宙人のことばの特徴にあげられる。おそらくアメリカ映画の宇宙人のことばが世界に拡がっていった特殊な例で、世界共通のロボット、宇宙人ことばの特徴なのではないだろうか。

私たちはインターネットの上での発話キャラの言語的特徴をみてきたが、それらは単に遊びの働きだけでなく、語用的意義や修辞的意義を持っていることがわかる。また上述のように、キャラ自称詞、他称詞以外に、キャラと結びついた有名なセリフや、表現の呼応、擬音語などの「キャラ成分」がセットになっていることがわかる。

3.1　ネット上の「発話キャラクタ」とキャラ助詞

定延利之・張麗娜（2007）は中国語のキャラコピュラとキャラ助詞（キャラ文末語気詞助詞）を観察し、ネットで語気助詞を使ってキャラを変える例を見つけている。たとえばキャラ終助詞「喵（ミャオ）」の使用で「猫語」または可愛い女の子イメージを作っている。また広東人のキャラクタを創出するためにある人たちはキャラコピュラ「系」例．我系广东人（私は広東人だ）を使用していると言う。

本来「喵」は猫のなき声を表すオノマトペである。日本語の役割語は呼称と文末のコピュラや助詞に特徴があり、だれからも気づかれやすい。日本語のコピュラ「繋辞」は豊富であり、それぞれのコピュラがある役割や人物イメージにつながっていると言っても過言ではない。一方、中国語のコピュラといえば、「是」や「為」が考えられるが多くない。

ここでなぜ「発話キャラクタ」といって「人物イメージ」と言わないかといえば、こうした「喵（ミャオ）」の使用に至っては、人であるとは限らず、猫に仮託したキャラもあるためだ。

定延利之は日本語の「発話キャラ」について考察し、文末の現れるものとして、「キャラコピュラ」と「キャラ助詞」があると述べているが（2007:28）、前述の中国ドラマの「外星人（宇宙人）」の文

末「我的名字叫罗哩罗嗦古尼马斯（名前はローリローソともうしますクニマス）」の最後に加えられた「古尼马斯（クニマス）」も一時的な「宇宙人キャラ助詞」もしくはキャラコピュラと言えるだろう。

上記に続き、新浪サイトの微博（中国版X（ツイッター））では「喵星人的喵星球（ミャオ星人のミャオ星）」といったような専門的に猫語をしゃべって、猫のキャラに扮している、猫キャラ好きなネットユーザーがいる。この「喵星人的喵星球（猫星人の猫星）」のフォロワーは87万人（2023年現在1038.5万人）に達している。彼女のことばは、「大家好、我是喵星人、喵〜〜（皆さんこんにちは、わたしはミャオ（猫）星人だミャオ〜）」というように、後ろについた「喵〜〜」はキャラ助詞だ。同じく「汪星人（犬のワン星人）」や他の動物キャラもある。以下に例示する。

（50）amys_winny 动物朋友：我觉得我们班的同学真的好厉害！好高分啊喵！

amys_winny 動物の友だち：同じクラスのクラスメートたちって本当にすごいと思う。みんな成績がいいミャ〜オ！

（2013.5.10 採取例）

（51）平民挖掘机：＃图片资源力推＃汪〜偶耐米娜桑，米娜桑耐丑丑（>^ω^<）（丑丑泥太口耐了Q_Q）丑丑今天第一次跳上麻麻开的挖掘机，好兴奋，好开心〜＼（≧▽≦）/〜汪汪汪（省N个汪星人语气助词♪＿＼）

平民掘削機：＃写真資源が力強く推薦する＃ワ〜ン〜おらは皆さんに対して、皆さんは丑丑（>^ω^<）に対して（丑丑、あんたったら、言っていることほんとうじゃんQ_Q）丑丑は今日、初めてママが運転した掘削機に飛び上がり、興奮して、楽しい〜〜＼（≧▽≦）/〜ワンワンワン（ワン星人の語気助詞をN回省略♪＿＼）

（2012.12.26 採取例）

ここではワン星人の語気助詞である「汪汪汪を以下N回省略」としている。（偶は我のネットことば、米娜桑は日本語の「みなさん」の音訳。「耐」は対（対する）のネットことば。「泥」は「你（あなた）」の意味。N个やN次は何度も、無限にと言った流行語）。

212

（52）憤怒体微博达人：回复＠凯少爷 blog: 会议现场，24 人各负
　　　其责，只有一个汪星人在那汪汪。。。

　　　憤怒体微博の達人：返信＠凱お坊ちゃま blog: 会議の現場、
　　　24 人各自で責任を持って、1 匹のワン星人だけがあそこで
　　　ワンワン。。。　　　　　　　　　　（2013.4.9 採取例）

（53）郭小蒂爱小清新重口味：啊啊啊～爱就要大声说出来咩

　　　郭小蒂はちょっと爽やかで味の濃いものが好き：あぁぁ～愛
　　　って大声で叫ぶものメェ　　　　（2012.12.30 採取例）

　動物キャラ例で別の時期に採取した例は（）に日時を入れた。
（50）の特徴は「好高分啊喵！」のように「啊」という語気助詞が
すでについているのに猫キャラの「喵（ミヤオ）」が付加されてい
ることだ。（51）、（52）は犬のキャラ助詞「汪（ワン）」で、（53）
は羊のキャラ「咩（メェ）」である。「喵語＝猫語」はネット上には
数えきれないほどある。ここで指摘したいのは、このような可愛い
言語現象そのものについてではなく、中国語にもこの種のキャラ助
詞が存在しているという事実である。

　キャラ助詞・キャラコピュラの使用は規範的な言語使用ではない
が、これらの現象はすでに規範かどうかという範囲を通り越し、コ
ピーされ拡散されており、これがつまり中国語のネットことばの文
法の 1 つであり、ネットは新しい文法が誕生する場所であるといっ
てよい。

　定延利之（2007）では日本語のキャラ助詞はオノマトペ由来が
多く（p.111）中国語のキャラ助詞は感動詞として定着していること
とばに由来するとしている（p.113）。筆者は「淘宝体（タオバオ
体）」というネットショップ「淘宝」で売主と買い手との間で使用
される文体を研究（河崎深雪 2012）し、その用法を分析したとき
に「タオバオ体」の中の新たな呼称詞「亲（親）＝親愛的（親愛な
るもの、ダーリンの意）」が文末にくるものがあることを見つけた。
例えば、「好的亲（いいよ、チン）」「已经帮亲（もうやってあげた
よチン）」「好的哈亲（いいよんチン）」「不客气哈亲（遠慮しないで
ねチン）」、「保险哦亲（保険のためよぉチン）」「客气的那亲（みずく
さいねぇチン）」「好了亲（わかったよチン）」、「明天发哦亲（明日

発送するからねチン）」である。

「亲」はもともと形容詞「親愛的」から派生し、主語にもなり、「あなた」の意味にもなる。自由自在な呼称詞で、本来すくなくとも感動詞ではない。

王潔（2011: 60-64）はネットことばの文法の変異現象を①品詞の転換、②独特の状態副詞、③単独で活躍できる動詞の省略形、④超規範文、の４つに整理している。「亲（親）」は①で④の超規範文の例は「今天很无聊的说」（今日はとてもつまらない的说（でしょう））で、文末に「的说 de shuō」が付加される。多くの研究者たちがすでに「的说」と同じような構造がすでに文法化していると考えている。（「的说 deshuo」は四川省などの方言という説と、音と振る舞いからいって、日本語の「でしょう」から来たとも言われている。例．今天天气好的说（今日は天気がいいでしょう。））

2013年現時点での中国では 5.5 億人以上の人々が日々ネットことばに接触しており、ネットにおけることばの変異の現象はすでに「規範的ではない」という面からその善し悪しを論じることにはほとんど意味がないのではないだろうか。ネットことばは大衆が毎日アクセスするもうひとつの世界であり、現実生活の一大言語世界である。たとえば前述のネットから生まれた「淘宝体（タオバオ体）」のようにすでにネットの世界を飛び出し、日常生活にも入り込んでいる。

車向前（2012: 67-69）では、

淘宝体（タオバオ体）はまさに親しみやすくて暖かい特徴を武器に、コミュニケーションの距離を縮め、情報を受け取る側の参与感を増し、双方の良好なコミュニケーションを助け、話し手はその使用を通して、自分の立場、位置、態度などに一定の良性の変化を起こしている。また「淘宝体（タオバオ体）」が公的機関によって使用された例があるが、その根本的な原因は「请（どうか、どうぞ）」や「〜を禁止する」といった類の語彙と比べて、この種の簡単で自由な呼称（亲）は双方の立場や地位の不平等関係を軽減し、双方の間のぎこちなさを弱めている。情報発信者（たとえば政府機関のある部署、学校など）の大衆に向けられてきた厳格な固定化したイメージをひっくり返し、

親しみや友好的な雰囲気を作り出し、それによって平等な提案
形式の雰囲気を創出している。情報発信者が情報受容者にその
提案や情報を受け入れやすくするという目的を達成している。
と言っている。

3.2　和諧（調和）敬語

　この章で列挙した発話キャラクタの例は呼称詞の角度から見て、
筆者はそれを中国語の「和諧敬語」と呼びたい。「和諧」とは中国
語で調和を意味し、「和諧社会」は中国共産党が 2004 年に打ち出
したと理想社会の理念である。各階層・各民族間で調和の取れた平
等な社会を目指すというスローガンで、たとえば、中国鉄路高速
を走る中国新幹線は「和諧号」と名付けられている。そのためここ
ではあえて「和諧敬語」という名称を使う。つまり関係調整のため
の新しいことばの使用である。先にあげた「淘宝体（タオバオ体）」
にもその新しい敬語的作用があるし、この章で列挙してきたキャラ
呼称も多くは人と人との関係調整をするための新たな敬語的作用を
持つことばで、ネットの枠を飛び出して実生活でも使われている。

　中国語の敬語研究では、たとえば、彭国躍『近代中国語の敬語シ
ステム―「陰陽」文化認知モデル』（白帝社 2002）があり、彭は認
知言語学の立場から以下の観点を提唱している。

　中国語の敬語は文法化されたものではなく、非直示形（中国語の
敬語は、特定の形態そのものを敬語の標識として規定するものでは
なく、また発話参与者の社会的関係の記号化を親定する社会的直示
の方法で表すものではない）で、敬語の構文、統語論という範疇も
なく、ただ「尊辞」と「謙辞」があるだけである。

　彭は 14 世紀の中国小説『三国志演義』などの中国四大名著
と『児女英雄伝』などの 19 世紀の小説そして、20 世紀の『囲
城』、『平凡的世界』、『百夜』など全 30 冊の小説を調べ、特に「尊
辞」の「尊、貴、令、大、賢、高」など 20 の字、「謙辞」の「敝、
小、愚、賎、薄、寒」などの 20 の漢字の分布状況を考察した。そ
の結果、中国語の敬語（おもにこの尊辞・謙辞）は文化大革命時期
（1966–1976）に衰退したのではなく、19 世紀末には敬辞がすでに

小説のなかから次第に消滅し始めていたことをつきとめた。この動きは清王朝が滅亡し、民国が建国され、封建社会から五四新民主主義などの社会的変革が進んできた変革の歴史と同時進行であると指摘している。

　筆者が指摘したいのは、こうして五四運動以来の社会変革に伴い消えた現代中国語の敬語の「敬語不在」の空白を埋めるために、前述した「皇阿瑪」や「母親大人」「貧僧」「在下」「俺」「喵」などのネットことばが力を発揮しており、今後も力を増してくると考えられる点である。すくなくとも「您（あなたさま）」、「貴」、「拙作」、「大作」などの今でも使われている少数の敬語的表現以外に、新しい選択肢を増やしていると言える。

　ネットユーザーたちは自己と他者の発話キャラを創造するために、人には皇帝の衣装を纏わせ、あるいは田舎くさい方言の役を被せ、あるいは自分には動物の毛皮をかぶせることによって、人々に暖かさと敬意を与え、関係調整（和諧）を行っているのである。

3.3　ネット上の方言、外国語と役割語

　最近しばしばネット上の方言や語気助詞について多くの研究者が関心を寄せているが、張雲輝（2010: 89–91）では次のように述べている。

> 　人称代名詞である「偶」は東北方言で、「阿拉」は上海方言の中で私という意味である。「挖」は閩南方言の「我」で、「女银niuyin」は「女人」の東北方言の発音をまねた変種で、「虾米xiami」は閩南方言の「什么（何）」の変種である。また擬音語「piapia」は語源的にみると東北方言に属することばである。

　確かに誰でもこれは方言だという意識がある有名な方言語彙は存在している。

　定延利之・張麗娜（2007: 103–105）では中国語のキャラコピュラとキャラ助詞を考察した結果、広東人キャラを作り上げるためには、キャラコピュラ「系」（例「我系广东人（私は広東人）」）を使い、東北人キャラを作り出すためにキャラ助詞「捏」の字を使って東北人キャラを醸し出していると言う。

しかし筆者の観察や身近な人へのインタビューによれば、これら
の方言のことばは、もともとその方言地域の人々だけがコミュニケー
ションのためにネットでも使用していたものだが、その後、香港、
台湾映画やテレビドラマなどの影響を受け、他の地域の人々もネッ
ト上で使用するようになり、いまでは「これがどこの地方の方言の
ことばで、方言的表現であるか」を意識せずに使うようになってい
ると言う。定延らの指摘にあることばが本当の意味の各地の「方言
キャラ」を作るキャラ助詞とは言えなくなっている可能性がある。

　これらの方言の形式や発音を伴うことば以外にも、表現方法にも
方言の影響は見られる。例えば、「各位、小弟走**先**（皆さま、わた
くしめは先に失礼します）」の「先」だ。この句末につく「先」と
いう表現形式は広東語から来たものである。

　多くの研究者が指摘しているが、ネット上にしばしば「休息
ing」、「工作ed」などの英、中混合の「ピジン」が見られる。これ
らはすべてネット上の「言語接触」が引き起こした結果である。

　インターネットの一大特性は、インタラクティブと言うことであ
る。ネットの中で発生した文法化は、素早いスピードでコピーさ
れ伝播されていく。徐大明の『社会言語学教程』（2010: 53）では、
相互行為の言語学の項目で、言語の意味はその場の相互のコミュニ
ケーションの過程の中で生まれるもので、相互作用の絶え間ない変
化の中で、話し手と聞き手が協働で生み出していくものであると指
摘する。

　前述の「淘宝体（タオバオ体）」「亲」の用法も、売り手と買い
手の間で生まれた、ポール・ホッパー（Hopper 1978: 142）のい
う「創発的文法 Emergent Grammar」の1つと言えるだろう。「創
発的文法」という視点は、文法の起源は言語の運用にあり（説話進
行のプロセスで形成される）、文法構造は永遠に半安定状態にあり、
言語の絶え間ない運用による変化の更新が永遠に起こりうるとする
考えである。「淘宝体（タオバオ体）」の中でも最も目立つ「亲」は
ネットショップの売り手と買い手の間の音のない会話の中で、尊敬
の「您（あなたさま）」でも、非敬語「你（あなた・あんた）」でも
ない丁度よい距離と親しさを持つことばとして誕生したものである

（河崎深雪 2012）。

　この章ではネットにおけるキャラ変わり現象や、キャラ語気助詞などが、中国のネット上で「役割語」として存在している現象を考察してきた。このような現象はもちろんことばの遊びから生まれ、あるものは方言や外国語との言語接触、テレビドラマの時代劇のことばなどの借用から誕生している。

　今回のネット上の「キャラ変わり」のほとんどの用例は主に相手や指示対象を持ち上げる発話の中で行われたものである。もし批判や譴責、悪口という文脈の中でマイナスのキャラを集めたなら、もしかしたら別の言語現象や文法構造などが見つかった可能性もある。

　役割語の誕生と伝播のプラットフォームとして、ネットことばは、「規範的な言語ではないから顧みる必要がない」と断言してならない状態にある。

　現実の社会や歴史のある地点、ある時間使用されたことばが小説やアニメテレビドラマなどのメディアや教育の中で共通認識として形成され、そして最終的に「役割語」が形成され、母語話者の言語財産となる。そして作家たちはこれらの言語財産を利用して創作し、普通の人たちもまたこれらの財産で自己を表現し、自分の考えや感情を伝えていくのである。

　現代の情報化社会の中では、ネットも役割語誕生の大事なゆりかごであるし、伝播の媒体である。

第9章

「役割語」のリソースとしての小学校語文教科書

　第8章では、ネット時代の現代にあってはインターネットも役割語の生まれるプラットフォームであることを指摘した。

　中国語の「役割語」が生まれ、継承されるもう1つの経路として、この章では中国の小学校の教科書に注目する。子どもの言語習得の過程で影響があるものは、家庭内の親による教育、居住地区での生活、学校の先生や友達との交流以外に、学校教育で使用される教科書もある。ことに、国語教科書は中国人が中国語を勉強する基本的な道具である。そこで小学校教科書の中の「役割語」を考えるために、1980年代版と2010年代の人民教育出版社版の小学校教科書を比較することにした。

　この比較研究によって次の3つのことを明らかにできると考えている。

　　①小学校教科書の中で、どのような役割語が伝えられ、継承されているか。
　　②「役割語」または人々が共有する言語財産である「言語資源」としての角度から中国の小学校国語教科書を見たとき、どのような言語現象を発見できるか。
　　③それらの言語現象が私たちに教えてくれることは何か。
と言うことである。

1．「言語資源」

　まず、「言語資源」という概念について説明しておきたい。「言語資源」とは「役割語」概念の上位の概念で、母語使用者同士が共有する言語の知識を指す。「役割語」は簡単にいえば、人々のステレオタイプの中にあることばである。例えば人々が「奴才该死（わた

くしめは死んでお詫びを）」といったセリフを聞けば、中国人なら宦官のような皇帝の召使の宦官たちを連想し、広東語からは成功したビジネスマンや「コック」を連想するかもしれない。

2003年に金水敏が「役割語」の概念を提唱したあと、中村桃子『〈性〉と日本語—ことばが作る女と男』（2007）で「役割語」も母語話者が共有する「言語資源」であり、人々は「言語資源」を戦略的に運用していると述べている。「言語資源」という考え方は「役割語」の上位概念として捉えられる。

我々は母語を用いて話をしたり、文章を書いたり、他の人や自分自身とコミュニケーションするとき、それまで学んだ言語知識やスキームを使って思想や感情を表現し、情報や感情を交換している。

それぞれの言語には母語話者が共有する言語知識があり、これを「言語資源」と呼んでいる。つまり一種の「言語的財産」である。

2007年日本で中国人作家・楊逸が芥川賞を受賞した。ある日本の友人が、受賞作品『時が滲む朝』（文藝春秋、2008）を読んで、「小説の内容は面白いが、彼女の使用している比喩がちょっと受け入れられなかった」と話してくれた。その原因を調べるために作品の比喩をすべてチェックし、楊逸が用いた比喩のほとんどが、中国人がよく使用する比喩であって、日本人が常用する比喩ではないことをみつけた。たとえば、「魚肚白（魚の腹の白さ）」という比喩があるが日本人の意識では「魚は生臭いもの」であり、一般的に「黎明時の東方の空の色」を連想することはない。この中国の比喩「魚肚白」を用いて夜明けの白く明るくなり始めた空を形容することはふさわしくない。つまり楊逸は日本語を用いて小説を書いたのだが、表現方法や比喩が中国語の「言語資源」であったために、日本の読者がなじまないと感じたわけである。

このように自分でも無意識のうちに母語の言語知識を利用しており、これが「言語資源」である。我々はこうした言語資源を利用して考えや感情を表現し、あるいは文学やドラマなどの作品を創造する一方で、ある程度この言語資源に個人の言語や行動も制限されていると言える。

日本ではすでに研究者たちは、「役割語」から「言語資源」とい

う考え方で日本語を研究している。この第9章では、「役割語」および「言語資源」という角度から、80年代と現今の中国小学校教科書を比較分析し、中国語の言語資源が現代化という背景の中でどのように発展変化したか、こうした教科書がどのように中国人の言語使用と選択に影響を与えているかを考えたい。

2. 研究背景

中国の大学で学生に「私の好きな季節」というテーマの作文を課題に出すと、少なからぬ学生たちが、次のような表現をすることに気がついた。

「私の好きな季節は春です。春の乙女がやってきた。」

このような表現は日本人にとってはあまり馴染みがない。なぜ春は若い女性としていつも描かれなくてはならないのか。この疑問はこの表現を初めて見た時から浮かんで離れなかった。

本研究で1980年代と90年代の中国の小学校国語教科書をめくるうちに学生たちの表現の出処をみつけた（図6）。「春姑娘来啦！（春の乙女がやってきた）」である。この表現は中国語の「言語資源」の1つ、あるいは春の持つ「役割」と呼ぶことができるだろう。

図6　人民教育出版社版80年代、90年代小学校国語教科書挿絵「春の乙女がやってきた」

3. 理論と研究目的

教科書は我々の言語資源形成の源の1つである。我々はことばに対する感知と意味の確認、ことに書きことばの形式を、まず教科書を通じて学んで来たと言ってよい。我々が言語資源を蓄積していく経路は学校教育、テレビ、映画、本など数多ある。

ここでは、中国語の言語資源を探究するため、1980年代と2010年代の小学校教科書を比較することにした。特に現在中国人が使用している言語資源と80年代の教科書にあることばとの相似点と相違点に注目し考察したい。

今回4種類の小学校教科書を収集した。A. 1983年に出版された全日制十年制小学語文课本（国語教科書）。この教科書は中国の10年にわたる文化大革命終了後、鄧小平の号令のもとに、1981年に制定された教学大綱（指導要領）に基づいて編纂されたものである。そのため出版の意義も大変大きなものであったと言える。つぎにB. 1986年～1996年の教科書、C. 1997年～1999年の教科書、D. 2000年から2012年の教科書である。この4種類の教科書を集めたが、Bについては九年制と十年制混合版のものしか集まらず、Cに至っては6年生までの全セットは手に入らなかった*。

収集に当たっては周りの学生や知人に聞いたが、教科書を保存している人は皆無だった。湖北省人民教育出版社、湖北小図書館、武漢市図書館、華中科技大学付属小学校、華中師範大学図書館、同付属小学校資料室を廻ったが、師範大学小学校資料室にバラバラに何冊か残されていただけで、入手には困難を極めた。最終的にはAは所蔵家の方に全セットをお貸しいただき分析することができた。

表43　小学校教科書出版年など

教科書	A	B	C* vol.1, 2, 3, 5, 6	D
指導要領/年	1981	1986	1992	2000
出版年	1983	1986–1996	1997–1999	2012
習得目標漢字数	1700字	1700字	1150字	1800字

4種の教科書は下記の大綱（指導要領）に基づいて編集された教

科書である。

Aは1981年全日制十年制学校課本（試用版）

Bは1986年全日制小学語文教学大綱

Cは1992年九年義務教育全日制小学語文教学大綱（試用版）

Dは2000年九年義務教育全日制小学語文教学大綱（使用修訂版）

なおDの本文は基本的にインターネットサイト中国児童資源網（http://www.tom61.com/）に公開された「人教版小学電子課本（人民教育出版社小学校電子版教科書）」による（当時）。

人民教育出版社は1949年に設立され、全国で唯一の教科書会社として1949年～2000年までに教学大綱（指導要領）を6つ、9通りの全国通用版教科書を作成してきている。

指導要領、教材史研究は、課程教材研究所編著（2010）『新中国中小教材建設史1949–2000研究草書　小学語文巻』人民教育出版社を参考にした。

4.　調査結果

中国の小学校教科書から言語現象を指摘できることは大変多い。ここでは次の2つの視点を軸にして考察した。①教科書本文の中に見られる変化、②言語資源。この2つの視点から何がわかるかということである。

4.1　都市化と言語資源

教科書Aから教科書Dへの変遷の過程で、語彙や単元ごとの内容、挿絵など様々な方面で現代化が行われていることがわかる。

語彙の変化

80年代の教科書Aでは農村生活に関する語彙が多く、D（2012年）の教科書では都市化が進展する中で語彙にも変化が生じている。これは教科書使用者たちの役割の変化が教科書の中の人物たちの役割の変化をもたらした結果であるといえるであろう。

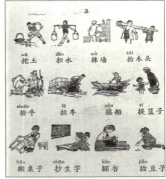

図7　80年代の1-2年生の教科書の語彙（Aの1、2、3課）

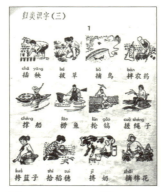
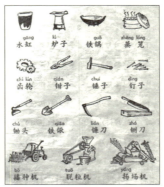

図8　Aの1、2、3課

図9　Dの2課　スーパー　　　図10　Dの3課　家の中

224

教科書Aの1〜3課の語彙	耕地（耕地）、播种（種まき）、施肥（施肥）、浇水（水まき）、挖土（土掘り）、担水（水汲み）、抹墙（壁塗り）、拴牛（牛をつなぐ）、拉车（車引き）、捡豆子（豆拾い）（図7）
	插秧（田植え）、拔草（草取り）、捕鸟（鳥の捕獲）、拌农药（農薬を混ぜる）、水缸（水がめ）、铁锅（鉄なべ）、蒸笼（蒸し器）、锄头（鋤）、搓绳子（縄をなう）、播种机（種まき機）、脱粒机（脱穀機）など（図8）
教科書Dの2課、3課の語彙	面包（パン）、牛奶（牛乳）、火腿肠（ソーセージ）、牙膏（歯磨き）、毛巾（タオル）、洗衣粉（洗剤）、铅笔（鉛筆）、尺子（定規）、作业本（ワークブック）（図9）
	沙发（ソファー）、茶几（テーブル）、报纸（新聞）、书架（本棚）、台灯（テーブルランプ）、挂钟（掛け時計）、电视（テレビ）、电话（電話）（図10）

　教科書Aでは農村生活の語彙（図7, 8）、Dでは都市生活の語彙が紹介されている（図9, 10）。

ユニット内容の変化

　ユニット内容の変化についても様々な面から指摘できるが、キャラクタの周辺に関する変化に注目したい（図11）。

　教科書ではAの中で、明明（ミンミン）という名前の男子生徒が学校に遅刻するという話がある（12課「明明上学（ミンミンの登校）」）が、その子の遅刻の原因は道端でバッタを捕まえようとしたからである。同じように教科書Dにも元元（ユエンユエン）と

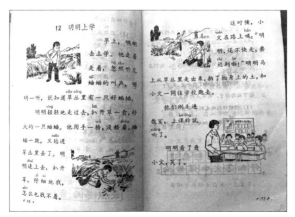

図11　Aの12課「明明上学（ミンミンの登校）」

第9章　「役割語」のリソースとしての小学校語文教科書　　225

図12　Ｄの7課 「一分钟（一分）」

いう名前の男の子が学校に遅刻しそうになる話がある（7課「一分钟（一分）」）が、それは寝坊したからだという原因に変わっている。ここからも1983年の教科書Ａと2012年教科書Ｄとで、登場人物の生活も通学路にバッタのいる農村から、信号がありバスが走る都市の生活へと変化していることがわかる。

「小明（シャオミン）」というキャラクタ

　注目に値するのは、この２つの教科書に「明明（ミンミン）」という名前の男の子と「小明（シャオミン）」という名前の男の子が登場することだ。シャオミン（小明）は、ミンミン（明明）と同じ名前である。「小明（シャオミン）」という名前は今では笑い話の主役になっている。数年前にインターネットで「一日一囧（一日一がっくり）」というシリーズの短編アニメが現れ人気を呼んだが、そのアニメの主役の名前が「小明（シャオミン）」であった。つまり教科書で親しんだキャラクタがインターネットの時代の主役として再登場したのである。若い中国人に聞くと、小明は教科書にでてくる「ごく普通の人」として有名であるという。ネット辞書と言える百科百度によれば次のように説明されている。

226

小明（シャオミン）
人物の代名詞である。（多くは男子児童、または少年を指す）。小学校の作文や、数学の問題そして笑い話の中によく登場する。「小明」という名前にはもって生まれた冷笑される性格がある。それゆえに多くの笑い話の中の主役の名前となっている。

キャラクタの多様化と少数民族キャラクタの登場

教科書の中の子どもたちのキャラクタは少数民族に関する文章が増えてきており、彼らの生活する場所にも多様化が見られる。例えば、小学校2年の教科書Dでは、挿絵にも満族、蒙古族、高山族、ウイグル族といった少数民族の子どもたちが民族衣装で描かれ、子どもたちの生活の場所は海辺や、森林、高原、草原と生活の場の多様化がされ、56民族が広大な中国に住んでいることを暗示している。

図13　D　少数民族の子どもたち

革命英雄の減少と新しい倫理道徳の導入

教科書Aの1年生と2年生の教科書の中に、16人の革命的英雄の物語がある。しかし、教科書のDの中では、こうした革命の英雄物語は2つだけに減少している。2010年代の教科書であるDでは、「環境にやさしい」ということの重要性が低学年から繰り返し紹介され（1年）、また新たな倫理観念も増加している。例えば障害者を尊重することなどである。他にも1年生の教科書第20課「小熊住山洞（こぐまちゃん山の穴に住む）」では四季を通じて木を伐採しなかった話、2年生教科書第11課「我们成功了！（私たち

は成功した）」では北京オリンピック招致の成功、12課「看雪（雪を見る）」では台湾の子どもたちに教える「北京出身の先生」がみんなで、「北京で雪を見よう」という話をする。3年教科書第27課「卖木雕的少年（木彫を売る少年）」はアフリカとの友好、28課「中国国际救援队、真棒！（中国救国際援隊、ほんとにすごい！）」では国際救援隊で活躍する中国人を描いている。

同じ物語の継承

　継承されない物語がある一方で、新しいものが導入されると同時に繰り返し現れる文章もある。両方の教科書の低学年の教科書では87課中、23の文章は内容が似たようなもの（あるいは全く同じもの）である。その内容は愛国、先生への尊敬、クラスメートと仲良くすること、まじめに努力すること、家庭を愛し、老人を尊重し、自主独立ということであり、これらの物語は継承され続ける道徳観が見てとれる。

4.2　「妈妈（ママ、お母さん）」の偏った使用

　教科書Dの中の頻出単語を統計してみると、「妈妈（ママ、お母さん）」と呼ぶ例が非常に多いことがわかる（童話の中の動物のお母さんも含む）。表に整理したものが下記である。

表44　妈妈（ママ）、爸爸（パパ）、奶奶（おばあちゃん）、爷爷（おじいちゃん）の出現数

教科書D	妈妈（ママ）	爸爸（パパ）	奶奶 （おばあちゃん）	爷爷 （おじいちゃん）
1–2年生	148	36	33	66
3–6年生	121	118	40	42
総数	269	154	73	108

　この表から見て、「妈妈（ママ）」の出現率が異常に高いことがわかる。合計269回ある。次に、「爸爸（パパ）」が154回、「奶奶（おばあちゃん）」73回、「爷爷（おじいちゃん）」が108回である。

　子どもは母親を愛すものである。だがすべての子どもたちがお母

さんと一緒にいられるとは限らない。教科書Ｄの中では、主人公が走りながら「妈妈、妈妈、要下雨了！（おかあさん、おかあさん、雨だよ！）」というような呼びかける例も数多くある。子どもたちのお母さんへ対する愛情や、中国の伝統文化として親孝行が重んじられているが、編集者たちは教科書編集の過程で「お母さん」を引き合いに出しすぎる傾向がある。現代社会では両親の離婚や、農村から都市へ働きに出る両親も多く、村に老人と取り残される「留守児童」の問題も大きな社会問題となっている。私たちはこうした子どもたちの心理に配慮すべきであるし、「妈妈（ママ）」「爸爸（パパ）」という２つの単語は過度に強調されるべきではないだろう。こうした問題に対して日本の教科書では配慮がされている。

　そのほか、教科書Ｃでは男女の役割分担が描かれている。性別役割分業については楊傑・呂改蓮（2002: 109–116）も教科書Ｃで性別による傾向があることを指摘している。楊らはまず、人民教育出版社が1994–1998年に出版した小学校１年〜６年生の語文教科書上下12冊を分析したところ、人物が描かれた（擬人も含め）文章は149篇でのべ236人の人物が出てくる。そのうち女性は55人・23.3％で男性は177人75.0％だと言う。学年が上がるに従い女性の出現率が明らかに下がっていく。男性の役割は共産党や国家のリーダー、科学者、芸術家、文学者、医者、軍人、教師、幹部、学生および労働者、家族のメンバー、女性の役割は「妈妈（ママ、おかあさん）」「奶奶（おばあちゃん）」、「女儿（娘）」、孫娘、学生、親戚、お隣さん、労働者、リーダー、医者、教師、英雄、魔法使いなどで、肯定的な人物は男性に偏っていると指摘している。

　教科書Ｄで男女による性別役割分業について今回の調査では詳しい統計は取っていないが、楊・呂のような指摘を受けて、配慮がされた様子は各所にみられた。しかし表44からもわかるように、女性の「おかあさん」役の多さをみれば、母親のいない子どもには配慮がされていないことがわかる。

5. 子どもことば（子ども役割語）

中国の小学校1年生の国語教科書観察を通し、よく現れる表現や文法があることに気がついた。ある種の表現は小学校低学年の教科書の中で繰り返し使用されている。このような表現を「子ども役割語」と言うことができるのではないかと考える。なぜならば、これらの言語は必ずしも現実の生活の中の言語とは限らず、一般的に成人の児童文学者あるいは教科書の編集者が、子どもたちのレベルに合わせ、また子どもらしさや美感を作り出す等の理由から創造した言語であるからだ。

筆者が「子ども役割語」の表現といえるものを教科書Dの中から収集した結果は以下の通りである。まず例を検討しその次に理論的問題を議論したい。

5.1　文法
①**AA的**（形容詞の重ね型）

(1) 青青的（青い青い）　白白的（白い白い）　寛寛的（広い広い）　大大的（大きい大きい）　高高的（高い高い）　小小的（小さい小さい）

(2) 弯弯的月儿　小小的船、小小的船两头尖。我在小小的船里坐、只看见闪闪的星星、蓝蓝的天。　　（1年上冊7課「小小船」）
湾曲したお月さま　小さい小さい船、小さい小さい船　両端は尖がってる。私は小さい小さい船に乗って、キラキラ光る星、青青した空をただ見上げている

もし大人の文学であれば、暖かい日を表現するなら「风和日丽（春風が穏やかで日がうらら かである）」とか雷が鳴り稲光がするような天気なら「雷电交加」などと天気に関係する成語を使うだろう。「子ども役割語」では「暖洋洋的太阳（ぽかぽかのお日様）」、「蓝蓝的天空（青青した空）」と言った形容詞の重ね型AA的を使う。

②**v啊、V啊／V着、V着式**（動詞隔離式の連用）

(3) 小松鼠很高兴…..他等啊、等啊、等到花都落光了
子リスちゃんはとても喜んで…待って、待って、花がすっ

かり散るまで待ちました。　　　（1年上冊16課「小松鼠找花生」）

(4)　蜻蜓飞呀飞、飞过青青的假山、

トンボは飛んで飛んで、青い青い築山のところを越えていきました。　　　　　　　　（1年下冊15課「夏夜多美」）

(5)　小猴子下山 走着走着、看见一只小兔蹦蹦跳跳的、真可爱

小猿は山を下り（略）歩いて歩いて、1匹のうさぎちゃんがぴょんぴょん跳んでいるのを見ました。本当に可愛い。

　　　　　　　　　　　　　　　（1年下冊18課「小猴子下山」）

「等啊、等啊（待って待って）」「飞呀飞、飞过（跳んで飛んで）」、「走着、走着（歩いて歩いて）」はすべて、継続する動作を現す動詞でここでは反復ではなく、継続の意である。大人の文学なら、「待つ」であれば「守株待兔（ウサギが切り株に当たるのを待つ）、「拭目以待（目をこすって期待して待つ）」、「度日如年（一日を一年のように待ち遠しい）」、長時間歩いたり飛んだりするならば「爬山渉水（山を越え、海を越え）」、「长途跋涉（長い距離を旅し）」などのように、文脈に合わせて豊富な成語や慣用句、あるいは詩句などを用いて描写するだろう。

③那么 A、那么 B（あれほど A、あれほど B）

(6)　他画的山那么高、水那么清

彼が描いた山はあんなに高く、水はあんなに清らかだった

　　　　　　　　　　　　　　　（1年下冊24課「画家故郷」）

(7)　每个松果都那么香、那么可口。

1つひとつの松の実はあんなに香りがよくてあんなにおいしかった。　　　　　　　　（1年下冊10課「松鼠和松果」）

誇張や感嘆も非常に単純な表現形式になっている。

④小 X（X は動物または植物など）

小兎（うさちゃん）　小猫（こねこちゃん）　小狗（わんちゃん）　小鸟（ことり）　小鸭（あひるちゃん）小鹰（たかちゃん）　小熊（こぐま）　小鸡（ひよこ）　小马（こうまちゃん）　小猿子（こざる／おさるちゃん）　小鱼儿（さかなちゃん）　小青蛙（かえるちゃん）　小燕子（こつばめ）小松鼠（こりす）　小蚂蚁（ありちゃん）　小壁虎（やもりちゃん）　小水珠（しず

第9章　「役割語」のリソースとしての小学校語文教科書　　231

くちゃん） 小雨点（雨ちゃん） 小河（おがわ） 小樹（小さ
い木） 小飞机（小さい飛行機） 小花（小さい花）

　これだけの小Ｘが低学年の教科書には登場してくる。小Ｘは
「小さい、可愛い、○○ちゃん」を意味している。つまり小学校低
学年の教科書は可愛いキャラで溢れているというわけである。

⑤動物と自然物の発話キャラクタ

雷公（かみなりおじいさん） 太阳公公（太陽おじいさん） 地
球爷爷（地球おじいさん） 鹅大爷（がちょうの旦那） 山羊爷
爷（ヤギじいさん）牛伯伯（牛おじさん） 兔姑娘（うさぎ娘）
棉花姑娘（わた娘） 睡莲姑姑（スイレンおばさん）等

　注目すべきなのは、動植物に「擬人化された呼称」が使用されて
いることが、常套の手段であることだ。また鸭子（あひる）は鸭
先生（Mr.あひる）であり、兔子（うさぎ）は兔姑娘（うさぎ娘）、
春天（春）は春姑娘（春娘）、鲫鱼（ふな）は鲫鱼阿姨（フナおば
さん）のように、人と同じように活動し、人間関係が成り立ってい
ることである。また本来雄雌のある動物、年齢も若い／年をとって
いるという区別がある動物、また逆に性別のない自然物にさえ性別
や年齢などの役割が付与されている。

　荷花姑娘（蓮の花娘）、棉花姑娘（綿娘）等には性別や年齢があ
る。動植物に付与されたイメージ、ステレオタイプが影響して作り
出されており、つまり「役割語」であり「言語資源」であると言え
る。ある種の擬人化にはおそらく万国共通のイメージがあるだろ
う。例えば、日本でもウサギは女の子のイメージが比較的強いだろ
う。だが四季に対しては一般的に固定した男女のイメージはない。

5.2　修辞法

⑥-1 なぞなぞ

両棵小树十个杈、不长叶子不开花。

２本の小さい木に10の木のまた、葉っぱも生えないし、花も
咲かない

能写会算还会画、天天干活不说话。

書けるし描ける　毎日働いて何も言わない（ものな〜に）

232

（1 年上冊 p.17「猜一猜」）

答えは「手」であるが、なぞなぞも比較的簡単な子ども役割語
（修辞法）と言える。

⑥-2 数字の連接フレーズ方式

一座房、两座房、青青的瓦、白白的墙、宽宽的门、大大的窗。
三座房、四座房

一軒の家、二軒の家、青い青い瓦、白い白い壁、広い広い門、
大きい大きい窓。

三軒目の家、四軒目の家　　　　　（1 年 4 課「那座房子最漂亮」）

一去二三里、烟村四五家、亭台六七座、八九十枝花

一度、二三里行くと、炊煙たなびく四五軒の家、亭台が六七あ
って、八九十の枝に花が咲く　　　　　（1 年 1 課「一去二三里」）

伝統的な童謡の雰囲気があり、天文学的数字ではなく、子どもで
も理解できる 1〜10 の数字が使用され児童のレベルに合わせた内
容になっている。

⑥-3 質問の旅形式

「小蝌蚪找妈妈（おたまじゃくしちゃんたちママを探して）」

（1 年 34 課「小蝌蚪找妈妈」）

池塘里有一群小蝌蚪、大大地脑袋、黑灰色的身子、甩着长长的
尾巴、快活地游来游去。小蝌蚪游哇游、过了几天、长出两条前
腿。他们看见鲫鱼妈妈在教小鲫鱼捕食、就迎上去、问："鲫鱼
阿姨、我们的妈妈在哪里？"鲫鱼妈妈说："你们的妈妈四条腿、
宽嘴巴。你们到那边去找吧"他们看见一只乌龟摆动着四条腿在
水里游、连忙追上去、叫着："妈妈、妈妈！"乌龟笑着说："我
不是你们妈妈。你们的妈妈头顶上有两只大眼睛、披着绿衣裳。
你们到那边去找吧"小蝌蚪游哇游、过了几天、尾巴变短了。他
们又到荷花旁边、看见荷叶上蹲着一只大青蛙、披着碧绿的衣裳、
露着雪白的肚皮、鼓着一对大眼睛。

池の中に小さなおたまじゃくしの群れがいました。大きな頭
に黒灰色の体、長い長い尻尾を振って楽しそうに行ったり来た
り。おたまじゃくしちゃんたちは、泳いで泳いで、何日か経つ
と、両前足が生えてきました。

第 9 章　「役割語」のリソースとしての小学校語文教科書　　**233**

彼らはフナのお母さんが小フナたちに餌のとり方を教えているのを見て、前から近づいて行って聞きました。「フナのおばちゃん、僕たちのママはどこにいるの？」フナのお母さんは言いました。「君たちのお母さんは四足で、口が大きいのよ、あっちへ行って探しなさい。」

　彼らは１匹の亀が４つの足を動かしながら水の中を泳いでいるのを見て、一生懸命に追いついて、「ママ、ママ！」と叫びました。亀は微笑んで、「私は君たちのママじゃありませんよ。君たちのお母さんは頭に大きな２つの目がついていて、緑の洋服を着ているのよ、君たちはあちらで探しなさい。」

　おたまじゃくしちゃんたちはまた泳いで泳いで何日か経つと尻尾が短くなりました。彼らが蓮の花のところにいくと、蓮の葉の上に大きなカエルが坐っていました。緑の服を着て真っ白なおなかをあらわにして、大きな２つの目を膨らましていました。

図14　小蝌蚪找妈妈（おたまじゃくしちゃんたちママを探して）

　低学年の教科書には同様に、小さい動物たちが他の動物たちに１つひとつ問いをなげかけ、答えてもらうという形式の物語がある。A、D両方の教科書の中にある「小壁虎借尾巴（やもりちゃん尻尾を借りに行く）」、「小猴子（こざる）」、「要下雨了（雨が降りそうだ）」等がこうした「質問の旅形式」の構造になっている。日本の「ねずみの嫁入り」とも似た構造と言える。

　「子ども役割語」とは子どもことば文法と子どもことば修辞法か

らなると考えられる。子どもことばとは成人または初めて中国語を学んだ成人がもしそれを使用したら「幼稚」に聞こえることばであり、言語に習熟した人ならば書き言葉でも話しことばでも正式な場合では、別のことばを選ぶはずである。

鄭茘（2008: 40–44）は就学前の児童の使用する修辞法を、回数による定量研究を試みている。それによれば、①比喩、②擬人化、③誇張が就学時前の児童が使用する上位三つの修辞形式で、出現数はそれぞれ46.8%、18.8% と 12.4% である。これは現実生活における子どもことばの研究である。

鄭はまた、就学前の子どもにしばしば出現する修辞的特徴について言語学、教育学界などから広く注目されており、「就学前の子どもにはたして本当の修辞ことばが存在するのか」という点について議論が起きていると言う（鄭 2008: 20）。

児童文学創作では就学前の児童の修辞スタイルと表現の特徴に合わせるべきでそれによって作者と小さい読者たちの間に共通の意味領域が作られると指摘する。鄭によれば、李宇明、何軍、陸如鋼ら学者が就学前児童の「修辞特徴」とはほんとうに文学的言語かという視点を提出しているという。何軍は幼児言語の修辞特性は、語彙の不足に関係していて、認知レベルも限られた幼児にあってはしばしば事物の突出した特徴を察知するもので、それは往々にして本質的な特徴ではない。幼児はその他の特徴を無視したり、概括性の不足、思考の偏り、想像のものと客観的現実を混同しがちで、それによって物事が誇張されやすく、そのために幼児ことばの発展の過程には造語現象や、擬人化、誇張といった特徴があらわれやすい。これは心理的未成熟の一時的な現象で、童心にあふれているものの、本当の言語芸術とか創造性とは言えないとしている（鄭 2008：20）。

もし「修辞」ということの特徴を「言語の逸脱や新奇さ」や「最もよい言語効果を追求するもの」、「感情移入や審美的特徴」があるとするならば、子どもことばの自然な環境下での言語現象は本当の修辞活動であるとは言えないだろう。

ここで議論したいのは、子ども言語の修辞が文学的かどうかではなく、小学校国語教科書の中の「子ども役割語」という1つの修辞

現象である。

　なぜなら、これらは成年作家または編集者たちが作り上げた言語であるからだ。とはいえ、実際の子どもの言語生活の中でも我々はそれを耳にするだろう。前述の鄭茘が「作者と小さい読者たちの間に共通の意味領域が作られる」（2008: 1）と言うように、児童文学者の言語はすなわち「子ども役割語」であり、じっさいの「子どもことば」と互いに影響を与えあっているはずである。

　岩崎勝一（2013）は、「多重文法理論（Multiple Grammar）」という理論を提唱しているが、岩崎は日本語の書きことばと話しことばに一定の文法的な差があることを指摘している。彼はこの理論を証明するために次のような調査を行った。

　岩崎はアメリカの大学の教授であり、彼のインフォーマントの論文とその話しことばの中で使用される出現率の高い語彙を調査し研究を行ったところ、話しことばの中では語気助詞等の互いの行為を調整するような語彙の使用率が高く、一方、書きことばとしての論文では、「議論の中心的名詞」の出現率が高いことがわかった。続いて、論文と新聞の言論語彙を調査し、また話しことばのデータや他の研究者が得た話しことばのデータを比較したところ、論文や新聞の言語中の出現率の高いものは同じで、彼が自分で採取した話しことばデータと、他の研究者が採取したはなしことばデータの高出現率のことばがほぼ同じであった（「出現率の高いことば」とは語彙だけでなく特定の文構造も含んでいる）。これはつまり人々が文章を書くときと、会話とは違った文法を使っていると言うことであり、岩崎は、多重文法は書きことばと話しことばとの違いだけでなく、文体、スタイルにも文法の違いが存在していると指摘している（本引用論文は 2013 年ご発表前のドラフトを USLA の岩崎先生から直接お送りいただいたものである「多重文法」については岩崎 2015、2017 がある）。

　同様に大人と子どものことばも前述のように文法が同じではない。異なる年齢は異なる「文法」を使っているのである。

　あるいは大人は「子ども役割語」を調整したり利用したりもするが、両者間の文法や文構造は同じであるとは限らない。人々は語彙

以外にも無意識のうちに例えば前述 5.1 文法①〜③のような多重文法を使い分けていることになる。この中国語の多重文法性は、役割語という角度から言語を観察したところから生まれた理論的貢献の1つと言えるのではないか。

5.3　螺鈿式言語

博学多識な成人が書く文章には美辞麗句や洗練された語彙表現に溢れている。それはまるで、螺鈿式の言語つまり美しい表現や知恵がはめ込まれたことばである。なぜならば、中国語は孤立語であるため、知識が増えれば増えるほど、成熟した学問教養のある定型表現（成語・慣用句）や詩句などをはめ込んでいくことになる。あるときは成語であり、あるときは唐宋詞の詩句や四書五経の句といった具合である。第4章でインテリことばを考察したように、インテリことばは典故という金銀玉をはめ込んだ言語である。一方、子どもことば（子ども役割語）では重ね型や、動詞の隔離連用式や、「小 X」といった表現形式を使うことによって可愛らしさを表現する方法であると言える。子どもことばを探究することによって、大人ことばあるいはインテリことばがどのようなものであるかが、より一層明確になってくる。

6.　本章のまとめ

国語の教科書は自己の言語や語感を形成するための重要な源である。言語の使用者がいかにして自己の言語を形成していくかはさまざまな角度から研究する価値がある問題である。30 年の中国国語教科書の内容の変遷について理解を深めることは、中国語がどのような変化を遂げてきたか、中国がどのようなものを言語規範と考えてきたか理解する上でも有用である。

この章では、役割語の上位概念である言語資源という観点から中国の 80 年代の教科書と 2010 年代の小学校教科書を比較し、内容や登場人物のキャラクタの変化と、低学年の教科書における子どもことば文法、子どもことば修辞法の特徴の紹介と、大人のことばと

子どものことばの間にある多重文法の存在の指摘を行った。そこから進んで、中国語の大人ことばの螺鈿的性質（成語や詩句など美辞麗句を文中に埋めこんでいく中国語の表現構造）も指摘した。

第10章
総括

筆を置く前に、この論文において自身で設定したすべての問題に対して一応の答えが得られたかどうかを検証したい。

第1章において、「役割語」とは何か、中国語の役割語の実際の状況を説明すると同時に、研究意義および研究方法について説明した。

第2章では日中の役割語研究を概観した。

第3章では日本の役割語概念を応用して中国の方言と「役割語」の関係を考察し、中国語の中にも日本語と同じように人物イメージと方言の関係が存在することを証明した。そのために以下のいくつかのキャラクタ（人物像）──インテリ、商人、農民工、田舎者、武将、淑女、皇帝などといったキャラクタを設定、異なる地域（湖北省と上海・南京）の大学生および（新疆の）成人に対してアンケート調査を行った。この3つのグループの共通点は大専（短大相当）以上の高学歴である点である。その結果、彼らのもつステレオタイプの中で知識人は普通話を話し、田舎者は河南語や四川語を話し、「ヤクザ」では東北語と広東語を話すといったイメージがあることなどがわかった。このように日本語によく見られる、「方言に対してある種の人物を連想する」という言語現象が中国語にもあることがわかった。

第4章では、中国の伝統的な「役割語」といえる3つの「〜腔（口調・なまり）」について考察を行った。3つとは「官腔」、「娘娘腔」、「学生腔」で、論究がほぼないため、ネットの文章や北京大学コーパスの中から用例を採取、それぞれの「〜腔」の言語的振る舞いと非言語的振る舞いの特徴を分析し、中国語の役割語には描写性の非言語行動（体態語）の分量が相当数を占めていることがわかった。たとえば、娘娘腔（オネエ）の「蘭花指（京劇女形の指のうご

239

き）」や官腔（役人）の偉そうな態度やものごとを先延ばしにするという非言語的な特徴等である。中国語の役割語現象は日本語と比べると目立ちにくいが、中国語の非言語行動（体態語）と人物に対する認識との関係にはかなり密接なものがある。

次の発見は、学生にせよ、役人にせよ劇作家が中国の知識人を描く場合、常に、彼らに「典故」のあることばを使用させると言うことである。

また「官腔」、「娘娘腔」、「学生腔」がけなしことばであるということについては、官腔、学生腔などで多用される典故のある言語は一般大衆（農民）には理解が難しく、また中国の封建社会の価値観との関係によって、人々は娘娘腔（オネエことば）を使うような人物を認めなかったと考えられる。

第5章では中国語の非言語行動（体態語）と人物像との関係を考察した。なぜならば第4章で中国語は体態語に役割を伝える作用が比較的大きいと考えられるためで、第5章では、中でも「後ろ手をする」、「髪をいじる」、「しゃがむ」という3つの動作を例にこれらの動作がどのような人を連想するかをアンケート調査した。その結果、中国人のイメージの中で「後ろ手をする」は指導者や幹部を連想する以外に老人、昔の読書人などのイメージが一定の割合を占めていた。「髪の毛いじり」は若い女性を、「しゃがむ」という動作では農民工、農民のイメージにつながることがわかった。

またこれらの動作を中国の映画やドラマの中においても、「後ろ手をする」が指導者幹部のイメージ、「髪いじり」が若い女性のイメージ、「しゃがむ」が農民のイメージを表現するために繰り返し使われ「非言語役割語（役割しぐさ）」であることを指摘した。

次に、国家指導者の写真を比較し、新中国成立初期の国家指導者たとえば毛沢東には「後ろ手」の写真があり、その後、毛沢東を演じる俳優や全国各地にある毛沢東の銅像にも「後ろ手」を組んだものが多くあることを指摘した。しかし、現在の国家主席習近平には「後ろ手を組んだ」写真が1枚もなく、両手をおなかの前で交差させ親しみやすいイメージを醸し出していることがわかった。これは和諧社会（調和のとれた社会）建設のための要求によるものであろ

う。一時代前の指導者たちがしばしば大きな服を着、後ろ手をすることによって彼らの地位や威厳を表していた時代は過ぎ去り、現代の情報化の進んだ社会では、逆にもっと近寄りやすい雰囲気を作り上げる必要があるということがここから読み取れる。ここからみれば非言語（体態語）の働きは軽視することはできない。役割語という観点から、国家政策の変化のありようも見えてくる。

第6章では2つの方面から書きことばの中の描写性非言語行動（体態語）と人物像の関係を考察した。1つ目は、身体と人物像（キャラクタ）の関係である。2つ目は、動作と人物像（キャラクタ）の関係である。同時に中国語の「体態語成語」と外国人がこのような成語を学ぶことにある問題について論じた。

奥田（1997）で中国語の小説の中に、例えば濃い眉毛は善玉キャラであり、薄い眉鼠のような目は悪玉キャラであるという身体の部分を借りて人物像を造型する関連モデルがあることを指摘している。一方中国の研究者李桂奎は「写人学」という理論を提出し、中国語の中に、女性描写の植物化、男性描写の動物化等の現象があると指摘している。

次に『分類成語詞典』を「善悪」および「男女」を基準に分類を行ったところ、成語の中に老若男女を表現するものがあることがわかった。成語とは本来一種の成年男子の表現要求を満たす言語であり、男性の視点、発言権の下に、描写されている。

この章は中国語の体態語成語の問題を論じつつ併せて「外国人がなぜ成語を学ばなければいけないのか」という問題も論じたが、それは成語を使用するかどうかが「発話者自身の人物像」と大きく関係するからである。

第7章では、名前と人物像の関係について検討を行った。まず先行研究を利用して、中国の人名に性差、時代差、地域差があることを整理した。つぎに、テレビドラマ『金婚』を例に、各登場人物の名前と性格、ドラマ内の役柄との間には関係があることを突き止めた。これも中国の文芸における1つの常套手段であり、名前が役柄を暗示し1つの役割語としてはたらいていることがわかった。

最後に筆者の日中大学生の命名行動に関する調査をもとに、中国

の学生には典故を利用した命名法があることを指摘した。典故の利用は中国の知識人の言語にとって欠くことのできない特徴である。

第8章では、3つの角度からインターネット上の「役割語」の現象を議論した。1つ目はネット上のハンドルネームで、2つ目はネット上の「発話キャラクタ」と「キャラ変わり」現象、3つ目はネットの中に存在するキャラ現象の角度から見た中国語に関する問題である。先行研究を利用し、中国のハンドルネームにも性別・年齢差があるが、地域差はないことがわかった。現在の中国のネットユーザーの多くは若者であり、ハンドルネームをつけるにも以前のような本の典故を利用するのではなく、まるで机の引きだしの中のガラクタのようなものをかき集めて自由に命名していることもわかった。また中国版ツイッター（X）である「微博（ウェイボー）」の考察から、さまざまなキャラが、独自の自称詞・他称詞とその雰囲気を表す述語やセリフをセットで使用していること、そこに敬語的な作用が生まれていることなどを指摘し「和諧敬語」と名づけた。和諧敬語は敬語的表現の少ない中国語の穴を埋めている。

第9章では、役割語のリソースとして小学校国語教科書と「言語資源」ということを考察した。「役割語」あるいは「言語資源」という角度から、中国の小学校国語教科書を観察、次のようなことがわかった。この30年で多くの人々は農民から都市生活者へと変わり、教科書の中にも語彙や登場人物にも変化があり、革命の英雄のキャラクタは減少しつつある。それに代わって環境保護などの新しい価値観が導入されている。また一方で継承される文章や、キャラクタがある。低学年の教科書の中には「ママ（お母さん）」の登場が多く、中国の「考」の思想とはいえ、これは父母のいない子どもへの配慮が不足している。

低学年の教科書には「子ども役割語」（子どもことば文法、子どもことば修辞法）といえるものが存在していることを指摘した。例えば「走着、走着」などの継続動作を表す動詞表現は児童の言語表現と習慣に比較的合致しているが、一般成人の文章ではこうした表現に代わって多彩な成語などの表現が使われる。こうしたことは岩崎勝一の提唱する「多重文法」（岩崎2013）のように人々が多重な

文法を使って自己を表現しているということの証明でもある。

　筆者は本書で、人物像とことばの関係に注目してきた。つまり役割語の問題であり、母語話者の持つ共通の言語知識「言語資源」の1つについてである。私たちはこれらの言語資源を利用して交流を行っている。本研究を通して、中国語の役割語の実態の一部を切り開き中国国民が持つ文化的、また政治的、審美的、道徳観的、人物イメージとことばの関係を多少明らかにできたと考える。役割語は他者のキャラクタを表現するものでもあると同時に、自分自らのキャラクタを表現するものでもある。1人ひとりはほとんど無意識に自己のイメージを選択し、自己の役割語を調整している。

　以下は今後の課題である。

1. 基本的に「文学の中の役割語」には触れていない。文学は役割語が誕生する大きなゆりかごの1つである。中国には古典文学から現代文学まで豊かな文学が育まれている。もし文学の中から役割語を開拓したら、きっとより豊富で多彩な役割語の世界が広がっているはずである。

2. 本書は呼称語を特別な対象として研究を行っていない。なぜなら呼称語の研究はすでに数多くあり、かつ複雑であるため、発話キャラクタに関係したものしか取り扱わなかった。

3. アーヴィング・ゴッフマン（Goffman, E. 1959、石黒 1974）の「印象管理（印象操作）」の視点から検討できなかったが、社会主義国という舞台における人の自己や他者の認識と、ことばの関係を見ていくと、より中国語の役割語の世界が検討できるはずであると考える。

4. 中国伝統の役割語としてはほかにも「娃娃腔（子どもっぽい話し方）」、「大人腔（おとなびた話し方）」、「文芸腔（文芸口調）」「翻訳調」と言われるものがある。これら「〜腔」の研究によりもっと多くのことが明らかになるはずである。

　本書が中国語の成語にある「抛砖引玉（レンガを投げて玉を引き寄せる）」の作用を起こし、日本語研究、中国語研究、社会言語学研究、そして対照研究に新たな視点を投じることができたら幸いである。

〈2024 年の補遺〉

　第 3 章で扱った中国語の方言の人物像の問題では、例えば上海が舞台となったドラマで、主人公や脇役が上海なまりのある普通話を話し、誰もが知っている上海語の「暁得了（ショッダラ）」が使用されたドラマ（2017 年『我的前半生』、2024 年『繁花』など）が制作されている。ことに『繁花』ではその上海語使用が話題になり、上海語版も制作されている。また北京が舞台のドラマでは北京なまりが聞こえる『芝麻胡同』（2019 年）などが制作され、これらのことばは人物と出身地、舞台の雰囲気を出すために欠かせない演出となっている。2018 年湖南省長沙の岳麓で、ユネスコの「言語の多様性会議」が行われ、それを受けて言語の多様性を守ることを正式に宣言した「岳麓宣言」*1 が出された。中国は、普通話を推進する一方で、方言や少数民族言語の保護にも舵を切ったのである。このことがどのような形で方言と人物像の関係に表れていくか見守っていく必要がある。

　第 4 章では、中国伝統の「役割語」の一つとして「オネエことば（娘娘腔）」の非言語要素の特徴として指の形「蘭花指」を挙げたが、その後、金水先生のお弟子さんの劉翔さんが「フィクション作品におけるオネエキャラの表現方法」という論文（劉翔 2019）で、やはり「蘭花指」がオネエキャラを作る要素になっていることを実証している。

　「学生腔・インテリことば」の特徴として、ドラマの比較的早い回（初回や 2 回目）で登場人物に四書五経・唐宋詞詩を諳んじさせることを指摘したが、2024 年放送のドラマから任意に知識人キャラが登場するものを選んでみると、例えば『追風者』の 2 話で主人公と銀行家が、「升官发财请往他处，贪生怕死勿入斯门，革命者来！（昇進、金儲け目当ては他所へ行け、死を恐れるものはこの門をくぐるな、革命家よ、来たれ）」という孫文のスローガンを暗唱

245

する。また、『玫瑰的故事』の1話でヒロインに憧れる建築士が詩的なセリフを吐くといった例が今でも簡単に見つかる。

　第7章で指摘した、名前が役割語として、人物の役柄を示すということも、例えば『追風者』の主人公の名前は「魏若来」であり、彼は若い時に、田舎から上海へ出て来て銀行家になる。また、『猜猜我是谁（私は誰）』というドラマでは、企業の御曹司であると名乗り出る主人公の名は季承川 jìchéngchuān で、創業を継承する「継承（創業）jì chéng（chuàngyè）」とほぼ同音であり、役柄を説明している。

　こうしたインテリことばや、命名が役割語として働く例は100％と言わないまでも、簡単に見つかり、視聴者が無意識に役柄を理解するための装置となっている。

　第9章で語文教科書の中の子ども役割語を扱ったが、2023年に「全新小学语文教学大纲（全新小学語文教学シラバス）」が出て、教科書が新しくなった。しかしながら、人民教育出版社の関係サイトは残念ながら日本からはアクセスができない。重要な言語資源の供給源としての教科書は今後も注目に値する。

＊1　連合国教科文組織正式公布保護語言多様性《岳麓宣言》
　　（ユネスコが言語の多様性保護を正式に公布「岳麓宣言」）http://www.moe.gov.cn/s78/A19/A19_ztzl/ztzl_yxyywhcccb/ziyuanbaohu/201901/t20190122_367649.html

あとがき

　博士論文からは11年を経て日本語版が刊行されることになった。まえがきにも書いたように、日本語で、お読みいただくことで各方面の議論を活発にできれば思い、大きく改稿することはなしに、修正や、説明を加える必要がある部分だけ説明を加え、政治的に削除された部分を戻すという作業を行った。その後、役割語の視点は、上海ピジン研究（河崎2016）や、中国の歌の歌詞のジェンダー研究などにも生きている（河崎2019）。

　中国語の「役割語」研究というこのテーマは大変大きく、先行研究もほぼ無い状態でであったため、当初手がかりは皆無だった。1人「役割語」の概念を懐中電灯のように手に持ち、未知の洞窟へ挑んで行くような思いがした。中国語の役割語のしっぽはつかみづらく何度も途方に暮れた。しかしながら、金水敏先生が提唱されたこの日本語の「役割語」の概念が非常にすぐれたものであったため、懐中電灯で照らした先には見たこともないことばの蝶々たちが棲んでいた。また当時神戸大学教授・現京都大学教授である定延利之先生の「キャラは万物に宿る」ということばは、暗闇の中を進む勇気を与えてくれた。

　道に迷いそうになると「役割語」の概念を何度も繰り返し、真っ暗な中、どこへ進んだらいいかわからないときには、「キャラは万物に宿る」と念仏のように唱えて、それを地図代わりにした。定延利之先生は論文構想当初から中国でお目にかかることがあり、博士論文執筆の中盤には大阪で途中経過の報告にコメントをくださった。お2人から受けた啓発や激励は中国語版、日本語翻訳への大きな力となった。また、2008年、博士論文の研究課題を検討していた、「トンネルの手前にいる私」に『ヴァーチャル日本語役割語の謎』を手渡してくださった友定賢治先生にまず感謝したい。

　またアメリカUCLA岩崎勝一先生は、2013年5月は書きあげら

れたばかりの多重文法に関する論文ドラフトをお送りくださった。

　指導教官・華中科技大学中文系教授程邦雄先生、副指導教官・董為光先生、中国社会言語学の第一人者のお1人南京大学教授徐大明先生にも感謝したい。当初説明不足で戸惑わせた指導教官だが最終に本研究が大変意味のある研究であると評価してくださった。

　そして、中国の伝統ある出版社である商務印書館の編集者劉建梅さんにも感謝したい。一外国人の書いた博士論文を読んで評価してくださり内部審査・外部審査と進めていただいたおかげで、中国で「役割語」という日本の研究概念を紹介することができ、本研究過程で見つけた諸々の事象を中国の研究者や一般の方に問うてみることができ、多くの支持を得ることができた。

　この度、翻訳、校正、日本語版に向けての説明を書き足していく中で、調査に協力してくれた中国人の教え子たちや中国の友人たちの顔も思い出される。彼らおよび彼らを通じて協力してくれた多くの中国の人たちにお礼の気持ちを表したい。いくつもの質問、奇妙なインタビューに付き合ってくださった。こうした多くの中国人協力者たちとの交流によって大変貴重な生きた情報を集めることができた。今回日本語版出版に際して、手元から散逸していた参考資料を集めて送ってくれた教え子もいる。

　拙著翻訳に際しては、金水敏先生に、一章ずつ翻訳を完成させお送りすると、お忙しい時間を割いてご覧くださり、怠け者の私に翻訳への原動力を与えてくださった。

　日本語版出版に際して、ひつじ書房松本功編集長、海老澤絵莉さんに大きなサポートをしていただいた。ここに深く感謝申し上げたい。今読みかえすと人の固定観念とことばに迫ろうとする研究は、ところどころ危うさや不備を感ぜずにはすまないが、叩き台として役割語研究に供することとしたい。

　最後に、この研究は1人の日中の間で言語教育を行い、かつ社会言語学研究に携わってきた者として、そして1人の中国語学習者として、3つの意味があった。

第1に、日中の社会言語学の研究交流を促進するために、「役割語」という日本の学術研究の概念を中国に紹介するという意味。

　第2に、本研究を日本語に翻訳することにより、日本の中国語研究・日本語研究そして社会言語学研究に供するという意味。

　第3に、この研究は、自身の中国語学習の目標の設定でもあり、模索の過程でもあった。つまり、いかなる中国語の使い手を目標とすべきであるか、ということである。

　その結果、目標とすべき中国の知識人ことばには多くの美辞麗句、成語や典拠の豊富な中国語の言語資源が散りばめられていることが分かった。

　ここに、1人の中国語を使用する知識人キャラクタとして本書をしめくくりたい。

　　路漫漫其修遠兮　吾将上下而求索
　　路は漫々として其れ修遠なり、吾将に上下して求め索ねんとす
　　　　　　　　　　　　　　　　　　　　　　　　　　　　（屈原『離騒』）

　　学然后知不足
　　学びて然る後、足らざるを知る　　　　　　　　（『礼記・学記』）

　　　　　　　　　　　　　　2024年夏　東京　河崎みゆき

参考文献

〈日本語〉

井上史雄（1980）「方言イメージの評価語」東京外国語大学論集 30. pp.85–97

岩崎勝一（2013.5.19）「多重文法」ドラフト UCLA（その後、Iwasaki S, A multiple-grammar model of speakers' linguistic knowledge, *Cognitive Linguistics* 26（2）：161–210（2015）、兼安路子・岩崎勝一「多重文法「こと」の分析を通して」鈴木亮子ほか編（2017）『話しことばへのアプローチ　創発的・学際的談話研究への新たなる挑戦』ひつじ書房などで発表されている）

奥田寛（1997）『中国人の非言語コミュニケーション』東方書店

門倉正美・筒井洋一・三宅和子（2006）『アカデミック・ジャパニーズの挑戦』ひつじ書房

河口和也（2003）『思考のフロンティア　クイア・スタディーズ』岩波書店

河崎みゆき（2008）「名づけと名づけ行為の日中比較―日中大学生の調査から」大連外国語大学中日韓文化研究国際検討会

河崎みゆき（2011）「中国の若い女性のことばをさぐる―中国男女口癖調査を中心に」『日本語とジェンダー』（11）pp.53–62

河崎みゆき（2016）「アルヨことばの周辺としての上海ピジン」『役割語・キャラクター言語研究国際ワークショップ 2015 報告論集』pp.46–69

河崎みゆき（2019）「中国の音楽の歌詞に現れるジェンダー」発表要旨『日本語とジェンダー』（15）pp.29–30

河崎みゆき（2022）「翻訳から見たジェンダー、そして役割語」https://gender.jp/gender-essay/essay202204/　日本語ジェンダー学会

金水敏（2003）『ヴァーチャル日本語 ―役割語の謎』岩波書店

金水敏編（2007）『役割語研究の地平』くろしお出版

金水敏（2007a）「近代日本マンガの言語」金水敏編『役割語研究の地平』くろしお出版　pp.97–107

金水敏（2007b）「役割語としてのピジン日本語の歴史素描」金水敏編『役割語研究の地平』くろしお出版　pp.193–210

金水敏（2010）「男ことばの歴史」中村桃子編『ジェンダーで学ぶ言語学』世界思想社　pp.35–49

金水敏編（2011）『役割語研究の展開』くろしお出版

金水敏他（2020）「ことばとセクシュアリティ」をめぐる有識者会議―メディアに根付く役割語をアップデートせよ！https://www.vogue.co.jp/change/article/sexuality-in-language

衣畑智秀・楊昌洙（2007）「役割語としての「軍体語」の成立」金水敏編『役割語研究の地平』くろしお出版　pp.179–192

小林美恵子（2013）「役割語における「差別」を考える」『ことば：研究誌』（34）現代日本語研究会　pp.88-102

定延利之（2007）「キャラ助詞が現れる環境」金水敏編『役割語研究の地平』くろしお出版　pp.27-48

定延利之・張麗娜（2007）「日本語・中国語におけるキャラ語尾の観察」彭飛編『日中対照言語学研究論文集―中国語から見た日本語の特徴、日本語から見た中国語の特徴』和泉書院　pp.99-119

定延利之（2011）『日本語社会のぞきキャラくり―顔つき・カラダつき・ことばつき』三省堂

大坊郁夫・神山進（1996）『被服と化粧の社会学』北大路書房

高橋みどり（2002）「『女ことば』を創りかえる女性の多様な言語行動」『言語』31（2）大修館書店　pp.40-47

竹内一郎（2005）『人は見た目が9割』新潮社

張麗娜、羅米良（2010）「中国語の「角色」研究と日本語のキャラクタ研究」神戸大学教授定延利之教授科研項目人物像に応じた音声文法会合資料

鄭恵先（2007）「日韓対象役割語研究―その可能性を探る」金水敏『役割語研究の地平』くろしお出版　pp.9-23

勅使河原三保子（2007）「声質から見た声のステレオタイプ―役割語の音声的側面に関する一考察」金水敏編『役割語研究の地平』くろしお出版　pp.49-69.

ガウバッツ，トーマス・マーチン（2007）「小説における米語方言の日本語訳について」金水敏編『役割語研究の地平』くろしお出版　pp.125-156

中村桃子（2007）『〈性〉と日本語―ことばが作る女と男』日本放送出版協会

中村桃子編（2010）『ジェンダーで学ぶ言語学』世界思想社

中村桃子（2010）「ことばとジェンダーのかかわり」『ジェンダーで学ぶ言語学』世界思想社

彭国躍（2002）『近代中国語の敬語システム―「陰陽」文化認知モデル』白帝社

藤谷浩二（2021）「シェークスピア、3人目の全訳　ジュリエット口調に注目」https://www.asahi.com/articles/ASP6243V6P5TULZU00F.html

ヴァーガス，マジョリー・F.（著），石丸正（訳）（1987）『非言語（ノンバーバル）コミュニケーション』新潮選書

水本光美（2005）「テレビドラマにおける女性言葉とジェンダーフィルター―終助詞・文末形使用実態調査より」『日本語とジェンダー』（5）pp.23-46

宮本大輔（2009）「中国人の言語評価―北京・天津・上海・杭州の大学生を対象に」『社会言語科学』No.11　Vol.2　pp.55-68

羅米良（2011）「現代日本語副詞の記述枠組みに関する研究」神戸大学博士論文

劉翔（2019）「フィクション作品におけるオネエキャラの表現方法―日中対照研究を通して」『待兼山論叢』文学篇53　pp.61-77

ロング，ダニエル・朝日祥（1999）「翻訳と方言―映画の吹き替え翻訳に見られる日米の方言観（特集 翻訳）」『日本語学』18（3）明治書院　pp.66-77

山口治彦（2007）「役割語の個性別と普遍性－日英の対象を通じて」金水敏編

『役割語研究の地平』くろしお出版　pp.9-25

吉村和真（2007）「近代日本マンガの身体」金水敏編『役割語研究の地平』くろしお出版　pp.109-121

依田恵美（2007）「〈西洋人語〉「おお、ロミオ！」の文型―その確立と普及」金水敏編『役割語研究の地平』くろしお出版　pp.159-178

〈英語〉

Birdwhistell, Ray L. (1970) *Kinesics and Context: Essays on Body Motion Communication*, University of Pennsylvania Press

Brown, P. and S.C. Levinson. (1987) *Politeness: Some universals in language usage*, Cambridge Universitey Press.（田中典子監訳、斎藤早智子・津留﨑毅・鶴田庸子・日野壽憲・山下早代子訳　2011『ポライトネス―言語使用における、ある普遍現象』研究社）

Goffman, E (1959) *The Presentation of Self in Everyday Life*（石黒毅訳　1974『行為と演技―日常生活における自己呈示』誠信書房）

Hopper, Paul. (1987) Emergent grammar. Berkeley Linguistic Society, vol.13, 139-157

Mehrabian, A. (1981) *Silent messages: Implicit communication of emotions and attitudes*, Belmont, CA: Wadsworth（A. マレービアン著；西田司 ほか共訳（1986）『非言語コミュニケーション』聖文社）

Miyuki Kasawaki (2012) Chinese "Language Resources" Under Urbanization: A Study of Chinese Primary School Textbooks: the 10th Urban Language Seminar: 2012.8.18 Universiteit Utrecht

Wu zhong-hao and YU long (2009) Review and Evaluation of Chinese Language teaching in Primary Schools since the Reform and Opening-up Curriculum, Teaching material and method vol.29, No.8

〈中国語（ピンイン a-z 順）〉

白瓊燁・張潔（2006）「人名的社会語言学分析」『語言文字』pp.116-117

百科知道「我们班有一个娘娘腔、受不了」
　　http://zhidao.baidu.com/question/265971254.html

蔡恩沢（2012）「打掉学生腔 融入村民中」『村委主任』(11) p.18

曹志贇（1987）「語気詞運用的性別差異」『語文研究』(12) pp.43-45

車向前（2012）「網絡"淘宝体"中称呼語和語気詞的人際意義探析」『隴東学院学報』(01) pp.67-69

陳程（2010）「従会話合作原則看"官腔"」広西教育学院学報（2）pp.69-72

陳建民（1999）『中国語言和中国社会』広東教育出版社

陳俊・張積家・王嘉英（2006）「大学生網名命名動機的研究」『心理科学』(4) pp.957-959

陳克（1993）『中国語言民俗』天津人民出版社

陳李軍（2011a）「国内網名研究総述」『文芸生活』pp.236-238

陳李軍（2011b）「網名形式与地区発展状況関係微探」『科技信息』(06) pp.236-237

陳汝棟（1999）『社会心理修辞学導論』北京大学出版社

陳永国（2005）「文学作品中人名的文化内涵及翻訳原則初探」『九江学院学報』
　　哲学社会学版（3）　pp.74-76

陳宇浩（2009）「小沈陽咋不像“小沈陽”嚎？」『今日早報』
　　http://jrzb.zjol.com.cn/html/2009-03/12/content_4584862.htm

陳敏哲・白解紅（2012）「漢語網絡語言研究回顧・問題与展望」『湖南師範大学
　　社会科学報』41（03）　pp.130-134

陳志勇（2005）「論宋元戲劇的脚色反串」『湖北大学学報』（哲学社会科学版）
　　第32巻第3期　pp.334-337

陳望道（2006）『修辞学発凡』第4版上海教育出版社

崔勇・賀愛軍（2006）「話語角色角転換与戯劇人物形象」『寧波工程学院学報』
　　（1）　pp.67-85

鄧進（2009）「紅楼夢女性命名研究」西南大学修士論文

董世福・劉永発（1995）「試論体態成語」『克山師専学報』pp.46-48

董珍蘭（2006）『漢語体態成語研究』華中師範大学修士論文

豆瓣网「討論“有哪些官腔”、有語法上的提及」
　　http://www.douban.com/group/topic/2587125/

馮艶艶（2008）「対外漢語教学中的成語教学初探」上海外国語大学修士論文

高秀娟（2008）「網名的語言学分析及規範化問題」『商業文化学術探討』（2）
　　pp.351-352

高一虹・蘇新春・周雷（1998）「回帰前香港、北京、広州的語言態度」『外語教
　　学与研究』

官話大全　http://wenku.baidu.com/view/3c58d24df7ec4afe04a1df9b.html

官話套話　http://wenku.baidu.com/view/7d404aefe009581b6bd9eb08.html

郭伏良・呉継章（1997）「体態成語論成衡」『天中学刊』12（1）　pp.63-66

韓黎（2007）「『武林外伝』不用方言会更好—論影視中的方言運用」『電影表介』
　　pp.23-24

胡穎佳（2012）「論明代戲曲中的“男扮女装”現象—以『増書記』為例」『韶関
　　学院学報』社会科学第33巻第5期　pp.60-63

賈玉新（1997）『跨文化交際学』上海外語教育出版社

景永恒（1992）「領袖人物為什麼説方言」『語言建設』（7）　p.26

河崎深雪（2010）「漢語“角色語言“探討—以中国方言電視劇為範本」『現代語
　　文』（語言研究版）10期　pp.82-86

河崎深雪（2012）「“淘宝体”使用中的性別差異探析」『中国社会語言学』（1）
　　pp.55-61

河崎深雪（2017）『漢語「役割語」研究』（中国語の役割語研究）商務印書館

何自然・何雪林（2003）「模因論与社会語用」『現代外語』（2）　pp.200-209

匡文波（2009）『網絡伝播学概論』北京高等教育出版社

課程教材研究所編著（2010）『新中国中小教材建設史1949-2000研究草書　小
　　学語文巻』人民教育出版社

Lady呱呱「20100609直面“特別的我”劉著」
　　https://tv.sohu.com/v/dXMvNDg0NjEzMzYvMjEzMjE3MTYuc2h0b
　　Ww=.html?src=pl

郎遥遠（2011）「官腔美学」『雑文選刊』(中旬版)（02）　p.52

雷紅波（2008）『上海新移民的語言社会学調査』復旦大学博士論文

李桂奎（2008）『中国小説写人学』新華出版社

李恒（2009）「方言電影中方言元素研究」西北大学修士論文

李慧文（2000）「漢語俗諺男性問題初探」北京語言文化大学修士論文

李麗（2008）「漢語体態語芻議」天津大学修士論文

李慶祥（2008）「日語体態語的特徴・効能及応用」『中日非語言交際研究』外語教学与研究出版社　pp.24–35

李箐（2006）『論女性話語風格』華中師範大学修士論文

劉晨曦（2006）「21世紀初大学生人名研究」『太原師範学院学報』(社会科学版)（5）　pp.38–41

劉澎心・呉十日（2005）「網名与当代文化意識」『河南社会科学』(13)–2　pp.120–122

劉文栄等著（2002）『身体言語（非言語行動）』百花文芸出版社

羅常培（2009）『語言与文化』北京大学出版社

羅米良（2012）「試論漢語中的角色語気詞"捏/涅/逆""呵呵/哈哈/吼吼""的説"」『漢日語言対比研究論叢第三輯』pp.271–282

閔虹（2001）「中国古典小説塑造人物的運作方法」『殷都学刊』pp77–80

倪学礼（2005）『電視劇劇作人物論』中国広播電視出版社

年志遠（1990）「教師角色語言浅論」『教育評論』pp.36–37

銭進（2003）「成語和俗語性別差異的文化透視」『語言与翻訳』(2)　pp.54–57

人民教育出版社　人教版小学電子課本　www.pep.com.cn　（2023年現在工事中）

人民教育出版社「教学大綱」www.pep.com.cn　　People's Education Press

連合国教科文組織正式公布保護語言多様性《岳麓宣言》
（ユネスコが言語の多様性保護を正式に公布「岳麓宣言」）http://www.moe.gov.cn/s78/A19/A19_ztzl/ztzl_yxyywhcccb/ziyuanbaohu/201901/t20190122_367649.html

任真（2009）『我国方言電視伝播現象解析』蘇州大学修士論文

山海関（2008）「官話是一種"語言的工具"」『雑文月刊』(原創版)（06）p.11

深圳衛星《媳妇的美好宣言》宣伝予告「娘娘腔style（new）」
https://v.youku.com/v_show/id_XNDcyNTQxMDU2.html

申小龍編（2003）『語言学綱要』復旦大学出版社

沈莉娜（2007）「近十年来対外漢語教学中的成語教学総述」『語文学刊』(高教版)（7）　pp.158–160

石振国（2001）「官腔有"四美"」『雑文選刊』（上半月）第4期　p.36

実之（2003）「官話与官腔」『前進論壇』(01)　p.41

譚汝為（2004）『民俗文化語彙通論』天津古籍出版社

譚珍宜（2009）「従年齢看網名」『現代語文』(語言研究版)（02）　pp.149–150

唐亮（2009）「紅楼夢角色語言研究─以賈母語言為中心」四川師範大学修士論文

王会（2009）「影視作品講方言該不叫停」『農民日報』07–25（その後、CNKIから削除されている）

王潔（2011）「網絡語言之語法変異現象」『北京化工大学学報』（社会科学版）
（4）　pp.60–64

王靖（2007）「網絡用戸名研究」山東大学修士論文

王均裕（1995）「角色語言規範性問題研究」『四川師範大学学報』pp.110–119

王德春・陳汝健・姚遠（1995）『社会心理語言学』上海外語教育出版社

王德春・陳晨（2001）『現代修辞学』上海外語教育出版社

王泉根（1988）『華夏姓名面面観』広西人民出版

王泉根（1993）「中国民間的字輩譜」『民俗研究』pp.26–36

王守恩（1995）「命名習俗与近代社会」『山西大学学報』（哲学社会科学版）（4）
pp.14–21

王用源・李爽・薛雨晴・王楽楽・呉雨倫・郎心雯（2012）「網絡語言研究現状
及存在問題浅析」『淮海工学院学報』（人文社会科学版）（14）　pp.81–83

王志平（2007）「官話官腔和八股文章令人深悪痛絶」『瞭望』p.11

魏暁紅（2011a）「大学校園文化中的非言語交際形式剖析」『湖北経済学院学報』
（人文社会科学版）（8）6　pp.140–142

魏暁紅（2011b）「試論非言語伝播中体態語性別差異文化研究」『中国電力教』
pp.200–201

呉言明（2001）「"学生腔"探源—談学生作文与語文教学観念的更新」『基礎教
育研究』pp.32–33

蕭遥天（1987）『中国人的名研究』国際文化出版公司

暁明（1995）「身体語言的修辞作用」『遼寧師範大学学報』（社科版）（5）
pp.53–56

熊志超（2001）「避免学生腔」『新文前哨』（08）　p.46

徐大明（2010）『社会語言学実験教程』北京大学出版社

徐大明・陶紅印・謝天蔚（1997）『当代社会語言学』中国社会科学出版社

徐鯤（2008）「港台与大陸人名的差異—以明星為例」『閲読与写作』（07）
p.30

徐蔚（2007）「男旦：性別反串—中国戯曲特殊文化現象考論」廈門大学博士論
文

楊潔・呂改蓮（2002）「社会性別刻板印象的直接映射対小学語文教材人物的性
別分析」『陝西師範大学学報』（哲学社会科学版）31（04）　pp.109–116

楊紹碧（2010）「官話≠官腔」『決策探索』（6）下　p.60

楊小寧・王玲娟（2012）「建国以来姓名文化之変化探析」『重慶三峡学院学報』
（2）　pp.109–112

楊暁黎（1991）「鑑貌辨色意在言外—従成語看漢民族的体態体語」胡文仲主編
『文化与交際』（1998）外語教学与研究出版社

葉朗（2005）『中国美学史大綱』上海人民出版社

葉舒憲（1997）『高唐神女与維納斯—中西文化中的愛与美主題』中国社会科学
出版社

応届畢業生網　「求職信応避免学生腔」
https://www.yjbys.com/jianli/qiuzhixin/zhongwenqiuzhixinxiezuo/
388837.html

于芳（2006）「漢語人名研究述評」『南平師専学報』pp.76–78

于根元（2001）『網絡語言概説』中国経済出版社

阮福禄（1997）「漢語俗諺女性問題初探」北京語言大学修士論文

趙昆艶（2005）「論成語対体態語的借用」『雲南師範大学学報』（哲学社会科学版）37（5）pp.129-132

章輝（2005）「漢語姓名与漢民族文化心理特徴」『畢節師範高等専科学校学報（総合版）』（2）pp.28-29

張荷・詹王鎮（2010）「三十年漢族人命名趨勢研究」『佳木斯大学社会科学学報』pp.88-90

張明輝（2011）「解読偽娘」『唐山学院学報』24（1）pp.69-71

張莉（2004）「網名的語言調査及文化分析」『河南大学学陽（社会科学版）』第44巻第3期 pp.130-132

張書岩（1999）「従人名看50年的変遷」『語文建設』（04）pp.38-40

張文一（2006）「中高級程度留学生漢語四字格成語習得与教学」暨南大学修士論文

張玥（2006）「武漢楼盤命名的語言文化分析」『現代語文』下旬（語言応用研究）pp.97-98

張雲輝（2010）『網絡語言語法与語用研究』上海学林出版社

鄭秀亮（2011）「魏晋南北朝那些"偽娘"們」『科学与文化』02期 p.46

鄭茘（2008）「学齢前児童"修辞特征"語言研究」南京師範大学博士論文

中国互聯網絡信息中心（China Internet Network Information Center：CNNIC）http://www.cnnic.net.cn/

中国社会科学院語言文字応用研究所漢字整理研究室（1991）『姓氏人名用字分析統計』語文出版社

周俊英・付欣辰（2005）「体態語成語的語義特性」『北京工業大学学報』（社会科学版）pp.82-86

周文文（2009）「QQ名的社会語言学探析」暨南大学修士論文

朱定峰（2007）「方言―塑造電影人物形象的有効工具」『電影文学』pp.28-29

朱鉄志（2003）「官話原則」『政府法制』（06）p.41

朱益嬌（2009）「"90後"学生姓名的用字分析」『現代語文』下旬（語言研究）（3）pp.97-99

作文網　「我们班的娘娘腔―藩楊」
　　http://www.zww.cn/zuowen/html/181/445724.htm

＊なお中国では修士論文も CNKI で全公開されている。

参考辞書

『現代漢語詞典』第6版 2012 商務印書館

李晋林・陳頌琴主編（2007）『分類成語詞典』吉林教育出版社

参考資料

4章

・毛沢東（1944）「反対党八股文」『毛沢東選集』第三巻　人民出版社

・老舎「学生腔」：（1999）『老舎　全集第十六巻文論一集』人民文学出版社 pp.362-364

・李商隠「楽遊原」：高橋和巳注（1958）『中国詩人選集』岩波書店　p.41
・荀子「王制」：片倉望・西川靖二著（1988）『鑑賞中国の古典第5巻　荀子・韓非子』角川書店　pp.138-139
・呂氏春秋「不苟輪　賛能」：楠山春樹訳著（1998）〈新編漢文選3〉『呂氏春秋下』明治書院　p.888
・論語「陽貨」：吉田賢抗著（1960）『新訳漢文体系1論語』明治書院　p.395
　子曰、唯女子與小人、為難養也「子路13」吉田賢抗著（1960）『新訳漢文体系1論語』明治書院　p.278
・周敦頤「愛蓮説」：星川清孝（1985）『新訳漢文体系6古文真宝（後集）』周茂叔（周敦頤）明治書院　p.84
・蘇軾「江城子　密州出猟」：近藤光男訳（1964）『漢詩体系17蘇東坡』集英社　p.141
・孟子「梁恵王下」：内野熊五郎著（1962）『新訳漢文体系4　孟子』明治書院　pp.44-45
・戦国策・趙策一：林秀一著（1981）『新訳漢文体系48　戦国策中』明治書院　p.710
　女為説己者容とする
・大戴礼記「水至清則無魚、人至察則無徒」：栗原圭介著（1991）『新訳漢文体系113　大戴礼記』明治書院　p.333
・柳永「雨霖鈴」：山本和義著（1988）『鑑賞中国の古典第22巻　宋代詩詞』角川書店　pp.255-259
・秦観「鵲橋仙」：藤堂明保監修・佐藤保訳（1986）『中国の古典33宋代詞集』学習研究社　pp.218-219
　佐藤の解釈では「とわに変わらぬふたつのこころなどて夜ごと朝ごと会うことやある　（必要がない）」とする。
・「春秋左伝」宣公二年：安本博著（1989）『鑑賞中国の古典第6巻　春秋左氏伝』角川書店　pp.174-177
　「人誰か過ち無からん。過ちて能く改むる。善焉（これ）より大なるは莫し。」
・「詩経」小雅北山：藤堂明保監修 加納喜光訳（1983）『中国の古典19詩経下』学習研究社　p.204
　普天は溥天となっている
・杜甫「望嶽」：吉川幸次郎著・興膳宏編（2012）『杜甫詩註第一冊』岩波書店　pp.79-80
・尚書「太甲」：宇野精一・平岡武夫（1976）『全釈漢文大系11　尚書』集英社　pp.584-585
・魯迅「孔乙己」：曽卓然編『魯迅経典作品精選』「孔乙己」香港商務印書館　pp.71-75（繁体字）

6章

・「陌上桑」楽府：田中謙二（1983）『中国詩文選22　楽府　散曲』筑摩書房　pp.62-63

9章

・楊逸（2008）『時が滲む朝』（文藝春秋）

あとがき

・屈原「離騒」：藤野岩友（1996）『漢詩選 3 楚辭』「離騒」集英社　p.51
・礼記「学記」：竹内照夫（1997）『新釈漢文大系第 28 巻　礼記（中）』明治書
　　院　p.543

索　引

A-Z

CCLコーパス　5, 43, 45, 51, 65, 71, 73
CNKI　43, 45, 57, 69, 88, 185
Jチョウ　200
SNS　189

あ

アイデンティティー　67, 183
アカデミック・ジャパニーズ　146
芥川賞　220
悪玉　8, 109, 152, 177
暗示　172, 173

い

異人　28, 209
イデオロギー色　167
衣服　135
衣服心理学　98
異文化　10
異文化理解　3
忌名　151
意味領域　235, 236
色　120
印象管理　2, 243
飲食文化　40
インターネット　187

う

偽娘（ウェイニャン）　57, 59, 68, 69, 142

微博（ウェイボー）　5, 195, 242
後ろ手　91, 92, 93, 95, 96, 99, 109
宇宙人役割語　210

え

英語　8, 9, 83, 84, 144
英雄　31, 111, 116, 118, 242

お

王羲之　154
男ことば　84
オネエ　41, 56, 57, 68, 69, 87
オノマトペ　213
女ことば　21, 56, 84
女偏　153
音訳名　163

か

カーニバル　184
改革開放　160
革命　24, 38, 40, 111, 174, 177, 227, 242
重ね型　230, 237
仮託　57, 211
家譜輩份　151
髪いじり　91, 92, 95, 109, 240
宦官　59, 69
関係調整　17, 216
感嘆　62
感嘆詞　13, 62, 63, 84
感動詞　10, 213, 214
慣用句　231

き

擬音語　210, 211, 216
擬人化　232, 235
規範　2, 3, 11, 17, 185, 188, 214, 218
脚本家　81, 107, 171, 176, 177
キャラ変わり　11, 184, 193, 195, 200, 218, 242
キャラコピュラ　11, 211, 216
キャラ述語　203
キャラ助詞　11, 13, 183, 210, 211, 213, 216
キャラ成分　211
共通語　28, 31
虚詞　160, 161

く

クイア理論　68
躯体喩物　18
口癖　84

け

敬語　198, 215, 216
敬語的　242
形容詞　230
けなしことば　45, 56, 68, 75, 79, 87, 120, 240
言語行動　17, 112, 194
言語コミュニケーション　15
言語コミュニケーション過程　16
言語資源　4, 7, 17, 42, 112, 219, 220, 221, 222, 223, 232, 237, 242, 243
言語政策　VI, 4, 19
言語接触　217
言語的　239
言語変種　21
謙辞　215

こ

腔　43, 57
紅楼夢　31, 101, 102, 116, 124, 173, 174
呼応　211
コーパス　5, 43, 45, 65, 71, 73
五四運動　157, 216
語気　50
語気助詞　13, 55, 60, 212, 213, 236
古語　41
呼称　213, 214, 215, 232, 243
呼称語　8
誇張　235
国家広播電影電視総局　24, 42, 99
国家指導　24, 96, 98
国家指導者　31, 37, 100, 106, 107
国家民族的　167
ことわざ　143
コピュラ　211
コミュニケーション行動　194
語用　2, 188, 205, 211
孤立語　237
コンセプト　180

さ

再封建化　181
三国志　30
三国志演義　116, 118, 124

し

ジェンダー　12, 17, 67, 119, 121, 189
詩句　237
字形　164
四書五経　76, 83
自称詞　56, 60, 149, 206
自然言語　14
時代差　154, 186, 241
舌ったらず　67
実詞　161

質問の旅　234
指導要領　222, 223
字輩　152, 155, 156, 157
小明（シャオミン）　226
小瀋陽（シャオセンヤン）　63, 68
社会　26
社会科学　165
社会科学院　162
社会心理学　14, 17, 18
社会心理言語学　15
社会方言　23
しゃがみこみ　91, 92, 95, 102, 103,
　109
借用語　50
写人学　14, 18, 19, 112, 113, 114
ジャッキーチェン　203
しゃれことば（歇後語）　71
周恩来　24, 95, 99, 121, 122
習近平　97
修辞　15, 16, 18, 87, 151, 152, 174,
　211, 232, 234, 235
修辞行為　16
修辞的　133
修辞法　127, 185, 232
秀色可餐　117
終助詞　21
春節晩会　63, 69
畳語　153, 160
食美学　117
植物化　19, 118
女性文末詞　56
女性マーカー　100
女装　57, 67, 68, 142
人家　60, 65, 68
進士　132, 135, 155, 156
身体　10, 89, 109, 111, 112, 113,
　114, 116, 120, 121, 122, 121, 133,
　134, 148
身体言語　122
身体修辞　19
新中国　99
人民　159
人名用字　152, 153, 154, 158, 164

───
す

水滸伝　118, 133
ステレオタイプ　3, 19, 25, 33, 219

───
せ

性格　114, 134, 189
成語　90, 102, 109, 114, 117, 125,
　136, 137, 142, 143, 145, 146, 160,
　173, 230, 231, 237
性差　56, 61, 67, 114, 119, 120,
　134, 142, 152, 154, 160, 186
政治色　158, 159, 161, 167
聖人異貌　114, 118
生僻字　163
性別　3, 8, 9, 12, 15, 21, 91, 106,
　149, 152, 168, 186, 189, 232, 242
性別役割　229
性別役割分業　229
姓名の役割化　178
西洋化　160, 171
接尾辞　210
説文解字　162
セリフ　208, 211
全国人口調査　150
賤視名　156
善玉　8, 109, 111, 152, 174
鮮卑族　177

───
そ

曹雪芹　116
造型　2, 18, 24, 25, 26, 82, 107, 109,
　114, 133
宋詞　45, 78
走西口　26, 38, 175, 178
創発的文法　217
俗言　143
俗語　160
孫悟空　34, 195, 208
尊辞　215

た

対照　9
対照研究　v, 90
大躍進　159, 170
淘宝体（タオバオ体）　213, 214, 215,
　217
多重文法　236, 242
他称詞　211
多方言ドラマ　25, 31
男権社会　161
男女差　241
男性目線　119, 120
男尊女卑　143, 156, 157
単名字　167

ち

地域差　27, 159, 164, 168, 186, 241,
　242
趙本山　30, 36, 104
中央電視台　24, 26, 69
中国語　183
中国語教育　3, 19, 183
猪八戒　35, 38, 187, 195
亲（親）チン　213

て

的説　214
典故　78, 180, 182, 191, 237, 240,
　242
典故系命名　181, 182

と

動作　109, 123
同志　55, 168, 203
動植物　232
同性愛　56, 66, 68, 203
唐宋詩詞　76
道徳観　228
動物化　19, 118, 120

動物キャラ　213
童養媳　176
匿名性　186, 189
読書人　78, 79, 93, 99, 137
都市化　223
ドラマ　2, 5, 18, 21, 22, 23, 24, 26,
　28, 32, 33, 35, 38, 63, 64, 75, 76, 78,
　92, 96, 102, 106, 168
ドラマツルギー　18

な

名前の看板化　178
なりきり動作　209

ね

ネットことば　185, 186, 188, 218
ネットユーザー　183, 184, 192, 193,
　201, 216, 242
年齢　1, 3, 8, 9, 12, 15, 21, 91, 106,
　132, 135, 189
年齢差　242

の

農民　29, 30, 32, 39, 94, 95
罵りことば　177, 200

は

発言権　120, 137, 239
八股文　47, 48, 50
発話キャラクタ　11, 12, 16, 184,
　192, 195, 204, 211, 215, 231, 232,
　242
パラ言語　55, 64, 90
反串　57, 58
ハンドルネーム　184, 188

ひ

非言語　5, 53, 55, 57, 66, 92, 133,

134, 239
非言語行動　VI, 85, 87, 88, 89, 90,
　91, 95, 98, 103, 105, 106, 112, 149,
　194
非言語成語　VI, 90, 102, 125, 132,
　148
ピジン　8, 12, 217
比喩　220, 235
比喩体　117
表現キャラクタ　109, 122, 123, 124,
　127, 148, 193
頻出字　161

ふ

ファンピンピン　198
武侠小説　32
複姓　160, 176
服装　134
普通話（共通語）　4, 19, 22, 24, 26,
　27, 28, 31, 33, 35, 36, 64, 99, 153,
　165
プロセミックス　98
聞一多　99, 119
文学口調　74, 75, 79
文学理論　184
文化大革命　158, 171
文座武立　124
文法化　215, 217

へ

変異　214
変種　216

ほ

方言　8, 9, 19, 21, 22, 23, 24, 36,
　99, 153, 165, 216, 217
方言制限令　24, 99
方言ドラマ　24
方言ニュース　24
方言風普通話　26

方言保護　42
ポーズ　123
ポール・ホッパー　217
褒め　48, 62, 132
ポライトネス理論　205
翻訳　VII, 4, 9, 22

ま

マーカー　102, 103
前置きことば　55
マンガ　10, 18, 147

み

ミーム　186
身分　3, 15, 18, 21, 187
民国時代　175

め

メタファー　168, 174

も

孟子　77
毛沢東　24, 31, 40, 71, 72, 95, 96,
　98, 99, 100, 170
文言文　44

や

役割しぐさ　102, 106, 107
役割分担　229

ら

螺鈿式　237
蘭花指　61, 62, 64, 239
ランダムサンプリング　191

索引　265

り

リソース　242
流行語　190, 200, 205, 208, 212
聊斎志異　117, 124

れ

連環画　103

ろ

老舎　69, 73
魯迅　81
論語　76, 151

わ

和諧　97, 215
和諧敬語　VII, 215
和諧号　215
和諧社会　215

河崎みゆき（かわさき　みゆき）

略歴

國學院大學大学院文学研究科博士前期課程修了。中国・華中科技大学中文系応用言語学（文学）博士学位取得。専門は日中対照言語研究および社会言語学。中国の大学で日本語教育に携わる。現在國學院大學大学院非常勤講師。日本語ジェンダー学会評議員、社会言語科学会編集委員。

主な著書・論文

著書に《汉语"角色语言"研究》（2017　北京、商務印書館）、『中国のことばの森の中で―武漢・上海・東京で考えた社会言語学』（2023　教養検定会議）。主な論文に「中国の性的少数者をめぐる動きとことば」『日本語学』第43巻（2024　明治書院）。訳書に李娟『アルタイの片隅で』（2021　インターブックス）等。

ひつじ研究叢書〈言語編〉第176巻

中国語の役割語研究

Chinese Role Language Studies
Kawasaki Miyuki

発行	2024年10月21日　初版1刷
定価	4600円＋税
著者	© 河崎みゆき
発行者	松本功
ブックデザイン	白井敬尚形成事務所
組版所	株式会社 ディ・トランスポート
印刷・製本所	株式会社 シナノ
発行所	株式会社 ひつじ書房

〒112-0011　東京都文京区千石2-1-2　大和ビル2階
Tel: 03-5319-4916　Fax: 03-5319-4917
郵便振替 00120-8-142852
toiawase@hituzi.co.jp　https://www.hituzi.co.jp/

ISBN978-4-8234-1055-0

造本には充分注意しておりますが、落丁・乱丁などがございましたら、小社かお買上げ書店にておとりかえいたします。
ご意見、ご感想など、小社までお寄せ下されば幸いです。

刊行のご案内

〈ひつじ研究叢書（言語編）　第202巻〉

「関係」の呼称の言語学
日中対照研究からのアプローチ

薛鳴 著　定価4,800円＋税

〈シリーズ言語学と言語教育　46〉

作文教育の日中対照研究

前川孝子 著　定価7,000円＋税

中国語現代文学案内
中国、台湾、香港ほか

栗山千香子・上原かおり 編　定価3,200円＋税